POCHES ODILE JACOB

LES BELLES-MÈRES...

DU MÊME AUTEUR
CHEZ ODILE JACOB

De l'inceste (avec Françoise Héritier et Boris Cyrulnik), 1994.
Le Couple et l'Enfant, 1995.
Les Filles et leurs Mères, 1998.
Questions d'enfants (avec Brigitte Thévenot), 1999.
Réponses de pédiatre, 2000.
Parier sur l'enfant, « Poches Odile Jacob », 2001.
Les Pères et les Mères, 2004.
Les mères juives n'existent pas... mais alors, qu'est-ce qui existe ? (avec Sylvie Angel et Philippe Gutton), 2005.
Adultères, 2006.
Éduquer ses enfants. L'urgence aujourd'hui, 2008.
L'Enfant bien portant. Les fondamentaux, 2010.
Prendre la vie à pleines mains, 2013.

ALDO NAOURI

LES BELLES-MÈRES

Les beaux-pères, leurs brus et leurs gendres

Odile Jacob
poches

15, RUE SOUFFLOT, 75005 PARIS

www.odilejacob.fr

ISBN : 978-2-7381-3029-7
ISSN : 1621-0654

SOMMAIRE

Chapitre 3
QUE NOUS APPREND LA SCIENCE ? – 1

Chapitre 4
QUE NOUS APPREND LA SCIENCE ? – 2

Chapitre 5
UNE QUESTION DÉPASSÉE ?

AVANT-PROPOS

Un jour de printemps, c'était en 1998, j'ai découvert au bas d'une quatrième de couverture que j'étais « spécialiste des relations intrafamiliales » !

Étonné et perplexe, j'ai fini par me dire que le marketing éditorial devait être responsable de cette référence à une spécialité fictive. Sans doute était-ce sa manière de signaler que je débordais l'exercice classique de mon métier et que j'abordais mes sujets en procédant à des incursions dans d'autres champs de savoir. Ce qui n'était pas faux.

Il est vrai que j'ai exploré nombre de liens qui se nouent au sein de la cellule familiale. Mais, comme je n'ai jamais cessé de le dire, je n'ai rien inventé. J'ai simplement tenté de faire découvrir au plus large public et dans un langage simple ce qui se trame dans cet univers complexe. Toutes choses, qui ont donné lieu à bien des discours savants mais en général étanches les uns aux autres.

J'ai donc traité des liens qui se nouent entre l'enfant et les personnages qui gravitent autour de lui en les inscrivant dans un processus bien plus vaste, au sein duquel interviennent quantité de forces et de courants. Ce qui m'a conduit à faire appel à l'histoire, à la linguistique, à la sociologie, à l'anthropologie, mais aussi au biologique, à l'environnemental, voire au politique.

Pour autant, je n'aurais jamais rien pu faire de cet ordre si je n'avais pas concrètement exercé ma spécialité, de pédiatre j'entends. Car c'est de cet exercice que tout est parti. Des parents venaient me consulter pour leurs enfants, lesquels allaient nécessairement devenir les adultes de demain. Pouvais-je ignorer l'impact des conseils que j'allais donner ? Allais-je me contenter de piocher dans un sac de recettes hétéroclites et prendre celles qui me tombaient sous la main au motif que l'enfance serait un âge à traverser sans plus et que rien de ce qui s'y joue n'aurait de conséquence ? Allais-je professer un quelconque savoir sur des questions qui me confrontaient à mon ignorance massive ? Pouvais-je me réfugier derrière ma formation, tout insuffisante que je la découvrais, et jouer la passivité en me « lavant les mains » ?

J'aurais pu. Assurément. Sauf que mon aventure de vie personnelle ne me le permettait pas. Du coup, je n'ai pas joué le jeu. J'ai affronté les questions. Je me suis interrogé. Et pour trouver un début de réponse, je me suis informé, dans l'urgence et pas assez à mon goût, dans les différents champs de savoir qui pouvaient m'aider. Ce que j'ai alors découvert derrière le discours lénifiant consensuel s'est uniformément situé du côté de l'affligeant. Et comme j'ai osé faire part de mes découvertes qui, sans que je l'eusse alors su, faisaient écho à l'accablement de Claude Lévi-Strauss[1] ou aux sentences prophétiques de Georges Devereux[2], cela m'a valu une réputation de Cassandre quand ce n'était pas de réactionnaire et de rabat-joie.

La problématique que j'aborde ici est quant à elle amplement dépassée, sinon tout près d'être résolue. Les

1. Claude Lévi-Strauss, *Tristes Tropiques*, Paris, Plon, 1955 et *Race et Histoire*, Paris, « Folio essais », 1990, n° 58.

2. Georges Devereux, *Femme et mythe*, Paris, Flammarion, « Champs », 1999.

protagonistes concernés n'auraient plus lieu en effet d'éprouver le moindre inconfort face à ce que mon analyse pourrait relever, regretter ou dénoncer. Les relations, qu'ils sont censés entretenir et qui les contraindraient nécessairement en retour se seraient délitées d'elles-mêmes au point qu'elles n'existeraient bientôt plus. Dès lors – bénéfice non négligeable ! –, je ne courrais plus le risque d'être brocardé pour mon incurable pessimisme.

Pourquoi prendre alors, dira-t-on, la peine de cette écriture, en faire l'effort, en affronter les impasses, en déjouer les pièges et en assumer les complications, alors que je dis le sujet dépassé ?

Pour l'exercice de style ? Pour le plaisir d'une dernière salve ? Pour le panache ?

Non ! Pour aider simplement à découvrir que, tout dépassé qu'il paraisse, ce sujet apporte un éclairage très singulier sur ce qui nous a conduits à la morosité qui nous accable.

Manière de dire, une fois encore, combien le relationnel éclaire jusqu'au politique, lequel l'éclaire en retour.

Une nouvelle performance de « spécialiste des relations intrafamiliales » ? Disons plutôt une facétie de pédiatre et cela suffira amplement.

INTRODUCTION

Roxane

Elle était belle, très belle. Mais ce n'est pas cela qui m'a le plus frappé. Mon attention a davantage été attirée par la tranquille assurance que semblait devoir servir cette beauté. Du chignon impeccable à la tenue aussi féminine que sévère, en passant par le nez droit et le menton marqué, tout en elle respirait l'énergie et la sérénité. Aussi n'ai-je presque pas été étonné d'apprendre qu'une importante clientèle se bousculait aux portes de son cabinet de coach. Elle m'a donné l'information comme si elle avait lu dans mes pensées au moment où je me demandais ce qu'une femme de cette allure pouvait bien faire dans la vie. La maîtrise des situations devait sans doute relever chez elle d'une aptitude des plus naturelles. Rien d'étonnant à son succès. Je verrai pourtant ses grands yeux s'embuer au fil de son exposé, avant que ses larmes ne finissent par altérer un maquillage si habile et si discret que je ne m'étais pas même aperçu de son existence.

Voilà des mois qu'elle déprimait sans avoir pu repérer ce qui avait pu la mettre dans cet état. Elle avait tout ce dont une femme pouvait rêver. Un travail intéressant, lucratif et si passionnant qu'elle avait accepté de l'enseigner dans une école de commerce. Un mari, Paul, aimant et attentif comme aux premiers jours de leur rencontre. Il était de surcroît très présent et plein d'attentions. Son métier d'aiguilleur du ciel lui laissait en effet assez de temps libre pour lui permettre de s'occuper de leurs deux enfants, César, 4 ans, et Gaëlle, 2 ans, ainsi que de souvent préparer le dîner. Ils habitaient un appartement de deux cents mètres carrés que leurs confortables revenus leur avaient permis d'acheter et qu'ils avaient presque fini de payer. Comme il arrivait souvent qu'elle rentre tard, ils y recevaient peu. Ils se rattrapaient néanmoins le week-end. Leurs nombreux amis savaient leur maison de campagne suffisamment grande et accueillante pour y venir quand ils le voulaient et sans même avertir.

Paul, qu'elle avait rencontré tard dans sa vie, n'était pas le premier homme avec lequel elle avait vécu. Elle s'était mariée une première fois à la fin de ses études, à 22 ans, avec un de ses soupirants. Moins d'un an après, elle s'était aperçue qu'elle n'avait rien fait d'autre que d'user d'un subterfuge pour mettre de la distance entre sa famille et elle. Elle avait alors divorcé et était restée seule avant de rencontrer, à 27 ans, un homme avec lequel elle avait vécu cinq ans et qu'elle avait quitté lorsqu'elle avait compris qu'il trempait jusqu'au cou depuis des années dans des activités illégales. C'est à la même époque qu'elle avait décidé d'abandonner l'emploi qu'elle occupait dans une grande société pour voler de ses propres ailes.

Elle avait 35 ans et elle s'était accoutumée à l'idée que son célibat serait définitif quand elle avait rencontré Paul par hasard. C'était à une exposition. Elle s'était arrêtée devant un tableau de Soutine, La Polonaise, *et s'était perdue dans sa contemplation. C'est lui qui lui avait adressé la parole pour lui demander si, comme il venait lui-même de le faire, elle avait passé ce dernier quart d'heure à apprécier et à compter toutes les nuances de rouge du tableau. Pour sa part, il était déjà là depuis quelques minutes quand elle était arrivée. Elle ne l'avait pas remarqué. Tout s'était pourtant passé comme si la couleur rouge avait été là pour augurer l'embrasement de la passion qu'ils partageraient, chacun découvrant qu'il avait attendu cet autre toute sa vie. Et, depuis, rien n'avait changé. Quelques semaines seulement après leur rencontre, elle avait épousé Paul, célibataire endurci de 40 ans. Ils avaient adoré faire leurs deux magnifiques enfants dont ils découvrirent, au cours de leur voyage de noces, que le premier était déjà en route.*

— L'ombre ?, ai-je demandé.

— Quelle ombre ?, m'a-t-elle répondu.

— Il y a toujours une ombre quand on choit du plus haut du bonheur.

— L'ombre, c'est ma belle-mère !

Roxane m'apprend alors que sa belle-mère est une spécialiste mondialement reconnue de la philosophie présocratique, qu'elle enseigne à l'Université. Elle est divorcée depuis l'adolescence de Paul. Elle avait connu son époux à Normale Sup. Pendant des années, ils avaient été en concurrence. Et comme ils avaient été premiers ex aequo *à l'agrégation, ils avaient décidé de se marier. Et puis, il l'avait abandonnée avec leurs deux enfants – j'apprends alors que Paul a une sœur, plus jeune que lui de cinq ans, mariée et mère de trois enfants – pour aller vivre avec un homme qui lui avait fait découvrir son homosexualité. Il n'avait plus donné signe de vie et nul ne savait ou ne cherchait à savoir ce qu'il était devenu.*

Dans les premiers temps, la belle-mère de Roxane, sans se départir d'une certaine retenue, lui avait fait bonne figure. Elle avait changé d'attitude du tout au tout après la naissance de César. Elle s'était mise à dépasser les limites, venant chez eux à n'importe quelle heure, non seulement sans y être invitée mais sans même avertir. Elle était même allée jusqu'à exiger de Paul une clef de l'appartement. Elle ne pouvait se refréner, disait-elle pour attendrir son monde, tant était grande son envie de voir son si merveilleux petit-fils. Quand Roxane lui avait fait remarquer qu'elle avait trois autres petits-enfants, dont deux petits-fils, elle lui avait rétorqué : « Ce sont les enfants de ma fille. En elle, j'ai confiance. César est le fils de mon fils et mon fils, il est comme tous les hommes, il n'y connaît rien. » Elle n'était pas allée plus loin et n'en avait pas dit plus. Et Roxane, percevant la violence qui couvait sous ces propos avait préféré se taire. Non sans bouillir intérieurement de la voir serrer César contre elle et de l'entendre lui dire sur tous les tons : « Tu es à moi, à moi, à moi. Tu es à moi autant qu'à ta mère. Tu ressembles à mon Paul. Tu es le fils de Paul. Tu es à moi et à mon Paul. Tu es à nous. À nous. » « Àààà nouououos ! Àààà nouououos ! », poursuivait-elle parfois en le serrant dans ses bras et en esquissant un pas de danse.

La naissance de Gaëlle n'avait pas réduit la tension. Elle n'avait fait que doubler les propos de la même eau que la grand-mère adressait désormais à ses deux petits-enfants.

Roxane avait longtemps hésité avant de rapporter ces détails à Paul. Elle s'était dit que le long célibat de Paul, s'il a été une chance pour elle, témoignait néanmoins de l'intensité de l'attachement qu'il éprouvait pour sa mère. En professionnelle rompue à traiter la fragilité des êtres, elle avait voulu lui éviter un conflit de loyauté. Si bien qu'au lieu de se laisser atteindre par le comportement excessif de sa belle-mère, elle avait entrepris de l'amadouer en organisant des réceptions en son honneur à l'occasion d'une distinction ou de la publication d'un livre, allant même jusqu'à fêter ses anniversaires chez eux. Au lieu de la voir reconnaître la déférence dont elle était l'objet, elle l'avait entendue, une fois, lancer à la cantonade, alors qu'elle se reprochait de n'avoir pas prévu assez de chocolat : « Encore faudrait-il, ma pauvre fille, que vous sachiez tenir une maison ! » Quand, le soir, Paul n'avait pas réussi à la détendre, elle avait éclaté pour la première fois en sanglots devant lui. Et elle avait fini par tout lui raconter. Paul avait essayé de la consoler en l'assurant de son amour et en s'engageant à mettre de l'ordre dans la situation. Elle avait tenté de l'en dissuader en lui disant que sa mère allait prendre très mal son intervention et que ça retomberait immanquablement sur elle. Il ne l'avait pas écoutée. Si bien que, quelques jours plus tard, elle avait vu sa belle-mère faire irruption dans son cabinet et lui hurler à la face : « Vous vous êtes fait engrosser une première fois pour contraindre mon fils à vous épouser. Vous vous êtes fait engrosser une deuxième fois pour l'arrimer plus encore à vous. Parce que vous savez que vous n'êtes pas grand-chose, que vous ne pouvez vous prévaloir d'aucune origine décente et que tout ce que vous avez à votre actif, c'est une situation d'intrigante qui enseigne les techniques de l'intrigue ! »

Là, dans son lieu professionnel, dans son lieu propre, Roxane avait réussi à garder son calme. Elle avait pris fermement sa belle-mère par les épaules, l'avait retournée vers la sortie et poussée vers la porte en lui disant sur le ton le plus neutre mais le plus ferme qui soit : « Sortez. Allez-vous-en. Je ne vous verrai plus tant que vous n'aurez pas changé de discours et d'attitude. Je n'empêcherai pas Paul de vous voir ou de vous conduire les enfants. Mais notre maison, parce que c'est aussi la mienne, vous est interdite. »

Quand, le soir venu, elle avait raconté l'événement à Paul pour lui montrer que ses prévisions s'étaient vérifiées, il en avait été sidéré et n'avait eu pour toute réplique que : « Si Gaëlle a un jour une belle-mère comme ça, j'irai, moi, lui casser la gueule. »

Les semaines qui avaient suivi avaient vu les événements s'organiser sur le mode prévu par Roxane, malgré les réticences de Paul, qui traînait toujours des pieds quand il devait conduire les enfants chez sa mère. Il sacrifiait à la corvée sans jamais rien rapporter de la nature, du ton ou du contenu des échanges qui avaient lieu à ces occasions. Sauf qu'un jour, Roxane avait reçu à son cabinet une lettre de sa belle-mère l'invitant à déjeuner. Elle estima devoir ne pas méconnaître le progrès que constituait, jusque dans sa forme, cette reprise de contact. Elle n'en fut pas déçue. Après lui avoir présenté des excuses, sa belle-mère introduisit la rencontre en lui disant : « Nous avons à organiser notre avenir, pour Paul, pour vos enfants et surtout, surtout, pour nous deux. »

J'arrêterai là ce récit.

Sa poursuite n'a pas d'intérêt dans la perspective dans laquelle je me place. Je ne l'ai choisi que pour les éléments que j'en rapporte. Voilà en effet une situation privilégiée et des acteurs favorisés. Le confort matériel dans lequel ils évoluent élimine une source fréquente de tensions, assurant à chacun son indépendance et l'assomption de ses ressentis. Le bagage intellectuel dont ils disposent est censé leur permettre de mettre en mots leurs émotions en ouvrant au moins la possibilité d'une estime mutuelle.

Or on en est loin.

Les psychanalystes riraient assurément de l'accumulation de détails que je produis. Ils s'empresseraient de rappeler qu'ils n'ont pas la moindre importance puisque c'est toujours l'inconscient et jamais le contingent ou le rationnel qui mène le jeu. Non seulement je leur donnerais raison et je rirais avec eux, mais j'ajouterais que c'est précisément pour mettre leur vérité en exergue que j'ai choisi ce cas. Car, dans quantité d'autres, on n'hésite pas à mettre les dissensions sur le compte de difficultés matérielles, de disparités de conditions, d'une indigence des moyens de communication et de la plupart des paramètres qu'on trouve à portée de main. La vision de l'humain à laquelle notre environnement veut à tout prix nous convertir est d'un angélisme abrutissant qui rend nos semblables aussi sourds que têtus.

S'il devait suffire de si peu pour que tout soit pour le mieux dans le meilleur des mondes, pourquoi une femme qui a été bru à son heure et qui a probablement eu à vivre des difficultés dans son rapport à sa belle-mère, pourquoi une telle femme ne peut-elle entamer avec sa bru une relation dénuée de conflits ? Pourquoi deux femmes aussi cultivées et riches l'une que l'autre, deux femmes reconnues dans l'exercice de métiers prestigieux, deux femmes foncièrement instruites par l'expérience commune de la maternité, deux femmes se prévalant de l'amour qu'elles ressentent, pourquoi deux telles femmes ne peuvent-elles pas faire preuve, sinon de solidarité ou de complicité, du moins d'une certaine tolérance ? Pourquoi une mère qui, toute sa vie, a dispensé affection et amour à son fils en protestant de son oblativité ne peut-elle supporter la femme qui aime son fils et que ce fils choisit d'aimer ? Pourquoi une femme qui apprécie, investit et aime un homme supporte-t-elle souvent mal la mère avec laquelle cet homme a fabriqué sa perception de l'amour ? Pourquoi de telles dissensions ont-elles existé depuis toujours et où que ce soit dans le monde ? Auraient-elles une logique ou une fonction qui expliqueraient leur généralisation et leur persistance ? Si oui, peut-on les repérer autrement qu'en les suivant à la trace dans les codes linguistiques et en remontant leur constitution au fil de la longue histoire de l'espèce ?

Voilà des questions banales, tellement banales !

Elles ne feraient pas qu'amplifier le rire des psychanalystes, elles vaudraient sans doute à chacune et à chacun de sentir se bousculer en lui quantité de réponses aussi valables les unes que les autres. Sans compter que ces réponses elles-mêmes pourraient entraîner quantité d'autres questions que je n'ai pas même effleurées. Qu'en est-il, pourra-t-on par exemple se demander, des belles-mères et de leurs gendres ? Des beaux-pères et des leurs ? Des mêmes beaux-pères et de leurs brus ? Et puis, que dire des brus et des belles-mères qui s'entendent, parce qu'il y en a tout de même, non ? Sans compter que tous ces personnages, avec leurs humeurs, leurs tocades, leurs comportements parfois déroutants, partagent, parfois sinon le plus souvent, la condition commune de grands-parents. Comment sont-ils à leurs places respectives ? Jouent-ils un rôle auprès de leurs petits-enfants ? Si oui, qu'était-il, quel est-il et que devrait-il être ?

J'entends d'ici les psys toujours en embuscade s'esclaffer de plus belle. Et combien ont-ils raison une fois de plus ! Pourquoi s'entêter à décrire les impasses de ces liens ou à interroger leur soubassement quand on peut pressentir leur disparition à terme ? Combien de temps en effet la famille dans laquelle ils s'inscrivent a-t-elle encore à vivre ? Pourquoi ne pas prendre acte d'une évolution qui s'est suffisamment dessinée depuis quelques décennies pour qu'on soit certain de la voir se radicaliser ? La précarité accrue des multiples couples que forment de plus en plus les individus au cours de leur existence peut-elle laisser encore place à des liens que leur nombre rend obsolètes en entamant leur statut ? Un homme ou une femme, si tant est qu'ils les aient connus ou qu'ils aient noué une relation avec eux, auront deux, trois, cinq, sinon plus encore, de couples de beaux-parents. Et les enfants qu'ils auront mis au monde apprennent assez vite, s'ils ne l'ont fait spontanément, à se repérer dans la géographie nouvelle de leur environnement. Il leur arrive d'ailleurs parfois de préférer un beau-père à leur géniteur, un beau-grand-papa à leur grand-père réel. Quelle importance tout cela a-t-il quand la philosophie qui enregistre et promeut cette évolution vise d'abord et avant tout l'entente et la sérénité ? De quel prix pourrait en effet se payer la moindre contrainte, le moindre obstacle à la satisfaction du désir de chacun ! Et n'est-ce pas le plus grand mérite de la démocratie, quel que soit le prix à en payer, de se faire le garant de la paix sociale ?

Quelle importance cela a-t-il d'ailleurs quand ces liens, jadis destinés à ouvrir le monde et à constituer comme autant d'invitations à distendre le lien premier, perdent de leur consistance ? N'est-ce pas tout bénéfice ? Et pourquoi y aurait-il quoi que ce soit à redire au désir de cette masse qui, installée, sinon vautrée dans l'adulescence, souhaite rester longtemps, sinon indéfiniment, en étroite jonction avec maman ? Pourquoi, et au nom de quoi continuerait-on à imposer ces rituels et autres mariages qui, outre qu'ils ont un insupportable parfum religieux, sont l'exact contraire d'une union librement consentie et entretenue ? Sans compter que ces choix nouveaux ne font pas subir le moindre inconvénient à l'environnement social. Les règles d'héritage, fondées sur la filiation génétique et qui continuent d'être appliquées, ne lui assurent-elles pas une paix qui lui permet de centrer son attention sur la sacro-sainte croissance ? Et ce chamboulement dont est si fière la sympathique postmodernité ne contribue-t-il pas lui-même à l'amélioration de cette croissance ?

Alors, pourquoi s'obstiner à revenir sur ces liens éculés ? Qu'espère-t-on d'une telle démarche ? Se payer une élégante incursion dans la longue histoire de l'espèce ? Freiner l'évolution ? Revenir en arrière ? Produire des regrets ?

Et si c'était seulement pour prendre la plus juste mesure de ce fameux chamboulement qui risque de nous entraîner vers le pire ? Pourquoi pas ?

Le procédé n'est pas orthodoxe, puisque, à partir d'un thème sans intérêt majeur apparent, il s'aventure sur des pistes inattendues qui, depuis la linguistique jusqu'à la paléontologie et l'histoire, vont permettre à chacun de mesurer la profondeur du gouffre qui s'ouvre sous ses pieds. Il pourrait cependant stopper le rire des psys de service puisque le constat auquel il aboutit se trouve être dans le droit fil de celui que Freud[1] avait déjà fait en son temps autour du terrain gagné par la pulsion de mort[2].

---

1. Sigmund Freud, *L'Avenir d'une illusion*, Paris, PUF, 1971 et Sigmund Freud et Albert Einstein, *Pourquoi la guerre ?*, 1933 : http://classiques.uqac.ca/classiques/freud_sigmund/pourquoi_la_guerre/pourquoi_la_guerre.html

2. La pulsion, comme son nom l'indique, c'est ce qui nous pousse. Elle exige d'être satisfaite, suspendant son action quand elle l'est, tout en étant prête à se manifester à nouveau sans que nous puissions toujours la contrôler. La pulsion de mort est cette force qui pousse le vivant à retourner à son état minéral initial.

Chapitre 1

DES MOTS ET DES HISTOIRES

> « Il y a beaucoup à apprendre de l'histoire de la langue parce que celle-ci est inséparable de l'histoire des sociétés, des savoirs, des pouvoirs techniques, et qu'à ce titre, elle a valeur d'indice. »
>
> Jean STAROBINSKI,
> *Action et réaction. Vie et aventure d'un couple*,
> Paris, Le Seuil, 1999.

Je n'ai toujours pas fini d'errer entre mes deux langues. Et comme ma langue maternelle[1] et le français, que j'ai appris à 6 ans, ont des statuts différents et fortement asymétriques, j'ai toujours l'impression de ne jamais pouvoir dire les choses comme je le voudrais, qu'il manque à la langue que j'utilise la petite nuance qu'aurait pu introduire celle que je tais. C'est peut-être ce qui explique que, chaque fois que j'entreprends de réfléchir à une question ou à un thème, je commence par examiner la manière dont les langues en parlent et les raisons pour lesquelles elles choisissent d'en dire ce qu'elles en disent.

---

1. Le judéo-libyen, un dialecte comme il y en a tant dans le monde, depuis le yiddish jusqu'au ladino en passant par le judéo-iranien, le judéo-géorgien, le lishana, le yaoudique, etc. Roland Breton, *Atlas des langues du monde*, Paris, Autrement, 2003, note 1, p. 45.

La beauté se mange-t-elle en salade ?

Prenons l'exemple d'un des termes dont j'use dans le sujet que j'aborde.

En quoi en effet, la mère de mon épouse, que le langage me contraint de désigner comme ma belle-mère, devrait être « belle » donc implicitement plus « belle » que ma mère, laquelle serait pourtant, pour mon épouse, plus « belle » que la sienne ? « La beauté ne se mange pas en salade », dit une expression pied-noire assez obscure qui me revient à cette occasion. Qu'est-ce donc que cette beauté dont on nous fait tout une salade ?

Les mots en question, nous dit le *Robert*[2], dateraient de la fin du premier millénaire de notre ère. On usait en effet jusque-là, pour nommer par exemple la belle-mère, du mot « suire » – dérivé, comme on le verra, de l'indo-européen *swe*. C'est seulement au Xe siècle, que les termes de « beau » et de « belle » ont commencé à être employés. Ils seraient entrés en usage en tant que « termes flatteurs à l'adresse de personnes dont on aurait cherché à gagner les faveurs ». Leur adoption dans la formation des termes de parenté n'aurait donc pas eu d'autre valeur que celle d'antiphrase : « beau » et « belle » auraient eu le sens contraire de « mauvais(e) ». Ce qui aurait impliqué l'espoir de voir ces personnes ainsi nommées ne pas être aussi « mauvaises » qu'elles étaient supposées pouvoir l'être ou qu'on aurait été autorisé à le craindre. On peut trouver une confirmation à cette hypothèse dans le fait que notre langue nomme également « beau-père » et « belle-mère » les parents de l'enfant d'un premier lit. Il suffit de se souvenir que les termes « parâtre », « marâtre » et « filiâtre » – dont les connotations négatives ne font pas de doute –

---

2. *Le Robert. Dictionnaire historique de la langue française*, Paris, 1993.

ont longtemps désigné ces personnages, pour comprendre la finalité du changement qui est intervenu.

Le message serait donc clair : la flatterie aurait vertu propitiatoire pour éviter d'avoir à subir les désagréments rattachés inéluctablement au lien nouveau qu'on se risque à forger.

Le mot « belle-fille », ai-je appris de la même source, a supplanté « bru », lequel n'est pratiquement plus employé aujourd'hui que dans le langage juridique. Ce mot date du XIIe siècle et dérive de *brutis* en bas-latin des Balkans. Il avait déjà été introduit par les Goths au IIIe siècle, supplantant le latin *nurus* – dérivé lui aussi de l'indo-européen. « Bru » est apparenté au gothique *bruths*, jeune mariée, qui a donné l'anglais *bride* et l'allemand *Braut*. On peut se demander pourquoi il est tombé en désuétude et pourquoi on lui a préféré le terme de « belle-fille ». S'agirait-il d'une prévention qui se dresserait contre une autre prévention ? La datation de l'adoption et de l'abandon des mots le laisserait-elle entendre ? Je n'ai rien trouvé qui puisse le confirmer. Pour autant, ne peut-on imaginer qu'après des siècles de pratique d'un langage doux adressé aux mères de leurs époux, les épouses n'auraient plus eu d'autre choix que de se montrer à leur tour désagréables, contraignant leurs aînées à tenter de les amadouer en s'adressant à elles sur un mode plus précautionneux, censé en faire leurs égales au moins sur le plan sémantique ?

Au lieu de me dissuader d'en user, ces explications m'ont poussé à réintroduire et à utiliser exclusivement dans le travail que j'entreprends le terme de « bru ». Pourquoi en effet retirer à cette personne une nomination qui dit si clairement son statut ? En quoi ce statut altérerait-il la dignité qui lui revient ? Serait-ce en raison du fait que son aventure de vie, face à la mère de son partenaire bien plus âgée qu'elle, la garderait encore tout naturellement du côté de l'enfance, avec ce que cela suppose de fragilité, de doutes, de questions ? Est-elle responsable ou du moins seule responsable d'un tel état de fait ? Sinon, pourquoi l'infantiliser plus encore qu'elle ne l'est en réalité, en l'affublant d'une appellation, « belle-fille », qui porte en elle la défiance qu'on aurait vis-à-vis d'elle ?

Bien étrange manière de faire d'un français qui qualifie les jeunes alliés de la famille de « pièces rapportées[3] » – expression forgée par l'architecture en 1580 et dont je ne sais pas si elle existe dans d'autres langues. Cet emprunt viserait-il à dire l'indéniable hiérarchie qui continue d'exister entre les liens de sang et les liens noués avec des « étrangers » ? Si c'est pertinent, nous nous trouvons simplement devant les indices qui caractérisent clairement, pour l'instant mais déjà dans notre français, le côté inéluctablement houleux des relations d'alliance.

Je n'ai cependant toujours rien trouvé qui puisse en justifier solidement l'usage ou en expliquer de façon satisfaisante la raison. C'est pourquoi j'ai tenu à aller explorer ce que pourraient nous apprendre d'autres langues. En commençant par celles qui sont les plus proches de la nôtre, les langues latines.

Les autres langues latines

Les quatre langues latines que sont l'espagnol, le portugais, l'italien et le roumain ne font pas usage de termes d'esthétique. Le français est unique à cet égard, situation dont je n'ai pas trouvé l'explication malgré mes recherches.

---

3. Une de mes patientes a proposé un jour à sa belle-mère de remplacer ce terme par celui de « valeur ajoutée », s'attirant l'acrimonie qu'on aurait pu imaginer : sa belle-mère, ayant saisi la balle au bond, se plaisait à s'adresser à elle dans les lettres qu'elle lui envoyait, sans la moindre once d'humour, en termes de « chère valeur minorée » – ce qui lui permettait de surcroît d'éliminer radicalement le mot « fille ».

Les quatre langues latines forgent directement le nom des liens sur leurs racines indo-européennes. Dans l'ouvrage qu'il consacre à ce sujet, Émile Benveniste insiste sur la présence dans les langues indo-européennes du radical *swe*, tout en reconnaissant qu'il n'est pas sans poser problème, car, dit-il, « les termes dérivés de *swe* se rapportent à la parenté d'alliance et non à la parenté consanguine[4] ». Il donne au radical *krov'*, qu'on retrouve en d'autres occasions, le sens de « celui qui a l'autorité ».

Ainsi, « beau-père » et « belle-mère » se disent *suegro* et *suegra* en espagnol, *sogro* et *sogra* en portugais, *suocero* et *suocera* en italien et *socru* et *soacra* en roumain. Il est donc facile de repérer dans ces mots, le vieux *swe* indo-européen, indicatif de l'appartenance au même groupe social, passé par son étape latine *socer*, proche du grec ancien *scuros*, « beau-père » et *socrus*, proche du grec ancien *scura*, « belle-mère », dans laquelle on retrouve comme dans les autres dénominations la trace du radical indo-européen *krov'*. Quant à « gendre » et à « bru », ils se disent *yerno* et *nuera* en espagnol, *gero* et *gera* en portugais, *genero* et *nuora* en italien et *zander* et *nora* en roumain. Si les noms du gendre dans les quatre langues renvoient à la notion de génération, il faut relever que le portugais ferait de la bru également une génitrice, alors que l'espagnol, l'italien et le roumain en dérivent le nom de ce qui la spécifie dans le latin *nurus* dérivé de l'indo-européen *snuso* conservé dans l'ancien grec *nuos*, aujourd'hui disparu et remplacé par *nyfi*.

À l'inverse de ce qui, en français, justifiait quelque peu le soupçon d'une prévention, les noms donnés aux liens dans ces quatre langues latines sont des signifiants, les plus neutres qui soient, destinés seulement à signifier. Tout comme « carotte » désigne un légume, *suegro*, *suocera* ou *yerno* désignent la place qu'occupe un sujet par

---

4. Émile Benveniste, *Le Vocabulaire des institutions indo-européennes (1 et 2)*, Paris, Minuit, 1969, p. 250 et 330.

rapport à un autre auquel il est lié. Ces mots n'apprennent pas grand-chose de leur contenu ou de la tension qui y circulerait. On serait tenté d'imaginer une certaine neutralité dans ces relations, si on ne relevait dans ces mêmes langues, l'existence de dictons populaires d'une rare férocité.

Ainsi ai-je pu recueillir en espagnol les dictons suivants : « *Madre e hija caben en una camisa, suegra e nuera ni dentro ni fuero* » (mère et fille tiennent dans une seule chemise, belle-mère et bru, ni dedans ni dehors) ; « *Suegra e nuera : perro y gato* » (belle-mère et bru : chien et chat) ; ou encore, débordant ce lien : « *La suegra es fiebre y la cunada alacran* » (la belle-mère est fièvre et la belle-sœur est scorpion).

En italien, c'est encore plus cruel[5] : « *La vipera che morsico mia suocera mori avvelenata* » (la vipère qui a piqué ma belle-mère est morte empoisonnée) ; « *Suocera e nuora, tempesta e gragnuola* » (belle-mère et bru, tempête et grêle) ; « *Tra suocera et nuora, il diavolo lavora* » (entre belle-mère et bru, le diable travaille). Si le premier aphorisme ne dit pas si la belle-mère est celle du gendre ou de la bru, les deux autres ne laissent aucun doute. Deux adages siciliens m'ont paru par ailleurs particulièrement expressifs : « *Soggira e nora caccili fora ca finu a la fossa si rumpunu l'ossa* » (belle-mère et belle-fille, chassez-le car elles se battent jusqu'à la tombe) et « *Bona maritata senza soggira e cugnata* » (bien mariée sans belle-mère ni belle-sœur).

Je dois ajouter que le français n'est pas de reste dans l'invention des propos acrimonieux. J'en ai relevé[6] quelques-uns qui n'ont rien à envier aux précédents. « Quelle est la différence entre une belle-mère et un bull-

5. J'ai appris que le terme de *suocera* désigne dans les restaurants italiens l'ustensile réunissant les flacons contenant l'huile et le vinaigre. Tout un programme !

6. http://michel.buze.perso.neuf.fr/lavache/bellesm.htm

dog ? Le rouge à lèvres ! » « Le mariage, ce n'est pas la mer à boire, c'est la belle-mère à avaler ! » « Quel est le poids idéal d'une belle-mère ? Cinq kilos avec l'urne ! » « Comment reconnaître les bons champignons des mauvais ? Faites-les goûter à votre belle-mère. Si, elle meurt, c'est qu'ils sont bons ! »

Que conclure de tout cela ? La neutralité sémantique ne semble pas pouvoir masquer la tension, voire parfois la férocité qui habite les échanges entre les individus concernés par ces liens.

Un autre pas de côté

L'anglais, comme le français, n'adopte pas les appellations indo-européennes. Il procède néanmoins d'une façon tout autre. Il semble préférer l'extrême netteté des repères à la rondeur des expressions. Ainsi ajoute-t-il, pour désigner les alliés, *in law* aux mots désignant les liens de parenté directs. Ce qui donne *mother in law, father in law,* pour les beaux-parents de bru comme de gendre, *daughter in law* et *son in law*, pour bru et gendre – *in law* ayant été emprunté au XIVe siècle au vieux français *en lay*, « dans la loi ». Ce qui aurait évidemment pour fonction de signaler l'interdit de l'inceste, mais qui ne serait pas sans signifier implicitement quelque chose comme : « C'est la loi qui m'impose ce lien. Car, à vrai dire, si ce n'était que de moi, je m'en passerais volontiers ! » Vérité quasi universelle, qu'on retrouve pratiquement sous toutes les latitudes et qui exprime le regret, quand on a fait choix d'un(e) partenaire, d'avoir aussi à « épouser » quelque peu sa famille.

Il en va d'ailleurs de même de la manière de nommer les liens dans les familles recomposées. On parle de *stepmother*, de *stepfather*, de *stepson* et de *stepdaughter* pour désigner les beaux-parents des enfants et les beaux-enfants des parents, le préfixe *step* marquant la distance.

Quand on prend acte de l'absence de tutoiement de cette langue et de la distance qu'elle met dans les rapports – laquelle, pragmatisme et flegme aidant, évite au moins formellement les débordements affectifs autant que les conflits –, le sens implicite que je donne pour ma part à la lecture de ces termes me semble être plus consistant qu'une simple hypothèse.

Ce qui m'a frappé dans l'allemand, c'est que, dans cette langue pourtant étroitement apparentée à l'anglais, les mots qui disent les liens d'alliance sont construits sur les racines indo-européennes. Ainsi « belle-mère » se dit *Schwiegermutter*, « beau-père », *Schwiegervater*, « bru », *Schwiegertotcher* et « gendre », *Schwiegersohn*. Toutes choses logiques et cohérentes puisqu'on reconnaît dans tous ces termes le radical *Schwieger* qui évoque le lien d'alliance et dont la parenté avec l'indo-européen *Swekrov'* est évidente. Et comme on sait la facilité avec laquelle la langue allemande construit des mots nouveaux en associant des mots étrangers les uns aux autres, on pourrait sans les trahir lire les mots que j'ai écrits comme : « mère par alliance », « père par alliance », « fille par alliance » et « fils par alliance ». Sur ce même modèle, on s'attendrait du coup à ce que le « beau-frère » se dise « frère par alliance », autrement dit *Schwiegerbruder*. Or le « beau-frère » se dit tout simplement *Schwager*, sur lequel est construit *Schwägerin* « belle-sœur ». *Schwager*, si proche de *Schwäher* qui est l'autre terme disant l'alliance, semble n'être à vue d'œil qu'une altération mineure de *Schwieger*, lien d'alliance. Comme si, quand il s'agit du « beau-frère », il n'était pas du tout nécessaire de spécifier la nature du lien d'alliance, lequel serait le premier, le principal, l'essentiel.

Ce constat m'a renvoyé à deux associations qui ont étrangement convoqué à la fois Margaret Mead et Tacite. Quand la première mène son enquête sur la sexualité en

Océanie et qu'elle demande à son interlocuteur pourquoi il n'a pas épousé sa sœur, ce dernier lui répond que, s'il l'avait fait, il n'aurait pas eu un beau-frère avec qui aller à la pêche[7]. Quant à Tacite, n'est-ce pas lui qui décrit la manière dont les hordes germaniques d'Arminius dévalaient les collines pour anéantir les légions romaines de Varus[8] ? Il dit de ces hordes qu'elles étaient composées de frères enchaînés les uns aux autres et encouragés par les voix de leurs mères postées au sommet des collines.

Si, comme en anglais, je n'ai pas trouvé trace de la tension qui habite les liens d'alliance dans la sémantique allemande, cela ne signifie pas qu'elle serait absente. Quand j'ai posé la question à mon informateur, il m'a ri au nez en me demandant ce qui m'autorisait à imaginer que les alliés germanophones étaient différents de tous les alliés du monde !

« *Elle ne comprend pas le mandarin* »

Faut-il en conclure de tout cela que les relations d'alliance sont tendues ? C'est irrécusable pour les langues que je viens d'aborder. Cela autorise-t-il pour autant à décider que cette tension serait universelle et intemporelle ? Bien sûr que non. Car pour accablantes que soient les preuves que j'ai déjà apportées, elles n'en restent pas moins restreintes. Ce qui contraint à aller en chercher d'autres du côté du plus possible de sociétés et de langues.

À une certaine époque, investissant la puissance des langues et l'effet des mots, j'avais pris l'initiative, quand je me trouvais face à un locuteur de langue étrangère qui

7. Margaret Mead, *Mœurs et sexualité en Océanie*, Paris, Plon, « Terre humaine », 1963.

8. Tacite, *Œuvres complètes*, Paris, Gallimard, « La Pléiade », 1990.

continuait de la parler, de lui demander comment se disait dans sa langue l'expression « n'aie pas peur ». Je notais sa réponse en phonétique sur la fiche de son enfant, ce qui me permettait de la dire à ce dernier au moment où j'allais l'examiner, voire de la lui répéter si cela me semblait nécessaire. L'effet était souverain. Il m'a valu de vivre une fois une expérience cocasse et édifiante.

J'ai reçu un jour une jeune mère chinoise avec sa fille âgée de 3 semaines. Elle était accompagnée de son neveu de 5 ans, Tim, qui était lui-même un de mes petits patients. Au moment où j'ai eu à examiner la fillette, je lui ai dit, pensant bien faire, mon fameux « n'aie pas peur » dont j'avais noté qu'il se disait en chinois : « Pou yao paa. » J'ai alors entendu Tim déclarer dans mon dos : « Elle ne comprend pas le mandarin, elle parle le cantonais. » Ce qui m'a fait éclater de rire, mais qui ne m'a pas étonné plus que cela. Tim était le fils de l'oncle maternel du bébé. Le fait qu'il ait tenu à me corriger équivalait à me dire : « Moi, je te comprenais quand tu me disais Pou yao paa, parce que ma mère parlait mandarin. Mais ma tante, qui est la sœur de mon père, ne parle pas le mandarin, elle ne parle que le cantonais. Sa fille ne peut pas comprendre le mandarin. Parce que les enfants sont liés à leurs mères et ne comprennent que le langage dont elle use. »

Tout cela m'est revenu au moment où j'ai décidé d'affronter les questions que posent les relations d'alliance. Je me suis armé de patience et j'ai mené mon enquête auprès de locuteurs du plus grand nombre de langues possible. Je n'ai cependant pas toujours rencontré de la part de mes interlocuteurs, intrigués malgré la présentation que je leur faisais de mon projet, beaucoup d'intérêt ou de compréhension. Quelques-uns d'entre eux ne parvenaient même pas à comprendre ce que je recherchais en me lançant dans l'étymologie des mots ou en essayant de les leur faire décomposer. Ils m'avaient aimablement donné la traduction des termes et ils ne comprenaient pas que je veuille ne pas en rester là. On ne devra donc pas s'étonner que je rapporte seulement les pans de travail qui m'ont semblé productifs en laissant de côté, sans même les mentionner, les informations que j'ai pu recueillir à partir d'autres langues. Même si elles ne fournissent pas toujours des éléments factuels susceptibles de vérifier l'animosité qui habite les liens des belles-mères à leurs brus et gendres et inversement, ces informations invitent au voyage et donnent une excellente idée de la vision du monde spécifique que fabrique et transmet chaque langue. Or, au sein de ces visions du monde différentes, l'existence de la problématique que j'aborde et la tension qui la caractérise m'ont été régulièrement confirmées par les personnages que j'interrogeais, comme au cours de cette rencontre, inattendue et pourtant si édifiante, que j'ai faite au début de l'été 2010.

Le pont d'Odessa

Au cours de cet été-là, j'ai effectué, en compagnie de mon épouse et d'un couple d'amis, une croisière qui partait du port d'Odessa sur la mer Noire. Nous ne devions prendre le bateau que le lendemain de notre arrivée par avion. Aussi avons-nous entrepris de visiter la ville. Alors que nous accomplissions notre parcours de touristes consciencieux, ne ratant aucun monument ni aucune place, notre attention a été attirée de façon tout à fait fortuite par un pont dont le nom surtout nous a amusés. Le *Teschin Mist* – le Pont des belles-mères, traduisait le guide[9] que nous avions en mains – n'était pas seulement un des plus longs de la ville, il était l'objet d'une légende qui lui avait valu son nom. Il aurait en effet été construit

9. *Odesa in your pocket*, Vilnius, UAB in Your Pocket, octobre-décembre 2009.

sur ordre d'un officier de haut rang afin de réduire la distance qui le séparait de ce dont il raffolait le plus au monde : les délicieuses boulettes de sa belle-mère !

Le rédacteur du guide qui donne l'information s'empresse cependant d'ajouter qu'elle est certainement fausse. Pour la simple raison, écrit-il, qu'« elle serait véhémentement démentie par quiconque a une belle-mère ukrainienne. Car, malgré la solide réputation de la cuisine desdites belles-mères, chaque gendre ne caresse qu'un seul rêve : pouvoir tenir la sienne fermement à distance ; et, faute de pouvoir l'enfermer à jamais derrière des hauts murs de prison, s'en protéger en laissant traîner dans sa cour un couple de dobermans affamés qui la dévoreraient au cas où elle déciderait d'une visite imprévue [*sic*] ».

Ce qu'il y a eu d'intéressant dans ce récit et dans les commentaires qui nous ont été livrés par la suite, c'est qu'ils nous ont permis de comprendre un détail des plus incongrus et des plus étonnants qui soient. On voyait en effet courir, tout le long du tablier du pont, se chevauchant parfois, une profusion incroyable de cadenas de toutes tailles scellant deux pitons fichés dans la pierre[10].

Il nous a été expliqué que chacun d'eux a été mis en place par un couple de futurs mariés, ou de nouveaux mariés, désireux de s'assurer un mariage heureux en sacrifiant à un rituel déjà ancien : mettre hors d'usage le pont en ajoutant, aux grilles qui le fermaient à l'époque de sa construction, une serrure de plus dont la clef était jetée dans le bras d'eau qu'il traverse. Comme les grilles du pont ont disparu depuis longtemps, les nouveaux mariés se sont rabattus sur les cadenas qu'ils ferment et dont ils jettent également la clef. Quand on prend la

10. J'ai récemment remarqué, à Paris, la même profusion de cadenas, scellés dans la grille gauche, celle qui est du côté de Notre-Dame, du pont de l'Archevêché. Je ne saurais en dire la signification bien qu'ils portent toujours des prénoms unis de femmes et d'hommes, mais je relève que leur mise en place a sûrement été bien moins malaisée que pour ceux du pont d'Odessa.

mesure de la hauteur du tablier du pont et qu'on imagine le temps et le travail que doit prendre la mise en place des pitons et du cadenas, on ne peut qu'être impressionné par la crainte qu'est censé combattre un tel geste et par le crédit dont il semble toujours bénéficier !

Rien ne doit être plus amusant pour de jeunes partenaires, que de se livrer à un tel rituel. Même s'ils ne lui accordent pas la moindre importance, il entre dans le cadre de l'agitation qui fait partie de la fête. Il n'en reste pas moins que, sur le plan symbolique, il doit tout de même ressortir d'une démarche à caractère propitiatoire. Quelque chose du type : « Je sais bien mais quand même ! » Une façon de se protéger à peu de frais ? Les belles-mères : le mal suprême, en quelque sorte, contre lequel il importe de se prémunir ! Le cadenas, comme pis-aller faisant office de vaccin.

Pour la suite de notre croisière, il était prévu que nous bénéficierions de l'assistance d'un guide. Nous l'avons rencontré en la personne d'une jeune professeur de français originaire de Moscou, qui maniait admirablement notre langue. Comme je réfléchissais déjà au sujet dont je traite ici, je me suis adressé à elle pour lui demander lequel des deux mots, dans le nom du pont, *Teschin Mist*, désignait les belles-mères. Elle m'a répondu que c'était *Teschin*, mais non sans avoir pris la précaution de me signaler que, bien que très proches, l'ukrainien et le russe n'en différaient pas moins par quantité de nuances. Ce souci de précision m'a permis de comprendre que j'avais affaire à une personne susceptible d'accepter de répondre à toutes les questions que je comptais lui poser.

J'ai donc profité du fait que notre groupe francophone était réduit pour lui faire part du sujet auquel je réfléchissais. En lui précisant l'intérêt que je trouvais à en explorer le versant linguistique. Pour être sûr de mettre sa participation en phase avec mes objectifs, je lui ai donné des détails sur la manière dont j'avais exercé ma profession. Ce qui m'a permis de dialoguer avec elle pendant toute la durée de la croisière.

Mon informatrice m'a alors expliqué que le *Teschin* de notre fameux pont était en ukrainien le pluriel d'un mot qui se disait en russe *Tetcha* et que ce mot ne désignait pas indifféremment les deux belles-mères, mais une seule : celle du gendre. Me voyant étonné de découvrir une nuance dont je n'imaginais pas qu'elle pût exister, elle a ajouté que la belle-mère de la bru se nomme *Svekrov'*[11] et que les noms des beaux-pères sont construits sur cette même logique, le père de l'époux étant nommé *Svekr* et celui de l'épouse *Test*.

Comme il n'était pas question que je puisse accéder à l'étymologie ou à l'histoire des mots russes, je me suis amusé à demander à mon interlocutrice ce que pouvaient dire ces mots, si on les associait à d'autres avec lesquels ils assonent ou si on les décomposait en phonèmes élémentaires. Ayant compris l'esprit de ma démarche, elle m'a répondu que le mot *Svekrov'*, qui dit donc la mère de l'homme du couple, est formé de *sve* qui veut dire « mon » et de *krov'*, qui signifie « sang », si bien que ce mot laisserait entendre « mon sang », désignant ainsi « celle qui détient le lien de sang avec son fils ».

Je découvrirai par la suite seulement, sur fond des informations que fournit Benveniste sur les radicaux *swe* et *krov'*, que la signification de ce terme, telle que me l'a donnée mon interlocutrice était très approximative sinon personnelle et qu'elle n'a aucun rapport avec le sens de « mon » ou de « sang ». En réalité, le terme *Svekrov'* aurait le sens de « celle avec laquelle je n'ai pas de lien de sang et qui détient l'autorité ». Benveniste explique d'ailleurs la formation du mot par le fait que « la mère du mari est, pour la jeune femme, plus importante que

11. Il s'agit ici de translittération : je ne dispose pas de l'alphabet cyrillique et je ne saurais d'ailleurs pas m'en servir.

le père du mari : la belle-mère est le personnage central de la maisonnée ».

Même si elle est déduite du travail accompli par Benveniste sur les seules langues indo-européennes, cette dernière réflexion, extrêmement importante et à garder absolument en mémoire, n'en est pas moins un indice qui témoigne, comme je le constaterai ultérieurement, de l'universalité et de l'enracinement du conflit qui opposera, sous pratiquement toutes les latitudes et dans beaucoup de langues, ces deux figures féminines.

Ce serait en quelque sorte au cœur de la maisonnée qu'elles ne manquent pas d'avoir à s'affronter. De la maisonnée devenue commune quand la bru y fait irruption et y prend peut-être des initiatives. Ce qui ne serait pas sans renvoyer aux propos de la belle-mère de Roxane, de mon introduction, lui lançant à la cantonade : « Encore faudrait-il, ma pauvre fille, que vous sachiez tenir une maison ! » Même distinctes comme elles le sont aujourd'hui, les maisonnées demeureraient néanmoins communes du fait qu'elles auraient, dans le fils devenu époux, un habitant qui, passé de l'une à l'autre, ne devrait pas vivre, tout au moins selon sa mère et parfois lui-même, une rupture radicale de décor. On comprend que les brus ne soient pas toujours d'accord !

Le sel

Ils sont venus me consulter pour les frasques de leur adolescent de 14 ans. J'apprends qu'ils sont divorcés depuis un peu plus de quatorze ans. « À peine étions-nous mariés », me dit-elle. Et comme je lui demande ce qui s'est passé, elle poursuit : « Le lendemain de notre nuit de noces, je me suis levée et j'ai préparé amoureusement notre petit déjeuner que j'ai dressé sur la table de la cuisine, avec de jolis couverts, des napperons et des serviettes. Il est arrivé quand je l'ai appelé. Il s'est assis sans même avoir remarqué les napperons, le jus de fruits, le pot de café, le pain tranché, les œufs au plat, le beurre et le fromage. Je lui ai souhaité bon appétit. Il m'a répondu : "Le sel." Je lui ai demandé : "Quoi le sel ?" Il m'a répondu : "Quand je disais 'le sel', ma mère se levait et allait me le chercher." Je me suis levée, je lui ai jeté la table à la figure, en lui criant : "Je ne suis pas ta mère." »

Une maisonnée, un décor, des rituels.

Toutes choses qui apparaîtraient comme une affaire exclusive de femmes, les hommes occupés aux champs en étant le plus clair du temps absents. Une maisonnée qui figure un intérieur – d'ailleurs, le mot n'est-il pas utilisé comme synonyme ? – évoquant lui-même le matriciel. C'est un scénario qu'on retrouvait jadis dans les hautes montagnes de Kabylie[12], à l'époque où la région était isolée. Quand un couple se formait, l'homme allait casser la montagne pour en extraire une à une les pierres destinées à bâtir la demeure. Une fois la maison bâtie, il confiait la suite de l'entreprise à sa femme, seule habilitée à organiser, jusque dans ses plus petits détails, l'intérieur sur lequel elle allait régner sans partage. Elle était ainsi tout à la fois la gestionnaire, la détentrice et la représentante de ce matriciel bâti pour être obscur. Son homme pouvait d'ailleurs l'y enfermer quand il partait en voyage en se prévalant du fait que, vertueuse comme elle l'était, elle acceptait de ne jamais voir le jour dont seules les prostituées ne pouvaient se passer.

On pourrait bien sûr invoquer à ce sujet un partage immémorial des tâches, fondé sur leur assignation en fonction du sexe : à la plus grande force physique de l'homme auraient été dévolus les travaux la requérant, alors qu'au génie enveloppant féminin aurait été confié le soin de ce qui est fragile et doit être protégé dans l'immédiat. Rien qui n'ait été pour autant condamné à rester figé ou à indéfiniment se maintenir, comme le

12. Mohand Chabane, psychanalyste, communication personnelle.

prouve l'évolution de nos sociétés occidentales. La belle-mère qui tance sa Roxane de belle-fille la sait parfaitement exercer un métier important, même si elle en vient un jour à le dénigrer. Elle-même est une universitaire de renom qui n'a jamais rien cédé, au temps de leurs études, à ce concurrent qu'elle a fini un jour par neutraliser en l'épousant faute de pouvoir le supplanter. Comment en vient-elle pourtant à oublier ces conquêtes, ces triomphes des femmes et à tenir encore une parole autour de ce paléo-rôle que leur aurait assigné, dit-on, le machisme des origines ? Pourquoi en reste-t-elle à ces vieux réflexes ? Que veut dire le fait que les femmes, tout en se plaignant d'être débordées par les multiples métiers qu'elles ont à assumer, ne veulent souvent pas abandonner le moindre de leur champ classique de compétence ?

Je me souviens d'un échange auquel j'ai assisté entre une fille et sa mère, féministe bon teint exerçant un métier prestigieux. La fille voyait sa mère s'affairer autour d'une table à dresser, veillant méticuleusement à ce que tout soit dans l'ordre le plus parfait. Elle lui a fait remarquer que voilà bien une tâche qu'elle aurait pu déléguer à son père, elle qui n'avait pas de mots assez durs pour stigmatiser la manière dont les hommes rechignaient à décharger leurs femmes d'un certain nombre de tâches ménagères. Elle s'est entendu sèchement répondre : « Il ne le ferait pas assez bien. » Cette manière de se poser en référence, en juge, seule capable d'apprécier ou de condamner la manière dont une tâche traditionnellement féminine a été exécutée par un homme, n'explique-t-elle pas en partie, le résultat des enquêtes réitérées démontrant que les hommes sont encore très loin d'avoir effectué le parcours que notre postmodernité leur a concocté et qu'ils traînent beaucoup des pieds ?

Comment avoir la paix ?

« Moi, je préfère aller chez Grand-Mère et Grand-Père plutôt que chez Mamy et Papy, me raconte Christophe, 10 ans.

Quand Maman m'annonce que je vais passer une journée chez Mamy et Papy, je prends plein de jouets. Et dès que j'arrive chez eux, je m'enferme dans ma chambre. Sinon, je vais les entendre se disputer. Ils se disputent tout le temps. En plus, Mamy engueule Papy en lui disant qu'il ne fait pas attention à moi ni à ce que je vais penser. Un jour, j'en ai parlé à Grand-Père. Je lui ai dit combien j'aimais être là. Il m'a répondu que tous les enfants aiment aller chez leurs grands-parents parce que les grands-parents les gâtent. Je lui ai dit que, moi, j'aimais pas aller chez Mamy et Papy. Il m'a demandé pourquoi et je lui ai répondu qu'ils se disputaient toujours. Il m'a demandé si je savais pourquoi ils se disputaient. Je lui ai répondu que c'était toujours pour la même chose. Mamy, elle engueulait Papy en lui disant qu'il ne faisait jamais rien et que c'était elle qui faisait tout. Il lui répondait que quand il faisait quelque chose, elle lui disait toujours que c'était mal fait. Grand-Père m'a dit que c'était toujours comme ça. Je lui ai dit que je comprenais pas. Il m'a répondu : "Grand-Mère aussi, elle dit toujours que ce que je fais est mal fait. Mais nous, nous ne nous disputons pas. Parce que Grand-Mère adore tout faire et que, moi, je m'en fiche." »

Cet état des choses est bien plus fréquent qu'on ne le croit, même si les sociologues se contentent d'analyser seulement en critères de temps passé, à la minute près, par l'un et l'autre aux tâches ménagères sans s'arrêter à la signification que revêtent ces tâches pour les intéressés. Quant à la presse, toujours soucieuse d'alimenter le scandale en jetant sur le feu assez d'huile pour en espérer un débat, elle se saisit du détail pour dénoncer la mauvaise volonté des hommes et brocarder leur adhésion à un machisme condamnable.

Il ne manque pourtant pas de couples qui vivent sans problème dans une répartition des rôles inverse de la distribution dite traditionnelle.

Cela expliquerait-il qu'à l'heure où on vante, du moins en France, l'esprit et l'audace d'éventuelles réformes, on ne se soit pas aventuré du côté de la linguistique qui résiste et persiste à souligner la différence entre le masculin et le féminin ? Le ferait-on qu'on ne parviendrait probablement pas à clore pour autant le débat, en particulier pour chacun en tant que sujet.

La confrontation de ce qu'entend, par exemple, ma locutrice russe dans le terme *Svekrov'* (« ma mon sang ») avec le sens incontestable que lui donne Benveniste me semble illustrer parfaitement la manière dont se fabriquent pour tout individu les chaînes signifiantes qui l'enserrent et qui se sont fabriquées par le biais du langage dans lequel il n'a pas cessé de baigner. Ainsi en est-il de la manière dont mon informatrice a décomposé le mot *Svekrov'* : elle n'a tenu aucun compte d'une étymologie qu'au demeurant elle ignorait certainement, se laissant seulement guider par ce qu'elle entend. Imaginons, pour aller encore plus loin, une bru russe parlant en russe de sa belle-mère russe. Elle dirait quelque chose comme « ma mon sang », comme si face à cette instance, elle devait se résigner à n'avoir plus de « sang propre », comme si son sang était appelé, qu'elle le veuille ou non, à devenir celui de cette femme, laquelle, littéralement, le lui imposerait par le truchement de son fils. Elle peut, ou non, bien évidemment se soumettre au contenu du message. Elle peut aussi ne pas cesser d'y être réfractaire. Je montrerai plus loin en abordant la biologie du lien combien l'injonction de la belle-mère est le plus souvent un vœu pieux, vécu comme tel de part et d'autre. Sans compter que l'échange esquisse un débat, difficile sinon toujours impossible à vider, sur ce qu'il en est de qui détient le pouvoir face à celle qui exerce la puissance que lui confère sa position – toutes choses dont use admirablement la technique psychanalytique avec le maniement de la notion complexe mais tellement opératoire de *phallus*.

Voyons maintenant, face à cela, et toujours dans la logique de la fabrication des chaînes signifiantes et de leurs conséquences, le mot *Tetcha* qui dit la mère de la femme du couple.

Il serait fait, toujours selon mon informatrice, de *te* qui veut dire « ta » et *tcha* qui renvoie à *tchi*, lequel terme désigne la « soupe populaire » dans toute la Russie. Il dirait textuellement en quelque sorte « ta soupe ». Ce qui semblerait destiné à première vue à témoigner de l'hospitalité dans laquelle se tiendrait indéfiniment une belle-mère pour son gendre – c'est l'histoire du pont d'Odessa, de l'officier de haut rang et des délicieuses boulettes de sa belle-mère. Elle viserait à poser ladite belle-mère comme une mère qui n'aura pas cessé d'être nourricière et qui attend que des droits lui soient reconnus à ce titre. Le paradigme auquel elle accéderait ainsi, serait destiné à amadouer le gendre et à désarmer la prévention sinon l'agressivité qui lui est supposée, aussi bien à l'endroit de sa fille qu'à l'endroit d'elle-même. Elle dirait en quelque sorte par ses dispositions : « Je m'offre à mettre toujours pour ton bonheur de la soupe à ta disposition. Tu me reconnaîtras ainsi des qualités d'éternelle mère nourricière. Et tu ne me reprocheras donc pas de continuer de vouloir être aussi la mère nourricière de ma fille. Tu seras donc gentil avec elle et tu n'interviendras en aucun cas dans la relation que j'ai à elle et que pour rien au monde je ne voudrais entamer. » Pourquoi récuser une telle interprétation, en fût-elle une, quand Benveniste[13] dit pour sa part qu'« il n'y a pas de nom indo-européen pour les parents de la femme », ajoutant, un peu plus loin : « Ces termes [de la parenté par alliance] se seraient toujours appliqués strictement aux parents que la femme se crée par son entrée dans une famille. Il faut alors supposer que c'est le système patriarcal qui, dans la parenté par alliance, s'est imposé seul, a éliminé dans cette série de termes tout souvenir de la position double qu'occu-

13. Émile Benveniste, *Le Vocabulaire des institutions indo-européennes (1 et 2)*, *op. cit.*, p. 252.

paient, au sein de la parenté classificatoire, tous les alliés. »

C'est on ne peut plus clair. Et pas à n'importe quelle époque. Précisément à celle – le livre de Benveniste date de 1969 – où les discours féministes se multipliaient et devenaient de plus en plus quérulents. Au commencement, du moins au moment où se forgent les langues comme en attesterait l'indo-européen, était le patriarcat ! Autant déjà en prendre note.

La poursuite du dialogue avec ma complaisante interlocutrice m'a permis d'apprendre par exemple que la bru est nommée *Nevestka*, construit sur *neves*, la fiancée, et *stka* qui signifie « déjà mariée » – une construction qui se retrouve dans d'autres langues. Le gendre, lui, est nommé *Ziat'*, un mot qui donne lieu à un dicton populaire singulièrement expressif et qui dit « *Ziat' lubit vziat'* », lequel se traduit par : « Le gendre aime bien prendre. » Le gendre serait un prédateur. La réputation qui lui est ainsi faite vise-t-elle seulement son rapport à la « soupe » ou aux boulettes ou bien élargit-elle le champ de la prévention à développer contre sa convoitise ? Après tout, s'il prend, il prend ce qu'on se propose de lui donner : si on lui offre de la soupe ou des boulettes, pourquoi lui reprocherait-on de les prendre ?

C'est là qu'il me semble important de revenir au pont et au rituel qui s'y déroule. Nous avons ainsi appris que la traduction initiale du nom du pont, qui est indiquée sur tous les guides de la ville d'Odessa et qui nous avait été donnée, était insuffisante. Ce n'est pas le « Pont des belles-mères ». C'est le « Pont des belles-mères de gendres ». Quant au rituel qui est destiné à préserver les couples contre les agissements de ces personnes, il est accompli par les deux membres du couple. Si l'homme en arrive à rêver d'alliés impitoyables comme les dobermans, la femme en s'associant au rituel, lui emboîte manifestement le pas. Elle souhaiterait elle aussi pouvoir enfin sortir du giron de sa mère et pouvoir se sentir une fois pour toutes autonome et préservée d'elle. C'est-à-dire qu'à l'exception de l'officier de haut rang qui a fait construire le fameux pont, aucun des deux membres du couple ne serait dupe de la prévenance ostentatoire de la mère de la femme. Mais plutôt que d'avoir à admettre que sa fille a exercé le choix de suivre son époux, la mère préfère dire que c'est son gendre qui l'a « prise », puisque c'est dans sa nature, « *Ziat' lubit vziat'* » – dans certaines sociétés il existe un rituel où le futur gendre « enlève » littéralement sa future femme –, alors qu'elle sait, qu'elle a la certitude, elle, que sa fille lui reste attachée comme elle l'a toujours été, comme elle le restera toujours, exactement comme si rien ne s'était passé. Il lui appartient donc, à elle qui n'a jamais marchandé son dévouement, de voler au secours de son enfant et de ne cesser en aucune manière de la protéger de ce vil séducteur. Je reviendrai plus loin sur ce point qui, repéré au niveau linguistique, a bien d'autres implications qui nous aideront à comprendre notre problème.

Mon enquête auprès de mon interlocutrice russe m'a appris nombre de choses en ce qui concerne le russe et la société dans laquelle il se déploie, aussi bien du côté de la dynamique des rapports hommes-femmes que de celui des rapports parents-enfants. Le patriarcat, la patrilocalité[14], voire le machisme y sont en effet on ne peut plus clairement inscrits, expliquant le comportement des parents de la femme, leur disponibilité et leur sollicitude à l'endroit de leur gendre n'étant, comme je l'ai laissé entendre, que stratégie.

Ces stratégies semblent cependant être en train de changer. En effet, quand, sur fond de l'animosité qu'elle me disait régner également entre belles-mères et brus en Russie, j'ai interrogé mon informatrice sur les rapports

---

14. Les règles de localité sont données en annexe et on peut s'y reporter dès à présent dans la mesure où elles vont souvent intervenir dans la suite de l'ouvrage.

qu'elle avait, elle, avec sa belle-mère, elle m'a répondu qu'ils étaient excellents en ajoutant avec un sourire satisfait : « Parce que sur tous les sujets nous sommes d'accord, elle et moi, contre son fils. » Il ne faudrait pas pour autant en conclure que l'alliance des deux femmes soit délibérément destinée à écraser leur homme commun malgré la résistance qu'il y opposerait. Quand les choses sont ainsi, c'est que la situation convient aux trois protagonistes. Un fils qui aura été « écrasé » et formaté à accepter de l'être, aura été content de rencontrer une femme « écrasante », applaudie par sa belle-mère qui, sans en avoir la moindre conscience, reconnaîtrait dans ce comportement la poursuite du sien propre. Ce que m'a paru confirmer le fait que notre guide était mère de deux filles.

Je montrerai plus loin comment tout cela s'inscrit dans l'implacable lutte des sexes qui est de plus en plus ouverte et qui a fait de plus en plus d'adeptes.

Cependant, dans certaines familles, on note, en symétrie, une excellente entente entre beaux-parents, belle-mère en particulier, et gendre. On parle alors de « gendre idéal ». Je me suis laissé dire, sans pouvoir le vérifier, que l'expression avait été créée quand on a cherché à résumer les nombreuses qualités de cet excellent présentateur de télévision qu'est Michel Drucker. J'ajouterai que j'ai rencontré nombre de « gendres idéals ». J'y reviendrai parce que les circonstances qui me les ont fait rencontrer m'ont conduit à développer une véritable prévention à l'endroit des situations présentées sous ce type d'étiquettes. Il existe, bien évidemment des « brus idéales » et j'en ai rencontré un certain nombre. J'y reviendrai aussi. Je dirai seulement pour l'instant qu'elles ne le sont jamais par hasard et que l'état d'équilibre psychique de leurs enfants est bien meilleur que celui des enfants de « gendres idéals ».

Poursuivre l'exploitation dans cette direction, en me laissant guider par mes seules associations me paraît un peu prématuré. Car, dès qu'on aborde la question sur ce mode, on risque de se trouver débordé si on n'a pas préalablement exploré, répertorié et surtout classé, l'importante quantité d'éléments qui y interfèrent. On peut néanmoins déjà relever un point curieux qui pourrait être passé inaperçu, mais qu'on retrouvera souvent : si les rapports qui s'instaurent entre les familles censées s'unir privilégient incontestablement, un peu partout, celle de l'homme par rapport à celle de la femme, ce ne sont pas les hommes, les beaux-pères, mais toujours les femmes, les belles-mères, qui veillent par leur manière d'être à rappeler le fait, en particulier aux enfants qu'ont été gendres et brus. Comme si la vectorisation des rapports entre les familles ne supprimait en aucune façon celle qui prévaut entre les générations : les beaux-pères demeurent en général passifs, à une place purement symbolique, si tant est qu'on leur prête la moindre attention, alors que les belles-mères se lancent dans l'action avec une énergie en apparence inépuisable. N'est-ce pas conforme à ce qui se passe partout au monde dans l'univers familial ? Encore que cette distribution des rôles et des places ne revêt pas la même signification aujourd'hui que celle qu'elle revêtait il y a par exemple un siècle. Je reviendrai là encore sur cet aspect des choses. J'en dirai au moins, cependant, qu'il y a un siècle, le soutien sociétal au père le dispensait d'agir, l'action de la mère se faisant en principe en son nom. Aujourd'hui que le soutien sociétal lui a été retiré, plus rien n'est fait en son nom, il n'existe pratiquement plus et il n'a pas le moindre moyen d'agir.

D'Odessa et son pont à d'autres langues

Alors que je venais seulement d'apprendre l'existence de ce détail, j'ai trouvé d'autres langues que le russe qui donnent des noms différents aux beaux-parents de la bru et du gendre.

Le chinois ne transmet pas le code linguistique par les seuls phonèmes du langage articulé, il le fait par l'écriture idéographique, laquelle unifie cet immense pays aux plus de cent différents dialectes et langues.

Au cours d'un voyage en Chine, j'ai rencontré une dame qui était professeur de français à l'Université. J'ai passé un après-midi avec elle à tenter de m'initier à la logique des idéogrammes. Elle a marqué une patience pour laquelle je lui reste indéfiniment reconnaissant. Elle m'a expliqué qu'un idéogramme était l'assemblage de caractères élémentaires dont l'association donnait le sens. En guise d'exemples, elle m'a expliqué qu'un caractère ayant la forme d'un accent circonflexe, figurant un toit, signifiait à lui seul la « maison », qu'un caractère ayant la forme d'un *Y* renversé signifiait « homme » et que le même caractère barré d'un trait horizontal sur la barre verticale signifiait « femme ». J'ai alors cru pouvoir m'essayer à mon premier idéogramme : j'ai dessiné le caractère « maison » sous lequel j'ai mis côte à côte les caractères « homme » et « femme » et je l'ai présenté en disant : « Alors, cela veut-il dire "couple" ? » « Non, me répondit mon interlocutrice, l'idéogramme existe bien, mais il veut dire "dispute". » J'en ai ri, bien sûr ! J'ai récidivé en mettant sous le caractère « maison » les caractères « femme » et « enfant », et j'ai demandé si cet idéogramme pouvait signifier « mère au foyer ». Je me suis entendu dire que cet idéogramme existe lui aussi mais qu'il dit : « c'est bien ». Ce ne sont que des exemples. Mais ils disent déjà beaucoup sur la manière dont le locuteur chinois voit les rapports humains, à savoir que le tête-à-tête homme-femme dans un lieu fermé serait condamné à finir en dispute et que la paix souveraine serait signifiée par le seul tête-à-tête mère-enfant ! Dans un livre magnifique *L'Écriture poétique chinoise*[15], François Cheng démontre la manière fascinante dont use le poète chinois pour superposer, au sens conféré par le son des mots écrits, un sens autre, aussi poétique et évocateur, de l'agencement des idéogrammes. Si bien que le lecteur parvient à entendre les phonèmes du poème en même temps que lui est offert un véritable tableau pictural, le tout visant à ce que les sons et ce qui s'offre à la vue entrent en parfaite harmonie.

L'écriture chinoise condense en elle une vision du monde et la manière dont se tissent les relations et les liens. En particulier les liens de sang : l'idéogramme qui écrit la belle-mère de la bru écrit cette dernière comme « celle qui réside dans la maison du grand-père[16] » ; alors que la belle-mère du gendre, donc la mère de la bru, est signalée comme « étrangère à la famille ». La même distinction existe du côté des beaux-pères. Les rapports de ces belles-mères à leurs brus et gendres sont, là, pires que ceux qui ont été décrits pour la Russie : la belle-mère de la bru étant placée hiérarchiquement bien plus haut que la belle-mère du gendre. Tout comme sont d'ailleurs considérés les beaux-enfants puisque l'idéogramme qui écrit le gendre écrit « mari de la fille », alors que celui qui écrit la bru, écrit « celle qui balaie » !

15. François Cheng, *L'Écriture poétique chinoise,* Paris, Le Seuil, 1977.

16. Je n'ai pas translittéré les mots chinois. D'une part parce que j'ignore les règles de cette translittération et d'autre part parce que je me suis évertué avec mes informateurs à travailler seulement sur la manière dont « parlent » les idéogrammes.

La société chinoise est elle aussi – et ce n'est bien sûr pas la seule – patriarcale, patrilocale et machiste de surcroît. La femme, fût-elle devenue professeur d'université, continue d'y occuper une position inférieure. Ce dont atteste en particulier le fait qu'il y a plus de proximité entre des frères et leur père qu'il n'y en a entre les sœurs et leur père, de même qu'il y a une plus grande proximité entre frères qu'entre frères et sœurs – et encore passerai-je sous silence la complexité qu'introduit dans tout cela l'appartenance à un système de parenté[17], le chinois appartenant apparemment au système soudanais qui nomme différemment les oncles paternel et maternel. Indépendamment du sort historique qui était fait à leurs pieds, on sait par ailleurs la manière dont, pendant des millénaires, les filles ont été souvent mises à mort à la naissance. C'est ce qui a d'ailleurs conduit la population de la Chine actuelle au déficit de cinquante millions de femmes qu'on lui connaît. Le fait commence à intervenir dans les rapports des hommes et des femmes, dans la mesure où les femmes – comme une denrée devenue rare ! – se mettraient à tenir la dragée haute aux hommes. Lors du même séjour, j'ai entendu mon jeune guide me confier sa difficulté à trouver une femme. « Si je cherche à faire la cour à une femme, elle va tout de suite me demander si j'ai un appartement. Et elle ne continuera à m'écouter que si je lui réponds par l'affirmative. Mais si je lui dis que j'en aurai un bientôt ou que je n'en ai pas, elle me tourne le dos et refuse d'engager avec moi la moindre conversation. Chez nous, ce sont les parents de l'homme qui payent l'appartement du couple. Et c'est pour ça que tous les hommes, dès qu'ils gagnent leur vie, sont obligés de donner de l'argent à leurs parents. Les parents de la femme lui donnent des meubles et ce qui

17. Il y en a six, répertoriés à la surface du globe. Ils sont destinés à indiquer les unions permises et celles qui ne le sont pas. Leurs détails sont donnés en annexe.

est nécessaire pour la maison. Ça a toujours été comme ça. Mais maintenant, après le mariage, la femme décrète que ses parents ont tous les droits ! » Serait-ce que le communisme aura profondément modifié l'état d'esprit porté par la langue ? On peut en douter quand on pense que Mao Tsé-Toung lui-même affichait le plus grand mépris des femmes dont il se contentait de dire : « Je rince mon sexe dans leurs cons[18]. »

L'arménien, qui est pourtant une langue indo-européenne, semble appartenir au même système de parenté soudanais que le chinois. Son organisation sociale est en conséquence elle aussi patriarcale et patrilocale. Il nomme *Guessour* la belle-mère de la bru qui se dit *Harç* et *Zokantch* la belle-mère du gendre qui se dit *Pessa*. Il semble néanmoins développer un moindre machisme que le chinois puisque s'il nomme *Aner* le père de la femme, il nomme *Skesr-ayr*[19] le père de l'homme, le terme signifiant exactement « mari de la belle-mère » ! Voilà qui est singulièrement révélateur de la stature et de l'importance que doit avoir là encore la belle-mère de la bru. Quand j'ai relevé, auprès de mon informateur, linguiste, le caractère patriarcal de cette société, il me l'a confirmé. Mais il a tenu à ajouter que « les femmes y ont un rôle très important car elles sont les piliers de la maison [*sic*] » – ce qui rejoint ce que j'ai rapporté des mœurs de la Haute-Kabylie et confirme l'opinion de Benveniste[20]

---

18. Philipp Short, *Mao Tsé-Toung*, Paris, Fayard, 2005.

19. Émile Benveniste, *Le Vocabulaire des institutions indo-européennes (1 et 2), op. cit.*, p. 250.

20. *Ibid.*, p. 252. Il ajoute : « Il n'y a pas de nom indo-européen pour les parents de la femme. » Et plus loin : « C'est le système patriarcal qui, dans la parenté par alliance, a triomphé très tôt, s'est imposé seul, a éliminé dans cette série de termes tout souvenir de la position double qu'occupaient, au sein de la parenté classificatoire, tous les alliés. » L'absence d'étymologie qu'il signale pourrait par ailleurs s'expliquer par ce qu'il écrit p. 221 : « Lorsqu'une culture se transforme, elle emploie des termes nouveaux pour suppléer les termes traditionnels quand ceux-ci se trouvent chargés de valeurs spécifiques. »

citée plus haut. À l'exception du cas de *Skesr-ayr*, les termes d'alliance seraient de purs signifiants sans étymologie. Je donne ce détail qui m'étonne personnellement pour rendre simplement compte de la difficulté qu'a rencontrée quelques fois mon enquête.

Le polonais, qui est une autre langue slave que le russe, dit *Ziec*, le gendre, mot si proche du russe *Ziat*. Il désigne uniformément par *Tesciowa* les deux belles-mères, par *Tesc* les deux beaux-pères, le radical, indépendamment des problèmes de phonétique et de translittération, rappelant étrangement le *Tetcha* et le *Test* des parents de la bru dans la langue russe. Les radicaux *swe et 'krov*, auront ainsi disparu. Comme si, en polonais, les beaux-parents seraient de part et d'autre des pourvoyeurs de nourriture ou des séducteurs potentiels sans qu'aucune hiérarchie ne soit établie entre eux. Ce qui ne les rendrait pas plus acceptables pour autant aux dires de mon informateur. Le mot qui dit la bru, *Synowa* est pourtant forgé sur *syn* le fils et la désinence féminine *owa*, un peu comme si la bru était adoptée comme une nouvelle fille et serait désignée comme « fil(s)le », la vraie fille se disant, elle, *Corka*. L'adoption du catholicisme par les Polonais, avec l'importance qu'il confère au culte marial, face à l'orthodoxie russe, serait-elle responsable de cette entreprise d'uniformisation des statuts à partir de la matrilinéarité ? C'est une hypothèse que je risque malgré le fait que dans ce cas les transformations auraient alors été très tardives.

Ce qu'il y a déjà d'intéressant dans ce début d'exploration, c'est que les indices relevés ne dépendent apparemment pas des groupes linguistiques. Deux langues indo-européennes et aussi proches que le sont le russe et le polonais, qui appartiennent de surcroît au même système de parenté que la plupart des langues européennes, à savoir le système eskimo, semblent différer beaucoup plus que ne le font deux langues aussi éloignées que le sont le russe et le chinois qui appartiennent à des systèmes de parenté différents. S'agirait-il de contagion géographique ? La Pologne est pourtant aussi proche de la Russie que la Chine, même si l'étendue des frontières communes est plus considérable du côté de cette dernière que de l'autre.

Que nous enseignent les autres aires linguistiques ?

Bien des choses. Bien plus encore, qui valent la peine de s'y arrêter, même si ce qui vient d'être dit en a déjà dit beaucoup. D'autant que, même si mon échantillon est modeste, il m'a permis d'interroger des langues de groupes différents et qui se déploient dans des aires géographiques très éloignées les unes des autres. Ce qui permet de souligner une fois de plus, même si je n'en ai pas fait expressément état, l'universalité des dissensions qui affectent les liens auxquels je m'intéresse.

Le japonais par exemple, dont le système de parenté semble être le système eskimo, a pour particularité de mettre en œuvre et côte à côte plusieurs niveaux de langage, qui vont, à ce que j'en ai appris, du vulgaire au poli, en passant par le familier, le familier affectueux et le neutre. Un Japonais qui parle de quelqu'un n'use pas du même niveau que lorsqu'il s'adresse à lui. Et quand il entend une conversation entre deux individus, il est aussitôt averti de la hiérarchie dans laquelle se trouvent aussi bien ces locuteurs que les personnes dont ils parlent éventuellement. Il existe même une manière de parler à l'empereur que très peu de Japonais maîtrisent si tant est qu'ils la connaissent ou en connaissent l'existence. On imagine combien les rapports des beaux-enfants et de leurs beaux-parents peuvent être soumis à ces règles contraignantes, même si l'évolution récente de la société a conduit parfois au seul usage des prénoms suivis ou non du suffixe *san* qui marque le respect. Ce suffixe affectera par exemple la manière dont la fratrie s'adressera à la jeune fille qui aura épousé le frère aîné car elle sera considérée comme une sœur aînée et qu'il existe une hiérarchie des rapports par âge au sein même de la fratrie.

J'ai été invité à deux reprises au Japon et j'y ai, chaque fois, beaucoup appris, en particulier sur ce qui affecte la dynamique familiale et les relations qui s'y nouent.

Le Japon est un vieil empire insulaire profondément modelé par une tradition formaliste qui, au fil des siècles, n'a rien laissé au hasard. Il a décidé, sous le règne de l'empereur Meiji (1868-1912), d'importer la civilisation occidentale et il a adopté en 1889 une constitution inspirée du modèle prussien. Le Code civil qui en est résulté en 1898, faisait du concept de *ie* (système du foyer familial) la base de la nouvelle structure sociale hiérarchique, adoptant comme socle les valeurs d'origine confucéenne de la classe des samouraïs. L'empereur, en tant que chef de la nation tout entière, descendant du dieu Soleil et ayant à la fois le statut de père et de mère, en était la clé de voûte. Le mari devenait de son côté le maître absolu de sa propre famille. Le droit d'aînesse devenait la règle pour toutes les classes. Les femmes étaient considérées comme des mineures. Le Code stipulait en effet que « les infirmes, les personnes handicapées et les femmes mariées ne peuvent engager aucune action en justice ». Les activités politiques étaient interdites aux femmes. Ce qui n'empêchait pas les ouvrières d'être considérées comme la colonne vertébrale d'une économie industrielle en plein essor – en particulier dans l'industrie textile, qui représentait 60 % du commerce extérieur à la fin du XIXe siècle, et où les femmes représentaient 60 à 90 % de la main-d'œuvre. On sait ce qu'il advint par la suite de cet essor industriel.

La coloration occidentale, parfaitement intégrée, de cet ensemble n'a cependant pas affaibli la tradition.

Ainsi ai-je appris, lors de mon premier séjour, qu'au rythme actuel de la démographie, les 138 millions de Japonais actuels[21] ne seraient plus que 58 millions en

---

21. Vivant sur un territoire habitable dont la surface équivaut à celle de la Bretagne.

2100. La raison de ce phénomène, qui préoccupait à juste titre les intervenants de la session à laquelle je participais, tenait dans le fait que la tradition impose aux brus, mariées aux fils aînés, de prendre en charge chez elles leurs beaux-parents vieillissants. Ce à quoi elles se refusent désormais. Si bien que les femmes ne se marient pas et se montrent de plus en plus rétives à l'ordre patriarcal. Mais celles qui choisissent le célibat ne font pas pour autant des enfants « seules », comme le font les femmes en Occident. Car les enfants qui viendraient ainsi au monde auraient statut de bâtards, entraînant le déshonneur pour toute la famille. Ils ne peuvent pas en effet bénéficier de ce qui est appelé là-bas d'un terme qui m'a été traduit par « état civil » et qui désigne le livret sur lequel est consigné pour tout enfant son arbre généalogique remontant ses deux lignées sur plusieurs siècles.

Lors de mon second séjour, j'ai appris que le divorce[22], qui était rare jusqu'à une date récente, a fini par atteindre le taux des sociétés occidentales. En cas de divorce, l'enfant est considéré comme rattaché à la maison (le fameux concept *ie*) et sa mère doit continuer de résider auprès de lui dans cette dernière. Si bien que ce sont les pères qui sont contraints de quitter le foyer. Cela donne lieu en général à des arrangements privés que les protagonistes signent entre eux pour gérer les modalités et les conséquences de la séparation. Très vite, voire dans la majorité des cas, les mères, encouragées en cela par leurs propres parents – ce qui n'est pas sans rappeler ce qui se passe souvent chez nous et dont témoignent les dispositions supputées à la « belle-mère de gendre » du pont d'Odessa –, rompent les engagements qu'elles avaient pris. Si bien que l'enfant en arrive à ne plus pouvoir voir son père avant sa majorité qui intervient à l'âge de 20 ans.

---

22. Au Japon, on peut se marier comme divorcer en dix minutes : il suffit pour cela de se présenter au bureau d'état civil avec deux témoins et de remplir un formulaire.

On imagine les problèmes qui ont découlé d'un tel état de fait. Car, constitutionnellement, la justice n'est pas habilitée à connaître des arrangements pris en privé par les partenaires divorçant et encore moins à les arbitrer. Cet état de fait découle de la prégnance toujours considérable de la tradition. Car l'importation de la culture occidentale ne s'est pas accompagnée de la mise en place d'un droit familial étendu et a laissé aux familles qui s'unissent le soin, comme le veut la tradition, de gérer les unions comme les séparations. Or l'évolution des mentalités a privilégié comme partout ailleurs les unions par inclination au détriment des unions arrangées. Si bien que les familles, qui en réalité ne s'unissent plus, n'ont plus leur mot à dire. Les femmes ne pouvaient pas laisser passer une telle occasion : tout comme les jeunes générations demandent non sans raison d'être prises en considération par les anciennes, les familles de filles se sont manifestement dressées contre le pouvoir des familles de fils, réclamant la révision de fond en comble d'une situation qu'elles jugent inique.

Et l'exotique ?

Je n'ai pas eu le loisir, faute d'informateurs, d'explorer directement le matériau que peuvent fournir les langues africaines. J'ai toutefois pu vérifier, en consultant des textes et des sites Internet[23], que la problématique des mères et des brus présente les mêmes caractéristiques dans les pays africains que partout ailleurs. J'ai tout de même voulu savoir ce qu'il en était dans des sociétés organisées sur un mode totalement différent de celles que

23. Séverin Cécile Abega, « La bru tueuse », *Journal des africanistes*, 1992, 62 (1), p. 95-106 ; http://www.maliweb.net/category.php?NID=27965

j'ai abordées jusqu'à présent. J'ai bénéficié d'une information sur la société malgache qui appartient apparemment au système de parenté hawaïen dans lequel les oncles et tantes sont autant de pères et de mères. J'en ai donné les détails en annexe.

Le personnel et le familier

Ce n'est pas par hasard si j'ai laissé pour la fin de cette exploration linguistique deux langues qui me sont proches : l'arabe, dans lequel ont été fabriquées, au travers d'un de ses dialectes, les chaînes signifiantes de ma psyché, et l'hébreu, que j'ai approché de façon tardive et insuffisante, mais qui structure mon identité. J'ai néanmoins fait appel, pour l'un comme pour l'autre, à nombre d'informateurs pour ne pas risquer de sombrer dans des considérations par trop subjectives.

La langue arabe est celle de sociétés qui appartiennent au système de parenté soudanais et qui sont patriarcales et patrilocales.

En arabe, le beau-père, qu'il soit celui de la bru ou du gendre est nommé *HaM*, et la belle-mère *HaMaT*. Le radical *HM* fait référence à la notion de « chaleur », donnant par exemple le mot *HaMMa* qui signifie « fièvre » ou le mot *HaMMaM* passé directement dans les langues occidentales pour désigner ces bains chauds qu'on dit « bains de vapeur ». Il s'y ajouterait la notion de « source », en particulier « source chaude ». Serait-ce à dire que les beaux-parents auraient le statut de « source chaleureuse » de la généalogie ? Cela ne s'arrête pas là, car le radical *HM* a aussi le sens de « ce qui protège », comme en atteste le fait qu'« avocat », donc « défenseur », « protecteur », se dit *MouHaMi*, construit sur ce même radical. Rien que de très logique dans ces rapprochements où circulerait l'idée que la chaleur est protectrice. Reste à savoir qui, de leur enfant ou du conjoint de ce dernier, les beaux-parents entendent se faire les protecteurs ? Si on prend en compte la patrilocalité et le fait qu'elle rompt quasi littéralement la relation de la bru à ses parents, la fonction protectrice serait dévolue aux beaux-parents de cette bru et, sans nécessairement l'exclure, viserait en premier lieu leur fils. Ce que confirme le mot *KaNNa* qui dit la bru et dont l'homonyme dit l'« abri », l'« auvent » et tout ce qui protège. Une autre origine possible au mot, serait celle qui le ferait dériver du verbe *KeNNa* qui signifie « cacher » au sens de « cacher un sentiment, un secret, une pensée » ou de « porter quelqu'un dans son cœur ». La fonction de la bru serait alors de devoir relayer la protection parentale, protégeant son époux en retour de l'investissement dont elle serait l'objet.

Comme elle n'est pas supposée être spontanément dans cette disposition, elle aura à faire d'abord ses preuves. Ce qu'éclaire le fait qu'en kabyle, la bru qui est nommée *Tislit* (mariée) est parfois qualifiée de *Tinebgiwt*, ce qui signifie l'« invitée », terme qui lui laisse entendre qu'en dehors de certains égards, elle n'a aucun droit, sa belle-mère (*Tamghart*, la « grande », l'« aînée », l'« ancêtre ») régnant sans partage sur la maisonnée. C'est seulement quand elle s'est montrée comme l'attend sa belle-mère, que cette dernière l'appellera par son prénom voire l'interpellera en lui donnant du « ma fille ».

Lorsque la bru ou le gendre (*Nsib*, qui désigne le lien d'alliance) arabes s'adressent à leurs beaux-parents ils manifestent la déférence à laquelle ils sont tenus en les désignant par les termes de *LaLLa* et *SiDi*, qui signifient respectivement « dame » et « mon seigneur ». Ils peuvent aussi, quand ils en parlent, les désigner sous le terme de *'aJouZi* ou *'aJouZTi*, « mon vieux » ou « ma vieille », qui est le sens étymologique et qui impose le respect en raison de la différence générationnelle qu'il signale et de la fragilité qu'il laisse entendre. Nombre de dialectes ont d'ailleurs opéré un glissement entre *'aJouZ* et *'aZouZ*, faisant débuter le mot par le radical *'aZ* qui dit le « chérissement ».

Tout cela traduit une logique des rapports qu'on ne peut pas tout à fait comprendre sans s'intéresser à d'autres mots de la langue et à la vision du monde qui s'en dégage. Ainsi le mot *aBou* (ou *Bou*, selon les dialectes) qui dit « père », dit aussi « propriétaire », « possesseur ». Un homme répondant au nom de *BouLaHia* ou de *BouMa'Za* n'est pas plus « père de barbe » que « père de chèvre ». Il est celui dont la caractéristique est d'« avoir une barbe » ou de « posséder une chèvre ». Cette notion de propriété va très loin. Elle conditionne le droit familial au point que, dans les sociétés arabo-musulmanes, quels que soient les torts d'un homme dans un procès de divorce, les enfants lui reviennent. La mère arabo-musulmane constitue à cet égard une exception : elle aurait un statut proche de celui des mères porteuses, dans la mesure où elle est statutairement la mère des enfants du géniteur qui les lui a faits. Indépendamment de ces faits, dans la vie de tous les jours, les enfants – et on peut comprendre à cette occasion pourquoi je ne cesse pas d'insister sur l'effet des mots – entendent à leur insu cette notion de propriété toutes les fois que leur père est évoqué. Je me souviens de la manière par laquelle, au cours de mon enfance, j'ai entendu nos voisines tancer leurs enfants. Il suffisait qu'elles leur disent : « *Aï iJJi BouK !* », « Attends que vienne ton père ! » pour voir immédiatement surgir dans leurs yeux une peur qui les paralysait.

On serait prêt à conclure d'un tel indice que la violence et la brutalité du père seraient responsables de cet état de fait. C'est totalement faux. C'est une simple question de convention et de hiérarchie, comme en atteste le fait que les puînés doivent le respect à leurs aînés.

En réalité, le père arabe se déploie le plus souvent dans l'affection, la tendresse et la protection, soutenu qu'il est par un contexte sociétal qui lui construit une stature telle qu'elle est capable, à elle seule, de générer de la *HaCHMa*. Un mot fort, très fort, qui, par-delà la « honte » qu'il signifie, implique qu'il s'agit d'une « honte insupportable et à éviter absolument ». Car tout manquement de conduite qui la générerait du côté de l'enfant rejaillirait aussitôt sur la stature du père qui en serait quasi irrémédiablement éclaboussé. Ce qui serait très grave car on n'existe, dans cette culture, que par l'image qu'on donne de soi. Ce dont témoigne le fait que nombre de dialectes arabes conjuguent le verbe « être », signifié en arabe classique par la simple apposition, en disant : *rani, rak, rah,* « il m'a vu », « il t'a vu », « il l'a vu », etc. Cela pourrait amener à comprendre que, lorsque les enfants se conduisent mal, ce sont leurs parents qui sont jugés responsables. Cette *HaCHMa* est une notion d'une importance considérable. Je la crois capable d'expliquer, à elle seule et pour une grande partie, les dérives de comportement qu'on déplore du côté des jeunes de banlieue issus de l'immigration. L'affaiblissement du pôle paternel de la parenté pour lequel ont opté nos sociétés occidentales leur fait vivre leur père comme « déchu », « humilié ». Ils en conçoivent une culpabilité si grande qu'ils se jettent dans des conduites déviantes destinées, tout paradoxal que ce soit, aussi bien à le défendre qu'à lui fournir, au moyen de la *HaCHMa* qu'entraîne leur inconduite, un motif cohérent à l'affaissement de sa stature. C'est ce dont témoignait, en mai 1998 déjà, le rapport que Lionel Jospin avait commandé au juge Bruel, lequel mettait les troubles de banlieue sur le compte d'une carence de père dans ces familles. On sait que, pour parer à ce fait incontestable, mais qui s'inscrivait dans l'évolution générale de notre société, la commission qui a été mise en place n'a réussi tout au plus qu'à accoucher du fameux et on ne peut plus ridicule congé paternité de quinze jours[24] !

Je n'en ai pas fini avec les notions de *LaLLa* et *SiDi*. S'il apparaît que la dernière s'inscrit directement dans la logique de la société patriarcale, la première est plutôt surprenante. Car il est notoire que la place conférée aux femmes dans ce type de société, où qu'elle se déploie et y compris au sein des sociétés occidentales, est en retrait, sinon nettement inférieure, le sexe masculin y occupant la place principale sinon la seule ! Un père arabe, auquel on demanderait combien il a d'enfants, dira par exemple, alors qu'il en a six : « J'en ai quatre, avant d'ajouter, et deux filles. » C'est la conséquence directe, mais difficile à repérer, du fait que le verbe « accoucher » lui-même n'existe pas en tant que tel dans cette langue. Le verbe courant *OUaLaDa*, dont on croit qu'il le dit, dit de fait très exactement « garçonner » et ne commande pas de complément direct : si on dit d'une femme, en arabe dialectal algérien, *OUaLDaT*, on sait qu'elle a mis au monde un garçon ; si, en revanche, elle a mis au monde une fille, on dira *JaBaT BeNT*, « elle a apporté une fille ». Ce qui entraîne que si on doit s'inquiéter auprès d'une personne de la date d'accouchement de sa fille ou de sa bru, on lui demandera le plus naturellement du monde : « Quand donc votre fille (ou votre bru) doit-elle "garçonner" ? » La survalorisation du sexe masculin est directement et clairement inscrite dans la langue. Et comme la langue est un code... On peut se poser beaucoup de questions sur l'origine de cette survalorisation. On n'en trouvera les

24. Congé qui a cru pouvoir remettre le père en selle tout en rabattant sa fonction sur celle de la mère. Pour défendre cette mesure, on fait valoir que 77 % des pères prennent ce congé. La belle affaire ! A-t-on déjà vu des personnes bouder une occasion de vacances ? C'est sans doute en raison de l'absence d'effet sur la dynamique familiale qu'a été récemment conçu le projet de doubler la durée de ce congé, le tout ayant été enveloppé dans un argumentaire placé sous le signe de la lutte contre les inégalités.

réponses que lorsqu'on abordera le débat qui n'a pas cessé d'être, au sein de l'espèce, entre nature et culture. L'accès à la culture étant plus récent et moins bien assuré, les hommes censés être tous du côté de la culture, se méfieraient des femmes qui resteraient situées du côté de la nature.

Comment alors expliquer qu'une femme puisse avoir, dans de telles conditions, la possibilité d'accéder un jour à une stature qui lui permet d'être elle aussi investie, la stature de « dame » ? Elle y parviendra de fait à force de patience et exactement le jour où elle aura une bru dont elle sera en droit d'exiger qu'elle soit à son entier et exclusif service. Elle n'aura rejoint ni plus ni moins, face à sa bru, que la position masculine à laquelle elle avait été contrainte de se soumettre. Et elle se prévaudra de cette position pour se faire activement la défenderesse de son fils. La très occidentale belle-mère de notre Roxane ne se doute pas qu'elle met en œuvre des dispositions strictement semblables quand elle lui dit : « Mon fils, il est comme tous les hommes, il n'y connaît rien. » Rien ne nous dit cependant pour l'instant dans cette attitude et ces propos, ce qu'un fils devrait « y connaître ». Ce n'est pas sans évoquer ce qui se passe chez les Yoruba du Nigeria, où une femme, à condition qu'elle soit veuve, riche et ménopausée, a le droit de devenir « père » des enfants d'une jeune femme qu'elle épousera et à laquelle elle choisira des géniteurs pour en avoir des enfants.

La belle-mère arabo-musulmane estimera clairement, et personne n'osera la contredire puisque la langue elle-même en atteste, que la place prévalente qu'elle est parvenue à occuper lui confère une position de guide et de censeur des comportements de sa bru, aussi bien dans sa conduite d'épouse que dans ses potentialités et prérogatives de mère. Ce qui posera les problèmes qu'on peut imaginer. Car, comme dans la société japonaise, les parents vieillissants doivent être pris en charge par un de leurs fils et pas par une de leurs filles, lesquelles ont été agrégées aux familles de leurs époux. La belle-mère estimera avoir un droit de regard prévalent sur tout ce qui se passe dans la maisonnée. On imagine la tension qui s'ensuivra. Elle sera à un point tel, qu'à l'entrée *HaM, HaMaT*, un grand dictionnaire arabe[25] puisse en illustrer l'usage en citant le dicton : « L'entente de la bru et la belle-mère est impossible. »

Mon enquête ou mes lectures ne m'ont pas apporté d'éléments susceptibles de me renseigner sur ce qui fonde cette évolution singulière du statut de la femme. On pourrait dire pour l'instant de la *LaLLa*, qu'ayant été asservie à son époux, elle hériterait d'un pouvoir destiné à lui permettre d'assurer à son fils la même position dominante que celle qu'aura eue son père. Et le fait que ce soit elle qui se charge de rappeler à sa bru ses devoirs, laisserait penser que la bru, déjà préparée à sa condition par sa propre mère, ne peut entendre un tel ordre qu'énoncé par une femme, qui plus est, sait de quoi elle parle puisqu'elle est passée par son état. Ce serait comme si les femmes savaient toutes qu'elles ne peuvent pleinement entendre que ce qui leur est dit par des femmes. Comme si les lois sociétales, dans la mesure où ce sont les hommes qui en ont été les auteurs, ne pouvaient être imposées aux femmes et faire taire leur rétivité que par des femmes qui y seraient gagnées et qui y marqueraient leur accord. L'hypothèse que je lance à ce propos et que je mettrai à l'épreuve dans la suite de ce livre me semble pouvoir donner une clef à ce qui se rencontre dans toutes les civilisations du monde. Les hommes comme les femmes, ayant séjourné dans le ventre d'une mère, n'auraient aucune difficulté à entendre le langage des femmes, les femmes ayant en revanche des difficultés à entendre le langage des hommes. On sait, et la pratique pédiatrique comme le discours psychanalytique le confirment, que le propos

25. Dictionnaire arabe-arabe *Al Mounjid Elwaçit*, Beyrouth, Dar Elmashraq, 2005, p. 263.

d'un père ne peut parvenir à son enfant qu'agréé, traduit et véhiculé jusqu'à cet enfant par sa mère.

Cela ne reposerait-il pas sur quelque chose de plus profond encore ? En prenant en compte la longue histoire commune de ces deux peuples sémites du désert qu'ont été les Arabes et les Juifs, j'ai cru personnellement pouvoir mettre cette évolution sur le compte de considérations relatives à la perception, au vécu et à la gestion du temps, foncièrement différent entre hommes et femmes. Je détaillerai cela au moment où je parlerai de l'hébreu.

On pourrait s'étonner, face à la modestie des informations que j'ai données pour les autres langues, de ma prolixité – toute relative, car j'aurais tant et tant à en dire ! – du côté de la langue et de la civilisation arabes. Cela vient d'une part, comme je l'ai dit, du fait que l'une et l'autre m'ont fabriqué et que, d'autre part, j'ai beaucoup travaillé tout cela durant mes années d'analyse. Au point que ce que je peux en dire parfois, à des locuteurs arabes auxquels il m'arrive de livrer ces conclusions, les surprend considérablement. Leurs résistances tombent néanmoins quand je développe mon argumentaire bien plus étoffé que ce que j'en dis ici.

Je me rappelle avoir été frappé un jour par la beauté et la force, voire la violence, d'un film turc, *Hazal*[26]. Il racontait l'histoire d'une femme d'une région reculée d'Anatolie qui, ayant perdu un fils, décide selon les règles du lévirat[27] de faire épouser la promise de ce dernier, qui l'accepte pour sauver sa famille de la pauvreté, par son second fils. Ce second fils a cependant une particularité, celle d'être un tout jeune adolescent, à peine pubère et qui, de surcroît, pisse encore au lit. Tout au long du film, on verra cette belle-mère gérer la situation à sa seule

---

26. Ali Ozgenturk, *Hazal*, film, 1980.

27. Coutume patriarcale qu'on retrouve dans nombre de sociétés et qui impose au frère d'un homme mort sans avoir eu d'enfant d'épouser sa veuve pour assurer à ce frère une descendance.

manière, critiquant férocement sa bru en allant même jusqu'à la battre, comme régissant les détails du lit conjugal au point d'interroger répétitivement son fils sur l'accomplissement qui lui reste impossible de son devoir conjugal. Tout au long de ses interventions, alors que les parents de la bru ne se sentent pas le droit d'intervenir, elle se déploie dans une attitude composite où ce qu'on suppose être la profonde tristesse suscitée par son deuil laisse nettement transparaître l'implacable haine qu'elle voue à sa bru. Laquelle s'applique pourtant à occuper de façon irréprochable sa position servile, allant même jusqu'à encourager son jeune mari à grandir, à cesser de pisser au lit et à remplir son devoir conjugal. On imagine la suite. La jeune femme finit par être attirée par un homme de son âge avec lequel elle s'enfuit. Mais ils seront poursuivis et leurs cadavres seront ramenés au village où le cri de désespoir du jeune époux semble faire un sinistre écho à la jubilation qui se lit dans le regard de la belle-mère.

J'ai cependant recueilli une information qui situait les relations dans un sens opposé – signe que les choses bougent ? Elle m'a été fournie par une de mes patientes, une Écossaise mariée à un homme qui, pour brillant intellectuel qu'il fût devenu, était issu d'un coin profondément reculé d'un pays arabe. Elle m'a raconté l'étonnement dans lequel l'a mise sa rencontre avec sa belle-mère et l'attitude de cette dernière, lui recommandant vivement, par interprète interposé, de ne se laisser en aucun cas dominer par son mari ! Comme elle a manifesté son étonnement en lui disant qu'elle croyait bien faire et se situer dans la tradition en se comportant avec son mari comme elle le faisait, elle a entendu son interlocutrice se lancer dans un monologue véhément auquel elle a mis fin en lui empaumant violemment le sexe à travers sa robe ! Elle en était à ne pas savoir comment réagir quand elle a entendu la traductrice lui rapporter le propos qui venait de lui être tenu : « Ton mari, tu ne lui dois rien ! Tu ne lui dois rien parce que tu lui donnes la chose qui apure toutes tes dettes, la seule chose qui lui importe dans la vie : ça ! » C'est le « ça » qu'avait ponctué le geste de la main !

Une autre association me vient, qui me paraît intéressante dans la mesure où, *a contrario* des précédentes, elle concerne une belle-mère de gendre. Il s'agit d'un film tunisien, *Satin rouge*[28]. C'est l'histoire d'une femme, danseuse, qui, très prisée pour la qualité de son art, circule la nuit de cabaret en cabaret d'une grande ville. Elle a une fille unique, qu'elle élève seule, à laquelle elle est très attachée et qu'elle surveille de près. Cette fille tombe amoureuse d'un coureur invétéré qui lui promet de l'épouser mais qui, on l'aura deviné, se rétracte dès qu'il est parvenu à ses fins. Apprenant la situation, la mère, pour protéger sa fille du chagrin, entreprendra de séduire le bellâtre qui ne la connaissait pas et parviendra à lui faire épouser sa fille contre l'engagement, qu'elle tient d'ailleurs, de demeurer sa maîtresse.

Que faire de ces dernières associations sans lien évident, ni entre elles ni avec ce qui précède ? Rien d'autre ni plus que la preuve que les choses évoluent, que rien n'est plus pareil et que les frontières bougent beaucoup si elles ne changent pas encore tout à fait. La globalisation de notre monde et la manière dont circulent images, informations et idées ont de plus en plus raison de l'étanchéité des frontières. Ce qui avait été figé jusque-là dans des manières de penser et des coutumes, les unes et les autres transmises par le code linguistique et soumises à lui, semble en passe de voler en éclats. Et ce qui se dessine alors, dans la confrontation des options, ramène au premier plan la lutte immémoriale qu'ont menée et que continuent de mener, les uns contre les autres, les

28. Raja Amari, *Satin rouge*, film, 2002.

hommes et les femmes depuis l'avènement de la culture. Claude Lévi-Strauss ne définit-il pas le couple comme l'« union dramatique de la nature et de la culture » ? On imagine en effet, sans même le savoir, que le progrès technique témoigne du progrès de l'ensemble de l'humanité avec ce qui y reste d'humain. C'est une erreur très profonde que relèvent aussi bien Lévi-Strauss – qui, sur ce point, a souvent exprimé son accablement[29] – que Lacan lorsqu'il dit : « Il n'y a pas de progrès[30]. » Car à l'échelle anthropologique, nous n'avons pas dépassé, comme je le montrerai plus loin, le stade du balbutiement. Nous n'avons toujours pas décollé de la tyrannie de nombre de ces pulsions dont la nature nous avait opportunément dotés pour nous aider individuellement à affronter une nature hostile. Que nos différents groupes sociétaux aient cru pouvoir intervenir sur cet état de fait en fixant des règles destinées à y mettre un minimum d'ordre, incitant chacun à s'y conformer, c'était utile et logique quand ils étaient isolés, chacun dans son coin et très éloignés les uns des autres parce que séparés par d'infranchissables obstacles géographiques. On sait ce qu'il en a été. Notre monde est devenu le « village planétaire ». Et le drame que la génération issue de l'immigration vit dans tous les pays européens est là pour nous l'illustrer.

Alors, même si les mots continuent de véhiculer du sens, on n'en est plus, sauf dans les contrées reculées des pays arabes eux-mêmes, à l'achat concret que doit effectuer un homme pour obtenir de son père la jeune fille qu'il a choisie. On n'en est plus, sauf exceptions toujours dénoncées, aux mariages arrangés. Il est vrai que des crimes d'honneur sont régulièrement rapportés, mais ils n'excèdent pas en nombre les vendettas corses ou calabraises. Le balayage des vieux repères s'est trouvé paré d'un mérite dont on ne voit pas toujours le caractère équi-

29. Claude Lévi-Strauss, *Race et Histoire*, *op. cit*.
30. Jacques Lacan, *Télévision*, Paris, Le Seuil, 1973.

voque : celui de faire croire au sujet, là comme ailleurs et au mépris de l'histoire dans laquelle il est inscrit, à sa liberté et à sa possible maîtrise des situations.

Pour ce qui est de l'hébreu, il importe de distinguer l'hébreu biblique de l'hébreu moderne qui est parlé en Israël. Ce dernier a été forgé, à partir du premier, au début du XXe siècle par Éliézer Ben-Yéhouda (1858-1922) qui, en l'adaptant au monde moderne, a ressuscité une langue qu'on avait crue définitivement morte.

L'hébreu biblique est très proche de l'arabe. Les deux langues appartiennent au groupe des langues sémitiques. Elles sont supposées être nées toutes les deux en Mésopotamie. Elles sont l'une et l'autre des langues consonantiques, c'est-à-dire que leur écriture, qui date environ du XIIIe siècle avant notre ère pour l'hébreu et environ du IIIe siècle de notre ère pour l'arabe[31], n'écrit que les consonnes, les voyelles étant déduites de l'usage que le locuteur a de la langue. L'hébreu, qui a exploité cette propriété en particulier dans le Talmud, a produit une lecture éclatée[32] qui a contribué à un approfondissement fécond du texte du Pentateuque.

L'hébreu biblique a été parlé dans un, puis deux États, pendant plus d'un millier d'années avant l'ère actuelle. Il n'a pratiquement plus été parlé, supplanté qu'il a été par l'araméen dès le Ier siècle av. J.-C. Il est cependant demeuré, et ce jusqu'à nos jours, la langue liturgique imprégnant plus ou moins la sensibilité et le mode de pensée des Juifs où qu'ils habitent.

Alors que l'arabe est parlé par des centaines de millions de personnes[33] – plus d'un milliard et demi si on en

---

31. Roland Breton, *Atlas des langues du monde, op. cit.*, p. 41.

32. Marc-Alain Ouaknin, *Lire aux éclats*, Paris, Lieu commun, 1989 et Points-Seuil, 1994.

33. Il arrive au quatrième rang des langues parlées dans le monde, après le mandarin, l'espagnol et l'anglais, alors que l'hébreu occupe la 132e place (http://www.portalingua.info/fr/poids-des-langues/facteur/locuteurs/).

juge à la diffusion du Coran –, l'hébreu, sous sa forme moderne, est parlé par à peine quelques millions de personnes en Israël[34]. Mais l'hébreu biblique est la langue du livre le plus vendu, le plus traduit et le plus diffusé au monde, la Bible. Et son influence a été loin d'être neutre dans la construction de la pensée européenne[35], les peuples européens étant devenus chrétiens. C'est ce facteur, fondé sur les notions d'Ancien et Nouveau Testament qui explique qu'on dise de la civilisation européenne qu'elle est judéo-chrétienne. Et la diaspora juive n'y est pour rien. Car le Juif diasporique, même quand il conserve l'attachement à sa foi, adopte très vite la langue de son pays d'accueil auquel il s'adapte sans résistance ni difficulté. On sait par exemple l'importance des écrits du commentateur du Talmud qu'a été Rachi[36] pour l'étude du français ancien. Cette adaptation a certainement été possible grâce à la règle juridique qui dit à tout Juif : « *DiNa MaLKHouTa DiNa* » (la loi de ton pays d'accueil sera ta loi), mais elle a été probablement encore plus facilitée par le fait que l'hébreu, biblique ou moderne, fait que les Juifs relèvent du système de parenté eskimo qui caractérise la plupart des sociétés

34. Pour mémoire, l'ensemble de la population juive du monde ne dépasse pas quatorze millions.

35. Richard Broxton Onians, *Les Origines de la pensée européenne*, Paris, Le Seuil, 1999. L'auteur, dans un travail monumental, démontre de façon implacable, combien nos manières de pensée et nos croyances actuelles trouvent leur origine, de façon étonnamment cohérente, dans des manières de pensée et des croyances antiques rapportées par les textes et qui, prises une à une dans leur seul contexte d'origine, nous paraîtraient proprement ineptes. Comme en écho d'un tel travail, Lacan ne disait-il pas : « L'inconscient c'est le social » ?

36. Rachi, acronyme de Rabbi Abraham ben Itshak (1040-1105), est considéré comme l'un des plus grands commentateurs de la Tora et du Talmud. Il a vécu à Troyes, en Champagne, où il exerçait la profession de vigneron. Quand, dans ses écrits, il se trouvait dans l'embarras pour trouver le mot juste capable de traduire sa pensée, il n'hésitait pas à user du mot français de l'époque qui lui venait à l'esprit et qu'il translittérait. En procédant en sens inverse on a ainsi réussi à trouver grâce à lui le sens de plus de 1 500 mots du français de l'époque.

européennes. L'adoption des règles et conséquences du système de parenté soudanais pour les Juifs ayant résidé dans les pays de langue arabe n'a jamais été totale, rencontrant du côté liturgique d'autres dispositions commandant les relations intrafamiliales.

Pour ce qui concerne la manière de nommer les beaux-parents, l'hébreu biblique et l'arabe ont des mots pratiquement identiques. Ainsi en est-il de *HaMou,* proche de l'arabe *HaM,* qui dit le « beau-père » et du mot *H̲aMoT,* proche lui aussi de l'arabe *HaMaT,* qui dit la « belle-mère ». Si les mots hébreux *HaMou* et *H̲aMoT* contiennent, comme en arabe, la notion de « chaleur », il contiendrait en plus celle de « colère » – je n'ai pas réussi à trouver à quoi correspond exactement cette étrangeté. Elle pourrait être éclairée par ce que le grand rabbin Korsia développe dans son ouvrage[37] autour du radical *HM* sur lequel sont construites ces dénominations : ce radical, dont le sens exact serait « pulsion », renverrait directement à *HaM,* le fils irrespectueux de Noé qui s'est montré esclave de ses pulsions[38]. Comme l'union sexuelle ne saurait être une union animale des corps mais une union des âmes, cela ferait des beaux-parents des individus suffisamment instruits des pulsions pour être prêts à les censurer. Ils seraient en quelque sorte les gardiens de la pureté qui doit entourer les relations sexuelles. Des relations si investies dans le judaïsme que le Talmud y a consacré rien moins que deux traités.

Dans l'une comme dans l'autre des langues, les mots qui disent le gendre – *NSiB* en arabe, *H̲aTaN* en hébreu – sont construits sur les termes mêmes qui disent l'alliance. Ils ont donné lieu en hébreu moderne à une foule de dérivés à connotation tout à fait neutre.

Quant à la bru, elle se dit *KaLaH* aussi bien en hébreu biblique qu'en hébreu moderne. Le terme hébreu est

---

37. Haïm Korsia, *À corps et à toi,* Arles, Actes Sud, 2006.
38. Genèse, IX : 22.

construit, lui, sur le radical KL qui a différents sens dont celui d'« achèvement », de « fin » (également au sens de finalité), de « désir » et même de « destruction » ! Il n'est pas impossible de supposer, accolées à ces notions, celles d'« attente » et d'« espoir ». Comme si la femme qu'est la bru était, pour l'homme qui désire s'unir à elle, la finalité de son parcours, le sens et le but de son existence. Ce qui lui conférerait une certaine dangerosité, laquelle le mettrait en disposition de se livrer à elle. Le rituel de la cérémonie du mariage religieux hébraïque en atteste : le marié, sous la *HouPa*, le dais nuptial, accueille sa *KaLaH*, conduite par son père, qui la lui a « vendue », et lui glisse au doigt l'anneau nuptial qui représente le prix symbolique de cet achat (rituel conservé dans le christianisme). Il faut dire que, toute symbolique qu'elle soit, cette gestuelle aura été précédée par la rédaction d'un contrat écrit, la *KéTouBa*, dans lequel les contractants consignent leurs apports respectifs à leur futur ménage mais où, surtout, le futur époux, et lui seul, détaille les mesures compensatoires qu'il s'engage à satisfaire à l'endroit de sa future épousée en cas de divorce. Le contrat de mariage juif contiendrait jusqu'aux dispositions qui seraient appliquées en cas de divorce – manière pour l'homme, en fonction de la nature de ces dispositions, de traduire son engagement et sa passion. Ce qui attesterait de manière exclusive de la nature de l'investissement masculin.

On retrouve un indice de taille de cet investissement au niveau même de la liturgie puisqu'un chant du shabbat met sur le même niveau la ferveur et la joie de l'attente de ce jour[39] et celle que le futur époux conçoit pour sa promise. Il n'est pas impossible que ce soit une des raisons qui ait fait que le terme de l'hébreu biblique *KaLaH* soit passé sans modification dans l'hébreu moderne. Tout

39. Le jour du shabbat est si sacré dans la religion juive que le cinquième des dix commandements du décalogue est consacré à l'importance de son respect.

cela situe la bru, et la femme en général, dans un autre statut que celui qu'elle occupe dans les sociétés de langue arabe. J'ai signalé, en guise d'explication du fait, la possible intervention du système de parenté eskimo. Elle n'est cependant pas la seule. Ce que laisse entendre la manière dont sont nommés les parents a certainement aussi sa part. Le « père » se dit *AB*. Le mot, formé des deux premières lettres de l'alphabet conférerait avant tout au père le statut de « transmetteur de savoir ». Il lui est en effet fait commandement de transmettre à ses enfants, et principalement à ses fils, la Tora, qu'il doit donc leur permettre de lire et de transmettre à leur tour[40]. La « mère » se dit *EM*. Certains commentateurs ont insisté sur le fait que ce mot est composé de la première et de la lettre médiane de l'alphabet et que si on y ajoute la dernière lettre de l'alphabet, cela donnerait *EMeT* qui dit la « vérité ». La mère constituerait-elle la moitié du chemin vers la vérité, ou la moitié du chemin du savoir rattaché à l'alphabet ? La question a été laissée ouverte non sans qu'ait été signalé le fait que la moitié du chemin restant à partir de la dernière lettre du mot qui dit la mère, ou de la première partie du savoir, écrit *MeT*, la « mort ». Ce qui ferait la de « vérité » rien moins que le destin humain qui va (de la naissance du ventre) de la mère à la mort. L'humain n'est-il pas le seul animal qui se sait mortel ?

J'ai eu l'occasion d'entendre une autre fois une série de réflexions sur le statut du temps. Cela commençait par la remarque que le même mot *ZKhR*, à sa vocalisation près, dit à la fois le « masculin » et la « mémoire ». Pour comprendre ce qu'implique une telle coïncidence, le

40. J'ai signalé dans *Les Mères juives n'existent pas… mais alors qu'est-ce qui existe ?*, que j'ai cosigné avec Sylvie Angel et Philippe Gutton (Paris, Odile Jacob, 2005 et Poches Odile Jacob, 2007), que le texte toraïque qui ne dit rien de précis de la mère, ordonne que, dès l'entrée du peuple en Terre promise, les rapports du père et du fils doivent éradiquer toute violence.

conférencier[41] est allé chercher la symétrie du processus ainsi découvert pour faire remarquer que le mot *NQV* qui dit le « féminin » et aussi le « trou », ne pouvait faire référence à rien d'autre qu'à un « trou de mémoire ». Se référant à des textes qui apportaient de l'eau à son moulin, il en concluait que le « masculin », faute d'avoir en lui de repère temporel, était contraint de se constituer une « mémoire » pour s'y reconnaître, alors que le « féminin », qui disposait d'une véritable horloge dans ses règles menstruelles, pouvait se passer d'une telle mémoire et en conséquence vivre l'immédiateté et l'instant.

Avant même d'avoir accès à cet enseignement, je m'étais penché sur le rapport des hommes et des femmes au temps[42] et j'en avais conclu que l'homme s'investissait dans le long terme alors que les femmes se situaient dans une instantanéité sur fond d'éternité, que pour l'homme la temporalité constituait un repère et une scansion, alors qu'elle n'a pas cette importance pour les femmes. Si de telles considérations se trouvent confirmées par l'abord de la différence des sexes telle qu'en traite la psychanalyse, elle permet de jeter peut-être une certaine lumière sur le sort des femmes – qu'on a vues vouées à une longue patience – dans les civilisations de langue arabe. Ces deux civilisations auraient-elles voulu, chacune à sa manière, mettre en place des dispositifs assurant aux êtres des deux sexes une forme d'égalité de vécus ? C'est une hypothèse. Elle mérite néanmoins d'être prise en considération. Elle permet en effet de comprendre comment le facteur temps peut ou non établir une distance entre les générations. De même peut-elle expliquer la véritable annulation du temps écoulé que vivent les mères pour que leurs enfants demeurent éternellement leurs bébés.

---

41. Marc-Alain Ouaknin, que je ne saurais jamais assez remercier de son enseignement.

42. Voir *Le Couple et l'enfant*, Paris, Odile Jacob, 1995.

La langue hébraïque a codifié et spécifié le rôle de chacun des deux parents : le père voué à la transmission du savoir se trouve face à une mère qui, depuis le IIe siècle de notre ère, est seule à pouvoir transmettre l'identité religieuse.

Ces éléments, à support en principe linguistique, n'interviennent plus comme ils auraient pu le faire, depuis déjà longtemps comme je l'ai dit, dans l'économie de vie des Juifs de la diaspora, lesquels adoptent le plus souvent la plupart des us et coutumes des pays où ils résident. À quelques exceptions près, cependant. Quand ma mère me rapportait l'agressivité de sa belle-mère sous la forme d'une prière qu'émettait cette dernière évoquant son fils : « *Ya Kabbour reddhou baẖour* » (Ô saint Kippour, rends-le à nouveau célibataire), mêlant l'arabe et l'hébreu, je ne vivais pas ma grand-mère autrement que comme une belle-mère arabe cruelle et authentique. Du côté des populations ashkénazes, avant qu'elles n'eussent été décimées par la Shoa, c'était la matrilocalité qui était prévalente. Cela ne rendait pas les choses plus simples. Une mère ashkénaze de quatre garçons et qui avait déjà marié les trois premiers m'a dit un jour : « Quand nous marierons notre quatrième, nous partirons à l'étranger. » Et comme j'ai eu l'air étonné, elle a ajouté : « Elles m'auront pris mes quatre fils, je ne vais pas en plus leur servir de garde d'enfants ! »

Pour clore ce développement consacré à l'hébreu, je dois ajouter que je n'ai rien trouvé d'exploitable sur le plan de ce qui m'intéresse dans l'abord du yiddish qui en est un dialecte. Les termes qui y désignent les liens de parenté sont de fait des termes allemands hébraïsés.

Pourquoi des tensions aussi intenses ?

Que faire de ce matériel, important et en même temps si rudimentaire à l'échelle de ce que pourrait être une recherche rigoureuse et approfondie en la matière[43] ?

On aurait tort de croire que les conflits entre belles-mères et brus ou gendres seraient de la responsabilité exclusive des premières. La dynamique relationnelle déborde les individus en raison de l'intervention de mécanismes qui impliquent les groupes et au sein desquels la bru ou le gendre sont loin d'avoir un rôle neutre quand ils ne sont pas les agresseurs. Si je n'ai pas cru devoir jusque-là le signaler, c'est parce que la linguistique, sur laquelle j'ai voulu concentrer mon attention, n'en dit rien de très précis.

Le matériel linguistique que j'ai collecté permet par ailleurs de vérifier que les relations entre belles-mères et brus, éclairées par celles non moins problématiques qui existent entre belles-mères et gendres, se sont situées de tout temps et partout dans une tension qui défie les tentatives d'ordre qu'on pourrait tenter d'y mettre.

On y retrouve cependant partout et toujours, le règne du patriarcat et la contestation qu'il engendre. Ce dont témoigne la discrétion des relations des beaux-pères à leurs brus ou à leurs gendres. Une discrétion dont le contenu, même dans les régions les plus reculées et les sociétés les plus patriarcales, ne semble avoir aucun rapport aujourd'hui avec ce qu'il a été tout au long de l'histoire de l'espèce.

L'expérience clinique elle-même en fait foi abondamment. Ne serait-ce qu'à l'occasion des réunions familiales

43. Voir ce qu'en dit Claude Meillassoux : « En l'état actuel, il me semble que malgré la masse énorme de travail accompli, l'étude de la parenté, toujours menée à partir d'analogies terminologiques, reste l'un des champs [...] les plus mal débroussaillés de l'ethnologie. » (« Parler parenté », *L'Homme*, 153, janvier-mars 2000.)

ou dans les périodes festives. Les thérapeutes familiaux ont consacré nombre d'ouvrages et de congrès au sujet. Les récits de ces réunions de Noël agitées, que j'ai personnellement collectés tous les débuts d'année au cours de ma carrière, sont incalculables. Et j'ai toujours été stupéfait de l'inconsistance de ce à quoi s'accrochaient les querelles. Expliquer les choses en faisant appel aux notions de narcissisme, de préséance, d'orgueil, de jalousie, de dépit, de frustration, de rancune, de révolte, de susceptibilité mal placée voire de relation au pouvoir, n'est ni exagéré ni faux. Cela ne parvient pourtant pas à donner une idée satisfaisante de ce qui se vit toujours, pour chacun des protagonistes, sur le mode de la passion. Passion d'autant plus violente qu'elle est mue par des mécanismes dont nul ne semble se préoccuper ou avoir la moindre idée. Et comment pourrait-on en avoir une quand on est tellement fasciné et pris par la situation à laquelle on se trouve confronté qu'on en oublie ce qui agit chacun de nous depuis le fin fond des temps.

Ce n'est pas un hasard si ces liens, que nous prenons en compte dans leur évidence, produisent en nous les émotions que nous enregistrons. Ils sont en effet porteurs de l'écho des débats qui n'ont jamais cessé depuis leur constitution, aussi lointaine aura-t-elle été. C'est pourquoi il nous faut revenir à leur histoire. Une histoire qui, quelque longue et lente qu'elle ait été, semble n'avoir strictement rien résolu des conflits qui l'ont jalonnée. Comme s'il n'était surtout pas question que ces conflits se résolvent ! Comme si, contre toute évidence, lesdits conflits avaient une fonction qu'il importerait alors d'identifier et de cerner. Une option intéressante à explorer si tant est qu'on puisse la mettre au jour et en vérifier la pertinence.

Ce sera l'objectif des prochains chapitres. Même s'ils peuvent parfois paraître éloignés du sujet dont j'ai voulu traiter, ils sont indispensables à sa compréhension en profondeur.

Chapitre 2

QUE SAVONS-NOUS DE LA GENÈSE DE NOS LIENS ?

« Qui donc s'est occupé de toi, Papa, avant que Maman ne fût venue ? »

Aphorisme de ma culture d'origine.

Que savons-nous de la genèse de nos liens et de nos relations intrafamiliales ?

Rien.

Nous ne nous interrogeons d'ailleurs jamais sur ce qui nous lie aux membres de notre famille restreinte ou à ceux de notre famille élargie. Nous savons que ces liens existent, c'est tout ! Ce qui ne nous empêche pas de percevoir quelques-unes de leurs tonalités. Dans ce cercle plus ou moins étendu de personnes, il en existe que nous avons plaisir à voir, avec lesquelles nous avons plaisir à échanger ; il en est d'autres que nous nous passerions volontiers de voir et que nous n'acceptons de rencontrer que par simple devoir ; d'autres encore, que nous estimons ne pas voir assez à notre goût, au point de tout faire pour multiplier les occasions de rencontre ; il en est enfin qui nous intimident, qui nous impressionnent et qui suscitent en nous un étrange respect. Les sentiments que nous concevons à l'endroit de ces personnes ne diffèrent en rien de ceux que nous pouvons éprouver pour des individus de notre entourage qui nous sont parfaitement étrangers. À la nuance près que nous choisissons les liens que nous entretenons avec des étrangers alors que nous subissons ceux qui sont tissés avec nos relations familiales. Si bien que tout ce que nous pensons avoir à faire à l'endroit de ces dernières, c'est de cerner la manière dont nous les vivons et de les repérer par les noms que nous avons appris à leur donner.

L'idée même de nous interroger sur l'histoire de leur constitution nous paraît donc un peu farfelue. Pourquoi diable aller chercher midi à quatorze heures ? Ne partageons-nous pas avec nos frères et sœurs, comme d'ailleurs chacun autour de nous, une mère, un père, lesquels en avaient eux-mêmes, ainsi parfois que des frères et des sœurs ? Cela ne donne-t-il pas automatiquement existence à nos grands-parents, à nos oncles et tantes, lesquels en ont eu pour leur propre compte ? Nous savons que notre mère est la compagne sinon l'épouse de notre père, lequel, marié, pacsé ou pas, a statut de gendre de notre grand-père maternel et de beau-frère de la fille ou du fils de ce dernier. C'est comme ça que tout cela se dit et que nous nous y retrouvons.

Qu'elles obéissent ou non aux règles dites officielles, nous pourrions continuer encore longtemps à nommer les relations qui interviennent dans la géographie de notre univers plus ou moins proche et ne rien y trouver d'étrange, de neuf ou d'étonnant. S'il nous arrive par hasard d'être intrigués par une combinaison d'alliances plus ou moins bizarre, nous avons toujours la possibilité de nous lancer dans une enquête généalogique. Elle nous permettrait d'apprendre par exemple que les arrière-grands-parents de nos pères et mères étaient déjà cousins ou qu'ils avaient épousé deux membres de la même famille. Quelle importance cela pourrait-il avoir ? Ce n'est qu'un détail après tout, même s'il permet à peu de frais de se prévaloir d'un brin de singularité dans nos sociétés devenues hédonistes à un point tel que, jusqu'en littérature, l'autofiction a supplanté la fiction qui donnait à l'entreprise ses lettres de noblesse !

Pourquoi devrions-nous d'ailleurs nous étonner qu'il y ait toujours eu des pères, des mères, des grands-parents, des beaux-parents, des grands-oncles ou des aïeuls ? Les faits sont là, aussi loin que nous puissions remonter. Et que les liens de parenté se soient articulés comme ils l'ont fait ou que chacun d'eux ait eu une fonction précise, remplie ou pas, ne semble strictement rien changer à l'affaire. Pas plus d'ailleurs le fait que certains d'entre eux se caractérisent par de la cordialité ou de la tension. Force est dès lors de reconnaître que si nous fonctionnons ainsi, c'est parce que notre environnement nous a mis depuis toujours dans une telle disposition. Et plus précisément la culture qu'il véhicule[1]. C'est en effet de celle-ci que nous avons hérité, comme l'a montré le chapitre précédent, les noms et les repères dont nous usons. Au point que rien, en toute logique, ne devrait nous conduire à nous interroger à ce sujet.

Du reste, aussi loin que notre mémoire nous permet de remonter dans notre histoire personnelle ou dans l'Histoire qu'on nous a enseignée, les liens d'alliance ont toujours eu la même configuration et reçu exactement les mêmes noms. Napoléon, fils de Charles et de Lætitia Bonaparte, a placé nombre de ses frères à la tête d'États européens. Henri IV était le père de Louis XIII et l'époux de Marie de Médicis. Charlemagne a partagé son empire entre ses trois fils. Etc.

L'impact du religieux

Ces figures font partie d'un passé relativement récent. Qu'en est-il si nous cherchons à remonter plus loin dans le temps ? Force est de remarquer que les cultures et les

1. Émile Benveniste, *Le Vocabulaire des institutions européennes (1 et 2)*, *op. cit*.

civilisations dans lesquelles nous baignons, que nous voulions ou non l'admettre, ont d'abord et avant tout été profondément imprégnées et travaillées par le religieux[2]. Et ce, que notre environnement large ou immédiat, notre famille d'origine ou celle dans laquelle nous vivons, aient adhéré ou non à une religion quelconque, voire qu'elle ait été dénoncée ou rejetée. De quoi est-il d'ailleurs question quand s'ouvrent les débats sur les racines chrétiennes de l'Europe ? Notre quotidien, même le plus laïc, n'est-il pas toujours ponctué par des jours fériés célébrant des événements religieux ?

Or que nous dit la Bible, le texte religieux le plus ancien de nos régions, à propos de ces liens ? Qu'Adam forma avec Ève le premier couple. C'est ce que nous avons surtout retenu de ce récit, même si le texte s'étend d'abord sur la narration de la manière dont le divin donna chair à chacun des deux protagonistes. Cette narration mérite bien plus d'attention qu'on ne lui en accorde généralement, dans la mesure où elle signale un détail d'une importance considérable et dont on verra combien il intervient de façon absolument déterminante dans l'histoire et le devenir de chacun. Le texte nous dit en effet : « Il n'est pas bon que l'homme vive seul. Je ferai pour lui une aide *contre* lui[3]. » On peut entendre ce « contre » comme un « tout contre », poétiquement et à la manière dont le professait Sacha Guitry quand il disait : « Je ne peux pas être contre les femmes, j'aime tellement être tout contre elles. » Il semble cependant que ce qui intervient tout d'abord et qui serait à privilégier, c'est la notion d'opposition : « Une *aide contre lui*, écrit le rabbin Korsia[4], c'est-à-dire une aide qui soit toujours capable de s'opposer à lui si nécessaire et qui, par conséquent, devra

2. Richard Broxton Onians, *Les Origines de la pensée européenne*, *op. cit.*

3. Genèse, II : 18.

4. Haïm Korsia, *À corps et à toi*, *op. cit.*

conserver une autonomie de pensée. *L'homme abandonne son père et sa mère, il s'unit à sa femme, ils deviennent une seule chair.* » Tout se passerait comme si, d'emblée, le premier couple, tout fusionnel qu'il était appelé à être, avait cependant pour propriété d'être formé d'opposés. Nous verrons que cette disposition, qui n'est pas seulement destinée à assurer une dialectique dans la communication, est l'extension du processus même de vie.

En tout état de cause, c'est l'existence toute simple et sans nuance de ce couple premier qui tapisse le fond de notre entendement commun et qui nous semble à l'origine de tout ce que nous en faisons découler.

De même avons-nous plus ou moins retenu – Victor Hugo aidant, « L'œil était dans la tombe et regardait Caïn » – que ce couple premier conçut successivement deux fils qui s'entendirent déjà si mal que l'aîné tua le second. Qu'advint-il ensuite ? En général, on ne le sait plus et on ne cherche même pas à le savoir tant on a appris à zapper et à apprécier l'indolence. Il est vrai que rien ne le dit, et surtout pas le texte. Si nous allions y voir de plus près, nous constaterions que les blancs le sont restés en donnant lieu à des conjectures. Comment en effet le survivant Caïn a-t-il pu procréer en l'absence de femme à son niveau générationnel ? Et s'il a dû, nécessairement, trouver une femme, de qui pouvait-elle être née ? Si elle l'était d'Ève, puisque aucune autre contemporaine n'est mentionnée dans le texte, qui donc en était le père ? Adam ou Caïn le survivant ? L'union de cette sœur née de ce couple premier aurait été incestueuse dans tous les cas de figure. Le texte ne s'embarrasse pas de considérations de cet ordre. Exactement comme s'il conférait, au silence qu'il observe, le statut de sous-texte destiné à concéder qu'à une certaine période l'interdit de l'inceste n'existait pas. Il se contente de rapporter très vite la succession des générations qui se sont mises en place par la suite.

Il n'est évidemment pas donné d'indication sur le temps qui s'est écoulé avant que l'humanité, réduite à ces familles initiales, ne soit assez nombreuse pour que la combinatoire des unions rencontre nos critères actuels – le texte ne parle que d'engendrements. Dès qu'elle le sera, on verra se dessiner plus clairement les liens familiaux que nous connaissons. Ainsi verra-t-on déjà Noé en grand-père maudire son petit-fils Canaan pour la faute commise par Ham, le père de ce dernier. On apprendra ensuite que Sara était la demi-sœur (issue du même père) de son époux Abram, ce qu'ils ne cesseront pas d'être même après qu'ils seront devenus Sarah et Abraham. Il y aura d'ailleurs d'autres demis : Ismaël, né d'Agar et Isaac né de Sarah, tous deux nés d'Abraham, puis les douze fils de Jacob, nés de quatre mères différentes, chacune d'elles étant la belle-mère des enfants des autres épouses. À partir de là, les liens généalogiques se déduisent automatiquement sans qu'à aucun moment, il ne semble nécessaire de les décrire. Abraham, qui a Loth pour neveu, sera bien évidemment le beau-père de Rebecca, la femme d'Isaac, le grand-père d'Ésaü et de Jacob, lequel s'il n'est jamais campé comme beau-père de ses douze brus, sera cependant campé comme grand-père des enfants de ses enfants. Et ainsi de suite.

Cela a-t-il une quelconque importance ?

Bien entendu.

Tout d'abord parce que cela confère à chacun des liens qu'on peut repérer, des caractéristiques précises et une fonction implicite. Et que cela intervient dans la vision du monde que partagent peu ou prou des milliards d'individus. Il ne faut pas croire en effet que le récit biblique que j'ai évoqué a été déterminant pour les seules populations juives. Le christianisme, dans tous ses courants, ne l'a jamais remis en cause et les puissants mouvements créationnistes américains sont constitués de bons chrétiens. L'islam, quant à lui, ne s'écarte pas non plus de ce texte qu'il reprend entièrement à son compte, en excluant plus radicalement encore toute autre explication et en faisant de tous les personnages qui y interviennent les meilleurs des musulmans.

Et ailleurs ?

Si, dans un sursaut de scepticisme, nous décidons de laisser tout cela de côté et de ne pas réduire une humanité qu'on sait diverse à ses seules options judéo-chrétiennes – ou plus exactement judéo-christiano-islamique – et à l'histoire actuelle, que trouvons-nous à quoi nous intéresser ? Les diverses idolâtries, les animismes et les religions prémonothéistes ? La civilisation égyptienne ? Les religions extrême-orientales ? Voire les mythologies en nombre ? Certes. Et qu'y relevons-nous si nous allons y voir ? Toujours et dans chaque cas, un couple primordial qui a donné naissance à l'humanité, même si l'un des deux partenaires a été un animal, un esprit, la Terre elle-même – Gaïa dans la mythologie grecque qui, ayant enfanté seule deux fils, s'unit aussitôt à l'un d'entre eux, Uranus. Et, dans tous ces corpus, très vite, des couples à apparence humaine qui se forment, s'unissent, procréent, établissent des liens tels que ceux que nous nommons.

Rien là d'étonnant. Ne sommes-nous pas en présence de productions transmises oralement par des générations à d'autres générations, autrement dit par des humains à d'autres humains ? Même si certaines de ces générations ou d'autres qui les ont suivies sont passées à l'écriture et ont professé l'existence d'une intervention transcendante et éternelle, ne l'ont-elles pas fait par un de ces processus repérés aujourd'hui sous le nom de mécanismes de projection ? N'ont-elles pas été amenées à forger des théories destinées, pour y répondre, à pénétrer les mystères angoissants que pose à chacun sa présence sur Terre ?

On comprend donc le caractère universellement anthropomorphique de ces récits. Les humains y ont adhéré d'autant plus vite et d'autant plus facilement qu'ils renvoyaient à ce qu'ils savaient parce qu'ils l'avaient déjà vécu.

En examinant les faits sous cet angle et seulement sous celui de la nomination et de la constitution des liens de parenté, je n'entreprends pas de dénier leur considérable importance aux textes fondateurs du monothéisme – que j'ai beaucoup fréquentés et pour lesquels j'éprouve une grande tendresse en plus d'un immense respect. Même si on s'en détourne, ils ont été, sont et seront encore indispensables à une humanité tellement aveuglée par ses progrès technologiques qu'elle ne comprend pas que ceux qu'elle croit avoir accomplis du côté de sa condition restent d'une consternante indigence[5]. Les humains que nous sommes aujourd'hui, à quelque niveau qu'ils se situent, sont en effet loin, infiniment loin, de la distance qu'ils croient avoir prise par rapport à leurs ancêtres, que nous fassions remonter ces ancêtres à la génération de Hénoch, aux constructeurs de la tour de Babel ou aux humanoïdes que décrit la science. Ils en sont pratiquement au même point[6]. Les pulsions qui les travaillent, individuellement ou en masse et dont beaucoup sont inutiles, encombrantes et nuisibles demeurent d'une violence aussi grande qu'elle a toujours été. C'est en cela que ces grands textes ont en eux-mêmes constitué et continuent de constituer, chacun à sa manière, une tentative intelligente d'impulser un progrès en profondeur dans le magma pul-

5. Je saisirai toutes les occasions pour répéter cela tant ça me semble difficile à faire entendre.

6. Ce que dit autrement Claude Lévi-Strauss quand il écrit (*in Race et Histoire*, *op. cit.*) : « La révolution scientifique et industrielle de l'Occident s'inscrit tout entière dans une période égale à un demi-millième environ de la vie écoulée de l'humanité. On peut donc se montrer prudent avant d'affirmer qu'elle est destinée à en changer totalement la signification. »

sionnel. Et ce, malgré leur échec, si on en juge les résultats qu'ils ont enregistrés, les massacres, les horreurs et les abominations auxquels se sont livrés, combien souvent en leur nom, leurs propres tenants.

Le destin du mariage et des liens d'alliance

Quand on réfléchit à l'ensemble de données que je viens d'aborder, on s'aperçoit de leur extraordinaire proximité. J'aurais pu dire de leur universalité, de leur intemporalité, si n'était récemment intervenu un changement considérable dans le mécanisme qui les a fondées.

La notion de couple[7] qui a été, jusqu'à une période très récente, au principe des liens d'alliance a en effet changé autant de contenu que de destin.

Comme celui d'Adam et d'Ève, les couples ont longtemps été formellement institués et censés durer la vie entière des protagonistes qui les composaient. Les alliances qui en découlaient mettaient en relation deux groupes et seulement deux. On sait de quelle façon les paramètres de ce type d'alliance ont été mis à profit pour permettre aux familles d'accroître leurs biens – il n'est pas jusqu'à la fabrication des États qui n'en ait fait usage.

Or tout cela est désormais de l'histoire ancienne. Une histoire dont les dernières décennies sont parvenues à nous convaincre qu'il fallait nous ébrouer. À l'échelle de l'évolution, on peut dire en effet que la famille est en sursis. On se détourne du mariage et le taux de divorces s'est accru de façon impressionnante. Entre 1974 et 2008, on est en effet passé de 4,28 divorces pour 1 000 habitants à 10,7, soit une progression de 250 % en vingt-quatre ans,

7. Éric Smadja, *Le Couple et son histoire*, Paris, PUF, 2011.

autrement dit de 10,4 % par an. En 2009, pour 245 151 mariages contractés, 126 552 divorces ont été prononcés. Cela ne concerne d'ailleurs pas seulement la France. Une union se rompt toutes les trente secondes en Europe. Quand le phénomène a commencé à se dessiner, on a demandé à l'historien Philippe Ariès ce qu'il en pensait. Il a répondu que les mariages duraient après tout aussi longtemps que deux siècles auparavant, soit vingt ans en moyenne. Et que le divorce prenait ainsi la place de la mort comme cause de séparation des époux. Ajoutant que vingt ans lui paraissaient une moyenne raisonnable, l'homme et la femme n'étant pas faits à ses yeux pour se supporter mutuellement pendant cent ans. Le mythe de Philémon et Baucis, que La Fontaine a repris d'Ovide, lui paraissait destiné aux dieux, non aux hommes. Tenu par un personnage d'envergure, ce propos a eu un énorme impact. Dans ce type de registre, l'idéologie fait souvent office de discours scientifique sur une masse qui se cherche des maîtres à penser. On peut constater le fait et l'entériner, mais pourquoi ne pas essayer de comprendre les raisons de sa survenue ?

Il n'est pas rare, aujourd'hui, qu'un individu connaisse dans sa vie plusieurs unions différentes. La polygamie qui, dans les contrées où elle était pratiquée était réservée aux seuls hommes, s'est étendue aux femmes, a franchi toutes les frontières et est en passe de se généraliser. À cette nuance près qu'elle n'a plus besoin d'institution pour se constituer et qu'elle n'est plus synchronique, mais diachronique. Elle s'étale dans le temps d'une existence. Ce qui conduit ses tenants, de plus en plus nombreux, à avoir un si grand nombre d'alliances que leur multiplication les viderait presque de sens. Plusieurs occasions de nouer des liens d'alliance revient à n'en avoir aucun. Plusieurs couples de beaux-parents équivalent à aucun couple de beaux-parents. Plusieurs belles-mères reviendrait à pas de belle-mère du tout. On sera en quelque sorte parvenu, à force d'habitude, à faire l'économie de la tension souvent insupportable accolée à ces liens dont rien ne justifie rationnellement l'existence.

Qu'espérait-on y gagner et qu'y a-t-on gagné ? La levée d'obstacles qui empoisonnent souvent la vie à deux et l'amour sans nuage qu'on veut la voir habiter ? L'objectif a-t-il été atteint ? On peut en douter si on prend en considération la multiplication des ruptures. Étrange, non ? Cela viendrait-il du fait que l'amour s'épuiserait ? Que la vie à deux ne pourrait avoir qu'un temps si tant est qu'elle soit même possible ? Qu'elle finirait par constituer un obstacle à la liberté qu'on aura voulu cultiver ?

Je pourrais multiplier les questions, et il n'en manquerait pas ! Sans prendre le temps de leur apporter des réponses ou d'approfondir le débat, force est de reconnaître que la responsabilité directe et univoque des liens d'alliance dans l'échec de l'entreprise n'est pas prouvée. S'il en est ainsi c'est parce que le mariage et la charge symbolique qu'il porte en lui ont été désinvestis et sont désormais considérés comme obsolètes, sauf paradoxalement par les couples homosexuels qui, malgré l'existence du pacs, s'épuisent en croisades dans tous les pays pour avoir droit de se marier.

Le premier motif qu'avancent les couples qui s'y montrent réfractaires tourne pratiquement toujours autour du fait qu'il s'agirait d'une institution judéo-chrétienne à laquelle, n'étant pas croyants, ils se sentiraient étrangers. Si on leur oppose que, dans notre pays au moins, le seul mariage reconnu est civil, ils rétorquent que c'est parce que nos démocraties n'ont pas encore eu le courage d'épousseter leur héritage religieux. Ils soutiennent par ailleurs qu'il est inutile de se marier pour divorcer un jour. Quand on leur demande s'ils ont des raisons de penser que leur union aussi est vouée à l'échec, ils ne répondent pas ou ils avancent qu'ils ne veulent pas voir l'amour qu'ils se portent soumis à une quelconque forme de contrainte ou de contrat. Jaloux de leur liberté, ils tiennent à témoigner à chaque instant de la force de leur amour sans le soumettre à la moindre obligation. Ils croient d'ailleurs dur comme fer à leur courage et à la noblesse des sentiments qu'ils excipent. Au point de garder leurs convictions et de ne pas hésiter à entamer une nouvelle union sous des auspices identiques même si la précédente s'est soldée par un échec.

Dans tous les cas de figure, cela ne leur évite pas d'avoir à affronter l'indigence du vocabulaire dont ils doivent user pour présenter leur partenaire. Ils se rabattent généralement sur les termes de « copine/copain », « amie/ami », moins souvent sur « fiancée/fiancé » ou « compagne/compagnon » et plus rarement encore « partenaire », en évitant soigneusement aussi bien le classique « concubine/concubin », à l'étymologie si bien adaptée mais à la sonorité si désagréable, que le non moins classique « maîtresse/amant », pourtant bien adapté, lui aussi, à la situation. Et ce n'est pas par hasard qu'ils ne pensent pas même à user des termes « homme/femme » qui seraient pourtant parfaitement adaptés et parlants. Car si « homme » diffère nettement de « mari », « femme » renverrait en revanche trop ostensiblement à épouse avec laquelle il n'est pas question d'être confondue – une difficulté que ne rencontrent pas les Anglais qui utilisent dans ces circonstances les termes de *man* et de *girl*. Cette absence d'inventivité est étrange quand on la rapporte à la vitesse à laquelle les institutions sociales sont parvenues à trouver par exemple le terme de « familles recomposées » pour désigner celles qui se sont faites et défaites, et dont les partenaires ont eu des enfants.

Ce dont témoigne l'argumentaire des réfractaires au mariage, c'est d'abord et avant tout de leur absence de culture, comme c'est d'ailleurs le cas chez nombre de nos contemporains, tout au moins à ce sujet. Ils ne savent pas en effet que le mariage date, comme je le montrerai plus loin, de centaines de milliers d'années et qu'il est pratiqué dans les peuplades les plus primitives. Qu'il a toujours été, pour les contractants, non seulement le moyen de signaler la nature de l'alliance qu'ils nouent dans le respect des règles imposées par la Loi de l'espèce, mais de prendre à témoin l'environnement social pour signaler implicitement leur changement de référentiels et de statut. L'un et l'autre ne se définiront plus désormais comme les enfants de leurs parents respectifs, mais comme le conjoint de cet autre auquel ils s'unissent. Ce qui, par voie de conséquence, fait des parents de chacun les beaux-parents de l'autre et qui permet donc à ce chacun de récuser dans son couple l'intervention des parents de l'autre.

Le mariage est donc censé pouvoir introduire un profond changement dans la hiérarchie des liens. Un adage de mon folklore d'origine le dit de façon très claire quand il énonce que « j'ai le droit d'accorder à qui partage ma couche plus de valeur qu'à mon père et ma mère réunis ». À ignorer le fait ou à le fuir, on se prive tout simplement du seul moyen dont on dispose réellement pour modifier sa définition initiale, chacun des contractants ayant en effet la possibilité d'éviter un conflit de loyauté en interposant son partenaire entre sa famille et lui. Faute de quoi, eût-il une relation sexuelle avec une personne clairement identifiée, il demeure d'abord et avant tout, pour le plus grand bonheur de sa mère comme on le verra, l'enfant de ses parents. Ce qui fera plus facilement de son partenaire, ou de sa partenaire, complaisant(e) le « gendre idéal » ou la « bru idéale » – manière de dire combien leur place est vide – que j'ai déjà évoqué. Il passera son temps de vie avec l'autre sans jamais avoir à l'« épouser », à « s'adapter à lui » – deux sens du même verbe – en menant à ses côtés une vie strictement parallèle et totalement indépendante de lui en dehors de la relation sexuelle. Il se sera privé, à son insu et au nom du respect de sa liberté et de celle de son partenaire, de cette dimension de « contre » qui, se déployant dans les limites imposées par le mariage contracté, de la dialectique des rapports qui lui permet à tous les niveaux de prendre ses distances à l'endroit de ses repères d'origine. Qu'on se renseigne sur ce qui se passe pour le survivant d'un couple non marié en cas de décès du partenaire : le corps et toutes les décisions à prendre pour les funérailles reviennent de plein droit aux parents du défunt !

Notons donc au passage que notre époque a réussi à évacuer le problème des relations tendues avec les beaux-parents en remettant en selle les parents et en pérennisant leur statut, alors que leur entreprise de maintien de leur progéniture à un stade infantile les rend singulièrement plus nocifs que les beaux-parents.

Il est vrai que cet ensemble de considérations n'a plus grande importance. Combien souvent, en effet, les parents prennent les devants en montrant à l'endroit des relations sexuelles de leurs adolescents, dont ils vont jusqu'à admettre l'exercice sous leur toit, une tolérance et une compréhension qui en annulent la signification – remarquable stratégie d'appropriation à jamais et remarquable technique de dépréciation de tout partenaire ultérieur. Le sexe n'est plus du tout comme autrefois une activité susceptible de témoigner de la maturation des individus qui l'assument. C'est une source de plaisir pur et le partenaire dont on l'obtient ne doit pas avoir d'autre statut que celui d'un sex toy sur pattes. Combien de fois n'ai-je pas eu à me retenir de gifler ces mères que je vivais comme des « mères maquerelles » quand, dès la survenue des règles de leurs filles, elles me demandaient de leur prescrire la pilule !

On opposera à ce survol sociologique, ô combien rudimentaire et rapide, qu'en elle-même, l'institution du mariage n'intervient pas autant que le laisserait croire mon discours dans le devenir des couples, puisque chacun de ses membres est conditionné par une histoire dont son inconscient s'est fait le scribe. C'est vrai, c'est fréquent, je suis le dernier à l'ignorer ! Qu'on retourne toutefois au paysage de la société actuelle du Japon, dont j'ai fait état. On constatera, et les statistiques le prouvent, que jouer avec les institutions plurimillénaires n'est pas toujours sans conséquence[8].

S'il n'est pas certain que la désaffection du mariage ait apporté à ses tenants un gain appréciable, on peut noter en revanche qu'elle est parvenue à entamer profondément l'institution familiale et l'école du lien social qu'elle constitue. Car les enfants des familles recomposées ont souvent d'énormes difficultés à s'écarter du modèle dans lequel ils ont vécu.

On aura tôt fait, en se fondant sur cette seule affirmation, de m'accuser de professer une condamnation dogmatique du divorce. Ce serait exagéré et très injuste. Il m'est arrivé, plus souvent qu'on ne le croit pendant les quatre décennies de mon métier, d'aider des couples à divorcer. Cependant, il m'est arrivé encore plus souvent de leur éviter le divorce en les amenant à comprendre que la vie en couple est faite de concessions, qu'un couple peut rencontrer des difficultés sans devoir être considéré pour autant comme moribond, qu'on peut le soigner comme le serait un corps ou un organe malade et qu'il existe même des thérapeutes spécialisés en la matière.

Oui, c'est vrai et je l'assume, je regrette infiniment la manière dont le divorce est envisagé, sous les applaudissements du public, comme la seule solution aux difficultés d'une union. Je suis révolté par les slogans publicitaires des avocats américains qui disent : « Confiez-nous vos deux premiers divorces, nous vous offrons les frais du troisième. » Et si je suis si profondément en accord avec la position que je défends, c'est au nom de l'enfant qui, à quelque âge qu'il assiste à la séparation de ses parents, en conçoit une souffrance considérable.

---

8. Il est intéressant de relever à cet égard que, trois mois à peine après la catastrophe de Fukushima, le taux des mariages au Japon s'est élevé de façon inattendue et remarquable.

La vérité sort de... la plume de l'enfant !

Ils sont venus avec leur fille Sara, 6 ans et demi, m'interroger sur la meilleure stratégie et le meilleur moment à choisir pour divorcer. Ils étaient décidés, elle plus que lui, et ils avaient déjà beaucoup débattu de la décision qu'ils avaient prise. Ils étaient jeunes, beaux, vifs, intelligents et associés de surcroît dans la même entreprise. J'ai commencé à les faire parler de l'origine et de la nature des dissensions qui les avaient conduits à cette extrémité. Sara, qui avait choisi de rester debout entre eux, nous a soudain interrompus en me demandant : « Et moi, je peux aussi parler ? Quand est-ce que je vais parler ? » Je l'ai rassurée sur le fait qu'elle pourrait dire ce qu'elle voudrait. Puis, sans même savoir comment l'idée m'est venue, je lui ai demandé si elle savait écrire. Elle savait. J'ai alors posé devant elle un crayon et un bloc de petites feuilles en lui disant : « Je dois écouter tes parents. Si tu veux, tu peux me poser tes questions par écrit pendant ce temps-là et je répondrai à chacune d'elles. » La solution a semblé lui convenir. Et c'était émouvant de la voir s'appliquer à écrire ses questions sur le mode phonétique. Comme c'était pour moi une souffrance physique d'écrire mes réponses de façon lisible pour elle tout en échangeant avec ses parents. Les questions se sont succédé, après la première qui était : « cé nul da voar dé paran di vor sé. » J'y ai répondu sans difficulté. Tout y est passé, l'amour, la maison, les grands-parents, l'école, etc. Mais celle dont j'ai tenu à faire la dernière m'a tellement ému que je l'ai lue et relue avant de renoncer à y répondre comme je l'avais fait jusqu'alors. J'ai préféré la tendre aux parents en leur demandant d'y apporter, eux, leur réponse : « Poure coi can 1 nom et 1 fame sav kil peve di vor sé y fon 1 anfan ? »

Si les éléments historiques que j'ai abordés jusqu'à présent ont permis de cerner un certain nombre de relations, il semble qu'ils ont moins fourni de réponses qu'ils n'ont ouvert la voie à de nouvelles questions. Pourquoi cela poserait-il un problème ? Il suffit d'examiner ce que peuvent enseigner les disciplines qui n'ont pas pris le religieux pour base de leur réflexion.

Non sans, cependant, observer une pause pour interroger un mythe qui condense un bon nombre des liens dont j'ai cherché à faire comprendre la genèse.

Jocaste

Il n'existe dans nos cultures, quels que soient leur nombre ou leurs caractéristiques, qu'un personnage et un seul, qui échappe à la problématique habituelle des brus et de leurs belles-mères. C'est Jocaste, la mère d'Œdipe.

Je rappellerai brièvement l'histoire.

Laïos, roi de Thèbes et fieffé gredin, est averti un jour par la Pythie que l'enfant que lui donnerait éventuellement son épouse Jocaste le tuera et épousera cette dernière. Il s'interdit alors tout contact charnel avec sa femme. Or, taraudée par le désir d'enfant, elle parvient un soir à l'enivrer et à l'entraîner dans une relation sexuelle. Quand le bébé qu'ils ont conçu vient au monde, ils le confient à un serviteur qu'ils chargent de le tuer. Ce dernier, pris de pitié, l'attache par les pieds à un arbre sur le mont Cythéron. Un voyageur le trouve et le confie à Polybe, le roi de Corinthe, qui, sans lui révéler le secret de ses origines, l'élève comme son propre fils en lui donnant le nom d'Œdipe qui signifie « celui qui a les pieds enflés ».

Œdipe apprend un jour la malédiction qui pèse sur lui. Pour en prévenir les effets, il quitte sa famille. En chemin, il rencontre un homme avec lequel il a une altercation et qu'il tue. Cet homme n'était autre que Laïos, son père biologique. Alors qu'il parvient à Thèbes, il rencontre le Sphinx qui pose une question, toujours la même, aux passants et les dévore quand ils ne savent pas y répondre. « Qu'est-ce qui marche à quatre pattes le matin, à deux le midi et à trois le soir ? », demande-t-il. Œdipe répond que « c'est l'homme qui au matin de sa vie se déplace à quatre pattes, qui au midi de sa vie marche sur ses deux jambes et qui au soir de sa vie s'aide d'une canne, marchant ainsi sur trois pattes ».

Pour le remercier d'avoir débarrassé le pays du Sphinx, les habitants de Thèbes en font leur roi et lui accordent la main de la reine qui est veuve. Œdipe a donc bel et bien tué son père et épousé sa mère, comme l'avait prédit l'oracle. Lui et Jocaste, ignorant leur véritable lien de parenté, vivent heureux pendant de nombreuses années et ont ensemble deux garçons, Étéocle et Polynice, ainsi que deux filles, Antigone et Ismène. On sait la suite. Le jour où tout cela se révèle à Jocaste et à lui, cette dernière se pend ; lui se crève les yeux et s'en va, conduit par sa fille Antigone, errer jusqu'à sa mort.

Nul mythe, nulle légende n'a suscité autant d'écrits.

Si je reprends ce récit, c'est pour montrer que Jocaste, avec Œdipe, a évité ce qui semble être la problématique la plus importante des liens d'alliance. Elle a été en effet tout à la fois sa propre bru, comme épouse de son fils, et sa propre belle-mère de bru, en tant que mère de son fils. D'où on peut conclure que son union, dans ce schéma précis, lui a évité la confrontation avec une belle-mère. Elle n'a cependant pu être une belle-mère de gendre, puisqu'il aurait fallu pour cela qu'elle fût elle-même sa propre fille, ce qui est impossible. Œdipe a-t-il alors été, lui, un époux sans belle-mère ? Certainement pas. Car, même si la légende n'en fait pas mention, Jocaste a eu, et avait peut-être même au moment de ses épousailles avec lui, une mère. On pourra essayer de faire valoir, qu'à fouiller jusque-là dans les détails, Œdipe avait tout de même, lui aussi, une mère dans l'épouse de Polybe ! Certes, c'était bien une mère, mais c'était une mère adoptive. Et, dans la configuration de l'union telle qu'elle a eu lieu, cette mère adoptive ne pouvait pas, de quelque façon que ce fût, prendre le pas sur la mère biologique. Même si l'union d'un fils avec sa mère adoptive soulève autant de problèmes, comme on pourra le constater avec la vignette clinique qui suit.

Protestation

Cette mère, elle, ne l'entendait pas ainsi. Elle a très vite fait taire son mari venu avec elle exposer une situation pour laquelle il me demandait de l'aide. Elle a tout de suite protesté contre le procès qui lui était fait. Elle estimait n'avoir rien fait de mal en cédant à la passion dévorante qui l'a prise et ne rien faire de mal en ayant décidé de la vivre jusqu'au bout. Elle était prête à assumer son acte et toutes ses conséquences. Elle avait déjà dessiné dans le moindre détail l'avenir même lointain qu'elle voulait vivre avec… son fils, dont elle a tout de suite tenu à préciser qu'il n'était pas le sien ! Elle était très jeune quand la stérilité de son couple avait été rapportée à elle et déclarée au-dessus des moyens thérapeutiques. Son époux aux bras longs avait alors décidé de ne pas rester sur cet échec. Moyennant une grosse somme d'argent, il avait convaincu sa secrétaire de lui faire un enfant et de le lui abandonner. L'enfant était né. Et les arrangements nécessaires étaient intervenus pour qu'il soit déclaré né de la jeune femme stérile et de son mari, sa génitrice déménageant, comme il en avait été convenu, à l'autre bout du monde, où l'attendait le virement promis. Le couple avait donc élevé ce fils unique.

Un jour, alors qu'il avait 17 ans, sa mère, entrant dans sa chambre et le voyant dormant nu, s'était sentie bouleversée au point de ne pouvoir se retenir. « L'irréparable s'est produit », comme elle le dit, en ajoutant que c'était « le plus beau moment » de sa vie. Et comme son époux lui hurlait à la face : « Tu es sa mère ! Tu te rends compte du mal que tu lui as fait et qui le poursuivra sa vie entière ! », elle lui a répondu qu'elle avait conscience de la possibilité de ce « mal » mais qu'elle l'avait prévenu en révélant aussitôt à ce garçon le secret de sa naissance. Son aveuglement et sa surdité étaient tels qu'elle a refusé d'entendre le moindre argument. Elle aimait ce garçon comme elle n'avait

« jamais aimé » et comme elle n'avait « jamais imaginé pouvoir aimer » ; il partageait sa passion ; elle avait une fortune personnelle et un travail lucratif, ils allaient quitter la maison, s'installer ensemble, le reste n'étant que « bla-bla ». Le vécu évoqué de ce fils, la charge symbolique de leur geste, ce que serait pour lui d'avoir « pris la femme de son père », comme tenta de plaider ledit père, de tout cela, qui n'était « que des mots », elle n'avait « rien à faire ». Ce garçon et elle n'avaient « aucun lien biologique ». Il n'y avait donc « pas d'inceste ». Et elle a balayé comme une « élucubration » mes explications sur l'inceste du deuxième type[9]. « Je ne vois pas pourquoi, ni au nom de quoi, j'irais gâcher les si longues années de bonheur qui m'attendent et qui nous attendent. Tu peux faire ou dire ce que tu veux, engager des avocats, me faire un procès, tu ne parviendras à rien. »
Elle s'est levée sur cette dernière phrase et elle est partie, pas même furieuse !

Ce que ce détour par Jocaste nous aura appris, c'est que si la belle-mère de bru peut disparaître, celle de gendre, la mère de l'épouse, a la vie singulièrement dure. La généalogie féminine d'une femme a une force autrement considérable que la généalogie féminine d'un homme. Nous l'avions déjà subodoré avec l'anecdote du pont d'Odessa. La lutte, qui n'a jamais cessé, entre hommes et femmes n'a pas abouti à un résultat définitif. Quelles que soient les stratégies qu'il a mises en œuvre, le patriarcat, comme on le verra en détail, n'a jamais été admis par les femmes et n'est donc jamais parvenu à définitivement s'imposer. La culture dont il réclamait l'instauration n'a jamais progressé sans se heurter à la résistance de la nature. Ce qui relève somme toute de l'omniprésence de ces forces opposées qui sont au cœur

9. Françoise Héritier, *Les Deux Sœurs et leur mère*, Paris, Odile Jacob, 1994.

de la vie. À ceci près que, de nos jours, les forces en présence ne semblent plus proportionnées l'une à l'autre et que la récente défaite du masculin n'est pas sans être préoccupante.

Tout cela ne fait en réalité que décliner d'une façon nouvelle une vieille histoire, une histoire de toujours, comme on peut le relever dans les contes, les légendes et même le texte biblique.

Il faut relire les versets II : 21 à 24 de la Genèse. Leur ton uniformément narratif, se trouve curieusement interrompu par le verset II : 24, déjà vu, qui dit : « C'est pourquoi l'homme abandonne son père et sa mère ; il s'unit à une femme et ils deviennent une même chair. » Indépendamment de son contenu, le ton indirect dont use ce verset en ferait, dans la logique de notre mode rédactionnel actuel, une note de bas de page. Car le ton narratif reprend aussitôt, comme s'il n'avait jamais dû s'interrompre, jusqu'au verset III : 16 qui a colporté de façon abusive dans toutes les langues le fameux : « Tu accoucheras dans la douleur. » Je remets en cause cette traduction car le texte hébraïque ne dit rien de cet ordre. Il dit en effet mot pour mot : « Dans la tristesse – le mot hébreu qui dit "douleur" dit aussi "tristesse" –, tu mettras au monde des fils. » Le glissement de sens et de signification viendrait de ce que le terme hébreu *banim,* pluriel de *ben,* est utilisé pour désigner aussi bien les « fils » que les « enfants ». Or tout cela n'est pas sans renvoyer au fameux verset II : 24, note de bas de page, dont se trouvent du coup justifiées l'importance et la place puisqu'il prend la peine d'avertir que les hommes quittent père et mère pour une femme. C'est d'autant plus cohérent que si l'on poursuit la lecture, on parvient au verset III : 20 qui dit : « L'homme donna pour nom à sa compagne *HaVah* parce qu'elle fut la mère de tous les vivants. » Comme si, en quelque sorte, Adam, pour se consoler et consoler sa compagne, avait assumé les conséquences de leurs actes en réagissant à la malédiction divine et au trait implicitement dit à sa femme, désignée jusque-là par le nom *ICHa* qui signifie « femme » : « Tu deviendras certes dans la tristesse mère de fils qui nous quitteront, et qui te quitteront donc pour une autre femme, mais tu mettras au monde aussi des filles qui, elles [...] ne nous quitteront pas et qui ne te quitteront donc pas ! »

Cette lecture n'est pas excessive dans la mesure où en découlerait un fait qu'on peut relever dans les populations juives : les Séfarades, qui ont vécu dans l'aire arabo-musulmane et qui en ont été fortement imprégnés comme tous les peuples méditerranéens, privilégient les fils au détriment des filles ; les Ashkénazes, qui ont vécu au sein des populations européennes, privilégient en revanche si fort les filles, que cela a produit les fameuses JAP, ces *Jewish American Princess*[10] dont s'est emparée une certaine littérature d'outre-Atlantique et qui sont proprement invivables tant elles ont été gâtées. Être mère de fils, dans ces contextes, n'a pas et ne peut avoir le même statut qu'être mère de fille. Les êtres féminins trouveraient déjà dans cette vision des choses un motif à se comporter comme elles le font. Les brus renverraient leurs belles-mères à leur destin inscrit dans le texte, en estimant ne devoir en aucune façon mettre en question, pour leur part, l'attachement que leurs mères et elles entretiennent et entretiendront indéfiniment.

Graal

« Je n'ai rien contre ta mère, déclarait devant moi cet homme, Juif séfarade à sa femme, Juive ashkénaze à laquelle il n'avait manifestement rien compris. Ta mère, outre qu'elle est un être humain et que, comme tu le sais, j'aime tous les êtres humains, ta mère est gentille. C'est une bonne personne. Elle est même charmante. Je n'ai rien, vraiment rien, contre elle.

10. Voir la contribution de Sylvie Angel dans Aldo Naouri, Sylvie Angel et Philippe Gutton, *Les Mères juives n'existent pas... mais alors qu'est-ce qui existe ?*, *op. cit*.

Je te le répète et je peux te le prouver. Si tu le veux, je le dis devant le docteur, elle peut venir quand elle le veut chez nous. Tu peux lui donner les clefs de chez nous et lui dire qu'elle n'a même pas besoin de nous prévenir de sa venue ou nous demander une autorisation. Je vais aller encore plus loin : elle peut même venir s'installer chez nous, habiter définitivement chez nous. Si tu le veux, elle peut même dormir avec nous, elle peut être toutes les nuits dans le lit avec nous. Tu vois, je n'ai rien contre elle. Je l'admets partout dans notre vie. En réalité, le seul endroit d'où je voudrais la chasser, c'est de là. » Et cet homme d'accompagner son « là » de son index touchant la tête de sa femme. Il ne semblait pas savoir que sa quête, à la formulation si simple et si imagée, n'était rien d'autre que la quête du Graal.

Voilà qui fixe quelque peu les éléments auxquels nous nous intéressons, mais qui n'explique pas comment et pourquoi nous en sommes arrivés là. Si on veut le comprendre, il faudra emprunter, comme je l'ai dit, d'autres voies et explorer d'autres pistes. Un parcours ardu mais qui mérite d'être accompli tant il se révèle riche et éclairant.

Chapitre 3

QUE NOUS APPREND LA SCIENCE ?

– 1 –

Convoquer la science, et surtout ce qu'elle enseigne, à propos des relations que nous instaurons avec notre entourage, est une entreprise ambitieuse. Si j'en prends le risque, c'est sans la moindre prétention et en étant conscient de sa complexité. Tout d'abord parce que je ne suis qu'un pédiatre qui réfléchit à partir de ses formations – dont je reconnais et regrette l'insuffisance – et de ses lectures.

Ensuite parce que chacune des disciplines susceptibles d'intervenir sur le sujet l'aborde avec des paramètres et selon une logique interne qui lui sont propres.

Cependant, l'anthropologie et la paléontologie peuvent déjà à elles seules nous fournir un matériel des plus éclairants, en nous montrant la manière dont l'évolution de l'espèce, à partir de sa naissance, a produit des résultats dont nous pouvons jusqu'à présent constater la réalité.

La biologie, surtout par ses développements récents, permet de son côté, de suivre cette évolution et de rendre compte de phénomènes qui seraient bien moins compréhensibles sans le recours qu'elle constitue.

Ces deux approches sont compatibles entre elles, voire complémentaires. Aucune, toutefois, ne peut établir de pont direct avec la psychanalyse dont on sait qu'on ne peut en faire l'économie pour rendre compte de ce qui se passe dans l'intimité du vécu de l'individu. Cela ne veut pas dire pour autant que la psychanalyse a ignoré l'importance de l'anthropologie. Elle s'y est bien au contraire intéressée dès son élaboration. C'est ainsi que Freud a consacré tout un ouvrage[1] à ce qui, dans la psyché, garde la trace de l'aventure qu'ont vécue nos plus lointains ancêtres. S'il est parvenu à éclairer par le biais de l'anthropologie la place du père mort dans la psyché de chacun, ni lui ni ses successeurs n'en ont fait usage pour expliquer la problématique œdipienne – à laquelle le développement récent de la biologie et de la fœtologie apporte, à mon sens, un éclairage intéressant. Il faut ajouter à cela qu'il importe de distinguer au sein de la psychanalyse l'approche théorique de la technique de soins qui en découle. Si la seconde ne peut déroger à ses règles (du point de vue technique s'entend : énoncé de la règle fondamentale, divan, écoute flottante, intervention sur la seule structure et jamais sur le symptôme, etc.), la première peut tout de même tenter de jeter certaines passerelles avec d'autres disciplines, comme le prouve l'existence de l'ethnopsychanalyse.

Aussi aventureuses que pourront paraître les tentatives de rapprochement qui suivent, je partirai du principe que l'évolution de l'espèce, qui a triplé le volume de son cerveau, a doté et enrichi progressivement l'humain d'une pensée et des affects qui en ont résulté et auxquels s'intéressera la psychanalyse. Tout s'étant passé conformément à la logique, si largement admise aujourd'hui, de l'auto-organisation du vivant[2].

---

1. Sigmund Freud, *Totem et Tabou*, Paris, Payot, 1928.

2. J'aime beaucoup la manière très pédagogique dont Henri Atlan (*Le Vivant post-génomique ou qu'est-ce que l'auto-organisation ?*, Paris, Odile Jacob, 2011) fait comprendre ce concept. « Il ne s'agit pas d'imaginer, dit-il, qu'un coup donné dans un réfrigérateur en ferait une machine à laver. Il s'agit de comprendre simplement que de secouer une boîte renfermant des aimants produit chaque fois un agencement différent d'une réunion d'aimants. »

Du côté de la paléontologie et de l'anthropologie

Quand on va chercher du côté de l'anthropologie et surtout de la paléontologie, on s'aperçoit que les liens familiaux ont une histoire qui mérite d'être sérieusement prise en considération. Ils se seraient en effet fabriqués sur un mode progressif et d'une manière tout autre que ce que donne à penser le discours religieux, lequel postule qu'ils sont donnés d'emblée comme tels. C'est au contraire avec une lenteur considérable, difficile à se représenter, qu'ils se seraient constitués pour prendre le statut et les fonctions qu'on leur reconnaît aujourd'hui. Ces derniers sont d'ailleurs loin d'être univoques et dépassent largement les limites de ceux que la culture dans laquelle nous avons baigné nous laisse entrevoir.

Même si on peut faire remonter à l'Antiquité l'intérêt porté à l'anthropologie, les avancées et les certitudes qui prévalent en ce domaine sont, pour la plupart, très récentes. Elles datent d'environ un siècle et demi à deux siècles. Cela permet de comprendre pourquoi les grands découvreurs, ceux qui ont bouleversé de fond en comble la perception du monde, n'ont jamais remis en cause le message ou les approches des Écritures. Les Copernic, Descartes, Galilée, Kepler ou Newton ont même cultivé, leur vie durant, l'espoir de donner un fondement scientifique à la foi profonde qui les animait.

C'est à partir de Lamarck[3] et surtout Darwin[4] que s'est ouverte une voie dans laquelle se sont engagés des

---

3. Jean-Baptiste de Lamarck (1744-1829) est un naturaliste français qui a soutenu l'hérédité de l'acquis : lorsqu'un individu acquiert une caractéristique ou une performance susceptibles de lui permettre une meilleure adaptation à son milieu de vie, il transmet son acquis à sa descendance. Ses théories, longtemps abandonnées parce que supplantées par celles de Darwin, ont été récemment réhabilitées et éclairées par l'épigénétique.

4. Charles Darwin (1809-1882) est un naturaliste anglais dont les travaux ont bouleversé la biologie. Il a proposé l'hypothèse de l'évolution des espèces par la sélection naturelle.

chercheurs de toutes disciplines, depuis les naturalistes jusqu'aux astrophysiciens, en passant par les géologues, les chimistes, les physiciens, les archéologues, les biologistes et surtout les anthropologues et les paléontologues. Il n'est pas question de dresser ici la moindre recension de leurs innombrables travaux. Je me contenterai d'en faire un survol extrêmement rapide et d'en exposer les conclusions qui m'ont paru, dans l'approche que j'en ai eue, faire consensus.

DE LA NAISSANCE DE LA TERRE À L'APPARITION DE LA VIE SEXUÉE

Il est définitivement établi que l'âge de la Terre est de 4,467 milliards d'années et qu'il a fallu 300 millions d'années pour qu'elle soit recouverte de continents et d'océans.

Il est tout aussi définitivement établi que la vie est survenue il y a 3,8 milliards d'années grâce à la constitution de ce que les scientifiques appellent des « automates », c'est-à-dire des agencements, produits dans l'eau par un mécanisme d'auto-organisation et sous l'effet du bombardement photonique, de molécules organiques (comportant de l'hydrogène, de l'oxygène, du carbone et de l'azote). Ces automates se sont révélés immédiatement capables de se reproduire et d'évoluer. Il s'en rencontre encore de nos jours. Ce sont, pour ne citer qu'eux, les prions. Ce ne sont pas des êtres vivants. Ce ne sont pas des cellules. Ce ne sont pas non plus des virus. Ce sont des molécules organiques qui se reproduisent spontanément à l'identique et finissent peu à peu, comme c'est le cas par exemple dans la maladie de la vache folle, par détruire la matière cérébrale.

Pour ce qui est des automates du début du règne de la vie, on en a retrouvé, en différents points du globe, des fossiles dont la datation a pu faire remonter leur constitution à 3,8 milliards d'années. On sait aujourd'hui qu'ils ont fini un jour, par on ne sait quel autre mécanisme que l'auto-organisation, par se rassembler et s'unir pour former la première cellule dotée d'une membrane et d'un noyau contenant de l'ARN (acide ribonucléique). Ces cellules, tout en améliorant leur constitution, se sont reproduites à l'infini en restant identiques à elles-mêmes et ont été les seules à peupler le monde pendant 2,8 milliards d'années. On en a également découvert de nombreuses sortes, fossilisées, en différents points du globe.

La reproduction sexuée est apparue, quant à elle, il y a 1 milliard d'années – mille fois mille milliers d'années.

Sous on ne sait pour l'instant quelle influence – sauf à faire appel, comme toujours, à l'auto-organisation –, des cellules différentes ont commencé à s'unir deux à deux pour donner naissance à une cellule différente de chacune d'elles. C'est à partir de cette étape que le moteur de l'évolution s'est mis en place, permettant l'émergence ininterrompue de cellules nouvelles dotées d'un potentiel évolutif lui aussi nouveau.

Il a encore fallu 300 millions d'années pour qu'apparaissent, il y a donc 700 millions d'années, les premiers ensembles pluricellulaires qui se sont eux aussi unis deux à deux, ouvrant la voie à une étape nouvelle. C'est cette reproduction sexuée d'organismes pluricellulaires qui a donné lieu, *via* la sélection naturelle, à l'extraordinaire variabilité des formes de vie, parmi lesquelles l'espèce humaine.

L'immense, immense, progrès que la reproduction sexuée a introduit au sein du règne de la vie mérite qu'on s'y arrête. Parce qu'il a été payé d'un prix, considérable, mais qui en fixe l'incomparable valeur : la mort. La mort, inconnue jusque-là ! La mort, qui frappait déjà les premières cellules sexuées, qui a frappé les ensembles cellulaires sexués et qui frappera immanquablement chaque génération des organismes sexués qui se formeront.

Dans cette voie nouvelle, la vie ne cessera pas pour autant d'être éternelle. Cependant, son éternité cessera d'être un continuum. Elle sera à jamais affectée d'une scansion.

C'est ainsi que la mort est devenue la condition de la vie en général et de chaque génération en particulier. C'est ainsi qu'elle est devenue et restera à jamais ce qui régule le processus de vie.

Le bornage qu'elle constitue fonctionnant d'une manière génétiquement inscrite dont on pourrait dire qu'elle serait aussi rigoureuse que jalouse.

Ce processus n'affecte pas seulement en effet les êtres constitués. Il touche jusqu'à leurs lignées cellulaires. Toutes celles de notre corps, pour ne prendre que cet exemple, sont frappées de ce qu'on appelle une « apoptose », laquelle fixe génétiquement leur durée de vie précise, à la mesure de la fonction qu'elles doivent remplir. Les cellules de notre cornée, qui doit être continuellement transparente, se renouvellent ainsi toutes les vingt-quatre heures. Celles de nos muqueuses, qui sont au contact de quantité de germes, se renouvellent toutes les quarante-huit heures, alors que nos hématies ont une durée de vie de trois mois. L'apoptose ignore cruellement l'exception ou la négociation. Et notre organisme est doté de cellules tueuses qui identifient les éventuelles récalcitrantes et les éliminent sans pitié. Si l'une d'entre elles parvient néanmoins à échapper à cette surveillance et décide de déroger à la loi, elle sera rappelée tôt ou tard à l'ordre, quitte à ce que cela doive en passer par la destruction de tout son environnement : on appelle cela un cancer.

Cette incise autour de la mort me paraît indispensable pour faire entrevoir ce que sera la dynamique de la vie à partir de la reproduction sexuée.

Si l'équilibre vie/mort préside de façon flagrante à l'éternité de la vie, il permet de mieux comprendre pourquoi le règne de celle-ci, en quelque domaine ou en quelque lieu qu'il se manifeste, est toujours le résultat de processus dont l'existence dépend elle-même d'un équilibre obtenu entre des forces strictement équivalentes, mais opposées. Pour le comprendre de la manière la plus rigoureuse et cependant la plus simple, il suffit de se référer à ce qu'on appelle une échelle double : elle ne tient que parce que ses deux éléments exercent l'un contre l'autre et en sens opposé une force équivalente. Cette notion d'équilibre qui a habité, depuis la plus haute Antiquité, les discours philosophiques et poétiques, connaîtra sa formalisation à partir du discours tenu au Collège de France en 1850 par Claude Bernard, lequel la nommera : homéostasie.

Or cette notion d'équilibre indispensable de forces opposées, au sein du processus de vie et jusque dans ses mécanismes les plus intimes, dépasse le biologique en affectant de la même façon les processus comportementaux individuels comme les processus sociaux. Elle a marqué jusqu'à nos jours l'intégralité de l'histoire humaine et tous les rapports qui s'y sont noués. On la retrouve à l'œuvre dans tous les processus où se dessine une opposition, depuis celle qui a toujours opposé les femmes aux hommes – qu'on se souvienne du « une femme *contre* lui » du texte biblique – à celle qui continue d'opposer les belles-mères entre elles par l'entremise de leurs brus et de leurs gendres respectifs. Même pour ce qui est de l'organisation sociale, on sait combien le bon exercice de la démocratie n'est possible que dans la mesure où il existe une opposition suffisamment forte au pouvoir en place. Lorsque cette condition n'est pas remplie, c'est la voie ouverte au totalitarisme et à ses crimes.

De plus, l'équilibre n'est atteint que dans la mesure où les forces qui s'opposent sont de même grandeur, même si leurs points d'impact ou leurs expressions respectives sont quelquefois différents. Lorsqu'une force dépasse l'autre, l'équilibre menace de disparaître : si aucune réaction immédiate ne vient le rétablir, c'est la voie ouverte aux effets toujours délétères du déséquilibre.

DES ORGANISMES VIVANTS SEXUÉS À L'HUMAIN

Je ne m'étendrai pas sur les étapes de l'évolution du vivant. On sait qu'elle est passée par nombre de stades qui ont fait et continuent de faire l'objet de quantité de recherches et d'hypothèses sur la datation de leur survenue, même si l'embryologie humaine démontre la manière dont le fœtus, au cours de sa gestation, en passe par ces différentes étapes : d'abord cellule puis amas de cellules, il passe par un stade aquatique dont témoignent les reliquats de ses branchies, avant d'emprunter sa conformation d'être destiné à vivre en milieu aérien. On a longtemps dit qu'il remontait son arbre phylogénétique[5].

Venons-en plutôt à l'apparition de l'espèce humaine à laquelle sont également consacrées des bibliothèques entières. On s'accorde à reconnaître qu'elle a été tardive par rapport à la date d'apparition de la vie – pour mémoire 3,8 milliards d'années. Bien qu'encore discutée, elle serait survenue sur le continent africain, il y a seulement 8 millions d'années. Il a fallu, pourrait-on dire, 3 milliards 792 millions d'années de règne de la vie et 692 millions d'années de reproduction sexuée pour qu'apparaisse l'espèce humaine. Qu'on prenne l'un ou l'autre des deux repères, ç'aura été une sacrée gestation !

Pour accroître les capacités de sa vision au sein de la brousse environnante, l'espèce qui précédait l'espèce humaine a adopté la station verticale. Il s'en est suivi au fil de milliers de générations – j'ai déjà insisté, mais je continuerai de le faire, sur l'extrême lenteur des processus –, un accroissement du volume de la boîte crânienne (du simple au triple) et, chez les femelles, une déformation du bassin qui les a décimées : elles mouraient en

5. Ernst Haeckel, *Histoire de la création des êtres organisés d'après les lois naturelles*, Paris, Reinwald, 1868.

couches en même temps que l'enfant qu'elles portaient. N'ont survécu, transmettant leurs caractéristiques à leur descendance, que les femmes affectées d'une anomalie génétique qui les condamnait à accoucher, au bout de seulement neuf mois de gestation, de bébés prématurés par rapport à ceux des générations précédentes.

Comme si elle avait voulu compenser la raréfaction de ces femelles, l'évolution a supprimé chez elles l'œstrus qui ponctue l'activité sexuelle de toutes les femelles mammifères. Ces dernières n'ovulent en effet et ne peuvent en conséquence concevoir que pendant une courte période de l'année. Elles émettent alors des signaux que seuls les mâles de leur espèce captent et qui enclenchent la relation sexuelle. En dehors de ces périodes, c'est dans une indifférence réciproque qu'elles côtoient ces mêmes mâles, avec lesquels elles cohabitent au sein du troupeau.

La disparition de l'œstrus chez les femelles de l'espèce humaine est intervenue sur leur sexualité. Comme toutes les femelles animales, elles sont anatomiquement dotées d'un sexe qui n'a besoin d'aucune modification pour se prêter à un acte sexuel : elles sont pénétrables en toute occasion. La disparition de l'œstrus, qui limite la sexualité des autres femelles à une période précise de l'année, les installe dans une absence totale de limite : elles sont disponibles en permanence et sans interruption pour un ou plusieurs partenaires successifs. Voilà qui répond au désir sexuel de leurs comparses. Ce désir sexuel violent, facile à mobiliser – le seuil d'excitabilité sexuelle est bien plus bas chez l'homme que chez la femme – et aussi impérieux que la faim disparaît, tout comme la faim, dès qu'il est assouvi, même s'il est appelé à revenir plus tard. Cela explique la période dite « réfractaire » pour désigner la flaccidité qui affecte le sexe masculin après un coït et qui ne lui permet pas de le renouveler aussitôt.

C'est sur ce mode, d'une importance cruciale, que s'est déroulée jusqu'à nos jours l'aventure de l'espèce. Des millions d'années d'évolution n'y ont en effet rien changé : les femmes sont sexuellement disponibles en permanence et les hommes ne cessent d'être travaillés par un désir sexuel qui régit pratiquement tous leurs comportements. Avec néanmoins une différence sur laquelle je reviendrai souvent, en raison de son énorme importance : la permanente disponibilité sexuelle des femmes ne leur assigne en la matière aucune limite[6], alors que l'activité sexuelle des hommes s'épuise relativement vite au fil de leurs performances.

Et les liens dans tout cela ?

DE L'ANIMALITÉ...

Qu'en était-il des liens pendant cette longue période ? Certains se nouaient-ils ? Et comment ?

Il a dû d'abord en être, comme c'est encore le cas dans le règne animal, version mammifère sauvage. D'où l'importance prise aujourd'hui par les observations des éthologues et surtout des primatologues[7]. La relation de deux adultes devait se passer sur un mode aléatoire et précaire, ne donnant lieu en aucune façon à ce que nous entendons quand nous parlons de liens. Les individus se côtoyaient en s'ignorant et dans une défiance mutuelle. Mais quand un homme, un mâle, mû par son désir sexuel rencontrait une femelle, cela se passait différemment. La

---

6. Une dernière page du journal *Libération*, datant du 22 décembre 1999, rapporte le record de coïts successifs établi par une jeune femme de 27 ans, Grace Quek, actrice porno originaire de Singapour qui cherchait à entrer dans le livre des records, le *Guinness* : 251 partenaires en 10 heures. Dans son interview, elle déclare : « C'était une grosse farce [...] une succession de coïts entre moi et une monotone cohorte d'hommes. »

7. Sarah Blaffer Hrdy, *Les Instincts maternels*, Paris, Payot, 2002.

femme, impressionnée par sa force et subodorant ce qu'il attendait d'elle, se résignait à se mettre aussitôt en posture de soumission, attendant la fin de l'inévitable coït. Quand il arrivait que plusieurs mâles tournent autour d'une femelle unique, ils se livraient bataille et seul le plus fort accédait à elle après avoir tué ou fait fuir l'ensemble de ses concurrents. Étant entendu que les fuyards pouvaient revenir dès qu'ils constataient le départ du mâle assouvi.

Il en fut probablement ainsi pendant... des millions d'années ! Même si, faisant usage de leur collecte d'informations et initiant un début de pensée, les individus progressaient tout de même, si lente qu'on puisse imaginer cette progression. À ceci près que, comme il en va encore dans le règne animal, la femme, à l'instar de toute femelle, concevait et mettait au monde des enfants auxquels elle dispensait ses soins jusqu'à ce qu'ils fussent parvenus à maturité. Sa préoccupation première était sans doute de trouver de quoi les nourrir et se nourrir. Or, quand elle parvenait à trouver un lieu où la nourriture était abondante, elle ne devait avoir qu'une seule crainte. Pas qu'un mâle survienne et veuille la couvrir – elle savait qu'en se soumettant rapidement elle raccourcirait d'autant la durée de l'épreuve. Ce qui devait surtout la préoccuper, c'était qu'une autre femme, elle aussi pourvue d'enfants, ne pénètre sur son territoire et ne cherche à l'en déloger. Un tel scénario expliquerait probablement en partie, par la trace qu'il aurait profondément imprimée et qui aurait été transmise comme un acquis transmissible, la défiance que les femmes, jusqu'à nos jours, entretiennent vis-à-vis des femmes, bien plus que vis-à-vis des hommes, qu'elles sauraient en quelque sorte toujours circonvenir. Si bien qu'on peut dire du lien mère-enfant et du lien enfant-mère qu'ils ont été les tout premiers à se créer dans l'espèce humaine et qu'ils sont demeurés les seuls pendant le plus clair de l'histoire de l'espèce. Et quand j'écris « le plus clair de l'histoire de l'espèce », je n'exagère pas puisque je ne fais que rapporter une période de plusieurs millions d'années à celle d'à peine plus d'une dizaine de milliers d'années où les relations se sont vues enrichies et quelque peu modifiées.

Pendant tout ce temps, un enfant, si tant est qu'il avait une mémoire, ne pouvait garder rien d'autre que le souvenir brumeux d'avoir eu une mère et rien de plus. Il devait en être de même pour une mère qui pouvait ne pas le reconnaître adulte et, quand c'était un mâle, se soumettre à lui dans un rapport sexuel. On peut donc dire plus précisément qu'en guise de liens, ceux qui étaient les plus consistants pendant cette si longue aube de l'espèce étaient limités aux seules premières années. Mais des « premières années » dans le sillage et à l'ombre d'une mère puissante et si protectrice qu'on ne voulait sans doute jamais la quitter ! Ne faut-il pas chercher là l'origine de l'étape œdipienne de l'existence, conditionnée par des phénomènes biologiques préalables mais également contemporains de son occurrence ?

On peut ajouter, qu'à bien des égards, les liens que nous connaissons de nos jours entre mère et enfant ne diffèrent en aucune sorte de ce qu'ils étaient alors et qu'ils ne changent pas radicalement quand ils se prolongent, comme c'est le cas aujourd'hui, durant toute la vie. La fonction maternelle est, demeure et demeurera déterminante pour chaque individu. Elle puise sa force et sa puissance dans le fait qu'elle se situe exclusivement du côté de la nature.

J'imagine volontiers que ces chiffres de millions d'années que j'aligne, face à des centaines, des milliers ou tout au plus des dizaines de milliers d'années auxquels nous sommes accoutumés, puissent être impressionnants. Je ne suis cependant pas certain qu'il soit simple d'en saisir la mesure. Il m'a semblé que ce serait plus facile de les figurer sur un diagramme de vingt-quatre heures. Or si je figure les 8 millions de l'existence de l'espèce humaine en vingt-quatre heures, près de vingt-trois heures sur vingt-quatre ont été occupées par tout ce qui a été décrit jusqu'ici. Et le temps écoulé, depuis par exemple la civilisation égyptienne, occupe à peine les dernières 76 secondes, la création du monde telle que la date la Bible occupe les dernières 62 secondes quand l'ère chrétienne occupe à peine un peu moins des 22 dernières secondes. J'insisterai encore sur un détail qui me paraît significatif et d'importance : il y a eu du lien mère-enfant sans la moindre rupture pendant l'intégralité des vingt-quatre heures.

Je reviendrai à cette représentation sur vingt-quatre heures à d'autres reprises.

La période qui a abouti à une étape marquante survenue tardivement et qu'on situe entre le milieu et la fin de la vingt-troisième heure a été occupée par le lent développement de la pensée au sein d'un cerveau, lui-même en développement constant du fait même de l'existence de cette pensée. Cette pensée, comme n'a cessé de le montrer Françoise Héritier[8], s'est construite au sein de l'espèce sur des centaines de milliers d'années sinon sur des millions, à partir de la collecte et de la confrontation d'opposés (homme-femme, nuit-jour, froid-chaud, sec-humide, etc.), tout comme le veut la logique de cette confrontation d'opposés qui préside au règne de la vie, ainsi que d'une démarche de type essais-erreurs. Elle est parvenue à faire naître chez ces hommes, qui s'étaient multipliés à la surface du globe, l'idée de l'utilité de la solidarité – l'imagerie cérébrale moderne a trouvé le site cérébral[9] dans lequel s'est marquée cette disposition.

Ces hommes se sont donc mis peu à peu à vivre en groupes, en « hordes », comme c'est dit le plus souvent.

---

8. Françoise Héritier, *Masculin/Féminin I. La pensée de la différence*, Paris, Odile Jacob, 1996.

9. C. L. Harenski, S. H. Kim, S. Hamann, « Neuroticism and psychopathy prediction, brain activation during moral and nonmoral emotion regulation », *Cognitive, Affective & Behavioral Neurosciences*, 2009, 9 (1), p. 1-15.

Non pas, comme on pourrait ou qu'on voudrait le croire, dans la recherche d'un intérêt supérieur commun, mais dans le but, pour chacun, de tirer parti pour lui-même, et pour lui seul, de l'aide apportée par les autres. Après le lien mère-enfant, le second à se constituer a été le lien, non pas à l'autre, mais au groupe – ce qui a donné les peuples, les royaumes, les nations, etc. Quand on prend la mesure du gigantesque problème que constitue jusqu'à nos jours la dimension de l'altérité, on imagine la violence des conflits qu'elle a dû ne pas cesser de connaître. Si le groupe permettait incontestablement d'améliorer les résultats de la chasse, de la cueillette ou de la subsistance en général, il ne résolvait en effet en aucune manière les conflits violents que suscitait jusque dans son sein la relation interindividuelle, surtout en cas de concurrence sexuelle. Ce qui régnait en ce domaine, c'était toujours – et cela demeure de nos jours, même si c'est sous une autre forme ! – la loi impitoyable des plus forts, voire du plus fort qui prenait la tête de la horde, en devenait le chef et se réservait l'usage exclusif des femmes, tuant ou menaçant de mort les réfractaires à son ordre.

... À L'HUMANISATION : LA LOI DE L'ESPÈCE

C'est parce qu'ils vivaient en groupe que ces hommes ont franchi, entre le milieu et la fin de la vingt-troisième heure de mon diagramme, une étape dont la suite des événements montrera combien elle a été décisive.

Ce fut une initiative exclusive des hommes, les mâles, les femmes n'ayant pas même été consultées et en ayant été les objets passifs.

Ce fut un changement radical pour lequel la psychanalyse d'une part et l'anthropologie d'autre part – qui toutes deux soulignent son importance – formulent des hypothèses sensiblement différentes dans les détails, mais relativement univoques pour l'essentiel.

Freud, prenant appui à la fois sur les connaissances anthropologiques de l'époque et sur ce que laissait entendre la clinique, postulait que les jeunes mâles, ne supportant plus d'être frustrés sexuellement par le chef de la horde qui se réservait l'accès sexuel aux femmes du groupe, l'auraient tué[10]. Après quoi, l'ayant consommé dans un repas totémique, ils auraient été pris de remords et se seraient interdit l'accès des femmes de leur groupe qu'ils auraient alors échangées contre celles d'un autre groupe.

Là où la psychanalyse, ayant fait du chef de la horde le père des jeunes mâles, pose le meurtre du père au principe de la suite des événements[11], l'anthropologie forge par induction un scénario plus neutre[12]. Elle postule en effet que, lassés de risquer de mourir en de féroces combats pour avoir un accès sexuel à une femme, les hommes d'un groupe se seraient interdit l'accès sexuel des femmes de leur propre groupe et les auraient échangées contre ceux d'un autre.

Un tel échange, pour important et décisif qu'il fût, rentrait dans le cadre des échanges que les groupes avaient entre eux. Claude Lévi-Strauss avance, pour expliquer l'émergence du langage articulé, que les mots ont d'abord été des biens échangés entre les groupes d'hommes[13]. Et il fait de l'échange des femmes l'équivalent de l'échange de mots – ce qui laisse à penser que le langage et la pensée symbolique auraient déjà été là. C'est en tout cas de cette période lointaine, impossible à fixer dans le temps, mais qu'on fait cependant remonter à quelques centaines de milliers d'années, que date la Loi de l'espèce humaine : la Loi de l'interdit de l'inceste, et

10. Sigmund Freud, *Totem et Tabou*, *op. cit*.

11. C'est un postulat qui se révèle néanmoins très opératoire au niveau de la technique de soins psychanalytiques.

12. Claude Lévi-Strauss, *Les Structures élémentaires de la parenté*, La Haye, Mouton, 1967.

13. Claude Lévi-Strauss, *Race et Histoire*, *op. cit*.

avec elle, ce qu'on appelle la culture et qu'on oppose à la nature.

Il pourrait sembler exagéré de conférer à cette Loi une importance primordiale dans le devenir de l'espèce. Combien souvent ne l'ai-je pas entendue ramenée à une prévention des malformations d'origine génétique. Il semble, dans l'esprit du grand public, qu'elle ne doive se résumer qu'à cela. Mais ce qu'il y a de plus grave, c'est que certains auteurs réputés sérieux sont allés jusqu'à relativiser sa portée en faisant remarquer qu'il n'est pas jusqu'à certaines espèces animales qui ne la respecteraient. Pour exactes que soient leurs observations, l'affirmation qu'ils en font découler jetterait presque le discrédit sur l'ensemble de leurs travaux. Car la confusion qu'ils produisent entre l'évitement animal de l'inceste et une Loi délibérément adoptée par les hommes démontre le peu d'importance qu'ils confèrent au langage et à ses effets et, pire encore, leur ignorance des effets cruciaux ultérieurs de cette Loi. Ce que ces auteurs en effet ne semblent manifestement pas avoir compris, c'est ce qui s'est passé avec et à partir de cette Loi.

C'est la première, la toute première initiative prise au sein de l'anarchie de la nature.

C'est le premier acte intentionnel d'individus qui, soumis jusque-là à la tyrannie de leurs pulsions et de leurs instincts, sont sortis de leur passivité pour devenir actants et créateurs.

C'est la mise en place, pour la première fois dans l'histoire de l'espèce, d'une limite.

D'une limite qui intervient *dans* et *sur* l'absence de limite.

D'une limite qui se dresse avec autant de force et de détermination *contre* son contraire et qui introduit du coup entre les hommes et les femmes, déjà dotés de pensée et certainement de langage, ce qui leur manquait pour inscrire leurs rapports dans l'homéostasie du règne de la vie.

D'une limite qui borne, qui fait repère.

D'une limite qui dessine et impose une géographie nouvelle.

D'une limite qui sera la première de toute une série d'autres, lesquelles constitueront à leur tour autant de bornes, créant de l'ordre dans le chaos.

D'une limite dont l'importance apparaîtra si grande que l'idée même de son existence s'inscrira dans la pensée sous forme d'un symbole.

D'une limite qui sera, dans la réalité et dans la pensée, le soubassement et le soutènement de toutes les autres qui seront fixées par la suite.

Tous les interdits qui seront édictés ultérieurement, les interdits de meurtre, de cannibalisme, de vol, d'adultère, etc., et jusqu'aux limitations de vitesse sur nos routes, n'ont pu produire leurs effets qu'en s'adossant à cette toute première Loi.

Imaginons qu'un processus quelconque en vienne à abattre cette Loi, tout ce qui aura été construit sur elle, s'abattra à son tour par un « effet dominos ». L'autre scénario, qui consisterait à abattre progressivement toutes les lois qui ont pris appui sur elle, produirait à la longue le même résultat. Dans l'un comme l'autre cas, ce serait la ruine du progrès produit par la culture, aussi minime fût-il, et le retour au règne anarchique de la nature !

L'autre aspect de cette Loi vient de ce que la limite qu'elle constitue n'est pas sans renvoyer à celle que j'ai déjà signalée de l'exercice de la sexualité masculine.

Ce ne serait donc pas un effet de hasard que la Loi ait été initiée, posée, édictée, mise en application et étroitement surveillée par les hommes, et seulement par eux.

Les hommes auraient étendu à leur environnement les lois internes qui bridaient leur sexualité, en les imposant aux femmes sans se soucier de la physiologie de ces dernières.

Qu'on puisse dater l'émergence du patriarcat de cette étape de l'évolution ne fait absolument pas le moindre doute.

Qu'on ait souhaité et voulu lutter contre les dispositions excessives ou inadaptées de ce patriarcat avait tout lieu de survenir et était à bien des égards souhaitable.

Il n'en demeure pas moins que c'est de ce patriarcat qu'est née la toute première institution, laquelle mettra en place l'idée même de l'institution comme pouvoir, la *potestas* des Latins, susceptible d'assurer un ordre minimal dans les organisations sociales. C'est ce pouvoir institué qui soumettra chacun à la première des lois instaurées comme à toutes les autres qui en ont dérivé. D'essence masculine, il parviendra à faire en sorte que chaque homme le reconnaisse, s'y sentira soumis, l'intériorisera, comme on dit, et sera appelé à en être le gardien, puis le garant et le transmetteur quand il accédera à la paternité.

Il est par ailleurs indéniable, par l'effet des lois successives qui ont permis l'organisation des sociétés en leur fournissant un cadre au sein duquel elles ont pu évoluer, que ce patriarcat a projeté l'espèce sur la voie des progrès qu'elle n'a toujours pas fini d'accomplir.

S'il est aujourd'hui honni et accusé des pires crimes, c'est parce qu'on l'estime avoir été le lieu et l'expression de la violence masculine dont les femmes ont, les premières, pâti. C'est indéniable. Il n'a cependant pas été que cela. Il a été un véritable laboratoire. Les hommes, qui ont pu y faire l'expérience d'une satisfaction sexuelle régulière et sans risque, ont sans aucun doute fait, au fil du temps, l'économie d'une angoisse qui surarmait leur violence. Que les femmes puissent, en protestant contre la maltraitance dont elles ont été l'objet, revendiquer leur condition d'agent majeur de ce progrès est absolument incontestable. C'est en effet grâce à elles et à leur disponibilité subie plus que consentie que les hommes sont parvenus à maîtriser leur violence, à canaliser leur énergie et à en user pour les progrès qu'ils ont accomplis par la suite. Sans compter, qu'au fil du temps, l'insatisfaction qu'a engendrée chez les femmes leur sort et la limite imposée à l'exercice de leur sexualité a certainement amené les hommes à tenter de la leur faire dépasser. On peut voir, dans un tel processus, l'aube de ce qui conférera plus tard une puissance indubitable au comportement féminin. C'est lui qui entraînera sans doute un jour les hommes sur la voie de la sublimation en initiant les émotions amoureuses et le discours qui s'est construit, tardivement bien sûr, autour d'elles.

Et la première étape que les hommes ont franchie en ce sens a été la prise en compte progressive, et toujours soumise à la lenteur, de la famille constituée comme sous-groupe à l'intérieur du groupe.

C'est à partir de la naissance de cette famille qu'on pourrait dater l'avènement du père autrement que comme géniteur.

Dans la perspective d'une paix relative à obtenir entre les membres d'un groupe, les assortiments qui avaient été décidés lors de l'échange des femmes entre groupes ont dû être de plus en plus et de plus en plus étroitement surveillés au fil des millénaires. Il n'était pas question en effet que l'homme auquel avait été accordé l'accès sexuel à une femme, allât en prendre une autre. Ce fut sans doute, en raison des liens d'alliance qui se tissaient ainsi, le socle sur lequel se développèrent les sociétés à la surface du globe. Les systèmes de parenté dont il sera question un peu plus loin doivent dater eux aussi de cette époque.

La difficile tentative de prise en considération de l'existence de l'autre a dû en tout cas commencer là.

Elle a sans doute été initiée par le rapport étroit et continu de l'individu avec cet autre complémentaire qui était son partenaire sexuel. Pour l'homme, ce fut cet autre absolument autre et aussi absolument indispensable qu'a été la femme. Laquelle, pour sa part, devait être déjà passablement préparée à cette dimension par le commerce entretenu depuis toujours avec son enfant. Sans doute est-ce à ce moment-là qu'ont dû se développer encore plus ce que les neurophysiologistes ont récemment découvert et qu'ils ont appelé les neurones miroirs qui existent aussi chez les animaux[14]. Il s'agit d'une catégorie de neurones qui présentent une activité aussi bien lorsqu'un individu (humain ou animal) exécute une action que lorsqu'il en observe un autre (en particulier de son espèce) exécuter la même action, d'où le terme « miroir ». Ils sont censés jouer un rôle dans le développement des capacités cognitives, en particulier dans l'apprentissage par imitation et dans des processus affectifs tels que l'empathie.

La dénonciation des effets de certaines pulsions nocives à la vie en commun qui se généralise et l'encouragement mutuel à tenter de les maîtriser datent probablement aussi de là ; ils auraient fini par aboutir un jour à la formalisation de codes de vie commune, culminant dans l'accès au monothéisme, lequel, s'adressant principalement aux hommes, s'emploierait à formater de façon minutieuse les moyens de maîtriser leurs pulsions naturelles. Mais, dès ce stade primitif, l'homme, le mâle, que le groupe aurait ainsi lié à sa compagne, l'aurait vue immanquablement mettre au monde des enfants dont il aurait fini au fil des générations par supporter la présence alors que ses ancêtres n'hésitaient pas à les fracasser contre un arbre s'ils en venaient à gêner leur accès sexuel à leur mère.

Des millions d'années après le premier lien mère-enfant et enfant-mère qui a déjà été repéré, des milliers, voire des dizaines de milliers d'années après le deuxième lien, celui au groupe, en voilà un nouveau que ce dernier impose en quelque sorte à chaque homme.

Non pas, comme on pourrait le conclure hâtivement, le lien du père aux enfants – on est encore à des dizaines de millénaires de sa création –, mais celui qui est né de la relation suivie d'un homme et d'une femme et auquel

---

14. Giacomo Rizzolatti et Corrado Sinigaglia, *Les Neurones miroirs*, Paris, Odile Jacob, 2007.

on peut faire remonter la naissance balbutiante du mariage et surtout celle du couple.

Un couple fortement charpenté, nettement hiérarchisé et construit apparemment au bénéfice prévalent, voire exclusif de l'homme. Lequel, du fait de sa plus grande force physique et du faible niveau de son seuil d'excitabilité sexuelle, en est le dominant. La femme n'a pas d'autre choix que de se soumettre à lui, en acceptant même de l'être plus encore pour préserver les enfants, qu'elle met ou qu'elle a mis au monde et auxquels elle est animalement attachée, du potentiel meurtrier qu'elle lui connaît. On sait tous les abus qui s'ensuivront et dans le cadre desquels on peut classer la polygamie.

L'enfant, quant à lui, est littéralement terrorisé par ce partenaire de sa mère avec laquelle il restera très longtemps dans un lien de dépendance exclusive.

Tout cela s'organise de cette manière sous la surveillance du groupe et, au-delà, de l'environnement humain au sein duquel ce type de rapports finit par se généraliser et s'imposer.

On serait, à cette étape, dans une phase où le mâle du couple, qui est encore très loin de savoir qu'il est pour quelque chose dans la procréation, impose sa loi à sa comparse et aux enfants, en sus de la crainte que lui-même suscite, d'abord et avant tout par le consensus social qui l'y autorise. Le potentiel mortifère qui est ainsi accroché à sa personne et à sa place ne le quittera plus jamais, quoi qu'il en soit de son évolution et des nuances qu'il voudra y apporter. On peut repérer, en ce point, la mise en place de la strate la plus profonde, la plus enfouie, mais aussi la plus déterminante de ce que la psychanalyse définira de façon pertinente comme la fonction paternelle. On peut aussi dater de l'alternance de périodes de frayeur et de plus ou moins grande sérénité qui découleront de la présence ou de l'absence de ce personnage nouveau dans l'univers du petit humain l'enrichissement et la complexification du registre des émotions.

Les étapes que je signale ici ne sont pas, je le répète, précisément datables ou repérables dans tel ou tel ordre ou dans telle ou telle autre partie du globe. On en suppose la succession en inférant à partir de ce que la paléontologie enseigne du développement de l'espèce. La découverte des toutes premières sépultures, de leur disposition et de leur contenu a par exemple permis de reconnaître à l'humain de leur époque un maniement déjà performant de la pensée symbolique. Le langage, qui se bornait jusque-là à exprimer par des sons convenus les conclusions d'une pensée en effervescence, a dû certainement s'enrichir et surtout se structurer, fournissant à la pensée le moyen de progresser plus rapidement encore. Il s'est aussi rapidement constitué en code traduisant les dispositions prises dans tous les domaines et a assuré une communication immédiate et plus fiable entre individus. C'est par la suite et en fonction de la dispersion et de l'isolat des habitats que se sont sans doute forgées les paléolangues dont ont dérivé, sous l'effet des mêmes contraintes, toutes les langues qui ont existé et qui continuent d'exister à la surface du globe.

LE LIEN DU PÈRE À SES ENFANTS

C'est vers les toutes dernières minutes de la vingt-quatrième heure du diagramme que j'ai proposé que survient une autre étape encore.

Grâce probablement à l'amélioration des techniques de chasse et de cueillette, les groupes humains sont parvenus à se sédentariser, il y a quelque vingt à trente mille ans. Et cette sédentarisation n'était pas seulement une autre forme de limite ; elle a plutôt signé le renoncement à l'exploration de la non-limite et l'assomption de la notion de limite.

Quelques millénaires plus tard, il y a dix à douze mille ans (autour des deux dernières minutes de nos vingt-quatre heures), les groupes humains ont réussi à maîtriser l'élevage d'abord et l'agriculture ensuite. C'est à partir de cette étape que les hommes vivant en couple avec des femmes, qui enfantaient et prenaient en charge exclusive leur progéniture, auraient commencé à s'interroger sur leur place dans la procréation. Ils avaient déjà constaté que conduire la brebis au bélier permettait d'obtenir un agneau. Il n'a pas dû être facile pour eux d'assimiler le rapport sexuel animal, qui survenait à la seule période de l'œstrus, au rapport sexuel qu'ils avaient pour leur part tout au long de l'année avec leur compagne. Il leur faudra encore faire le constat que la graine fichée en terre produisait une plante adulte pour intégrer totalement les données du phénomène.

Avec le savoir qui est le nôtre, nous éprouvons quelques difficultés à concevoir que les événements aient pu prendre tellement de temps à se voir reconnaître la logique de leur enchaînement. Nous avons pourtant, tous autant que nous sommes, vécu à une échelle plus modeste une expérience de nature identique : celle, souvent refoulée et profondément enfouie dans notre mémoire, de la période de notre enfance où nous a été révélée la matérialité des rapports sexuels, que nous en ayons ou non été informés, comme cela a été souvent le cas ces dernières décennies. Nous avons mis des semaines sinon des mois avant d'en admettre la réalité. Nous avons d'abord été tellement choqués par l'information que nous l'avons refusée en bloc. Puis, quand nous avons été contraints de l'admettre en raison de l'insistance et de l'argumentaire de nos informateurs, nous l'avons fait en marquant une très sérieuse réserve : tous les adultes entretenaient donc les rapports qui nous avaient été décrits, tous, concédions-nous, à l'exception de nos parents ! Et à cette réserve, nous nous accrochions désespérément.

Il a encore fallu du temps et de la patience à nos informateurs pour nous faire admettre que si nos parents avaient fait exception nous ne serions tout simplement pas là. Là encore, nous avons fini par concéder le fait, mais en affirmant que s'ils avaient dû en passer par un rapport sexuel pour nous faire, ils n'en avaient plus jamais eu depuis. Après quoi, nous avons mis encore beaucoup de temps avant d'accepter la réalité – ce qui ne nous permettra pas pour autant de considérer nos parents comme des individus dotés d'une sexualité. Nous n'étions certes que des enfants, mais les enfants que nous étions étaient déjà considérablement plus armés du côté conceptuel que les hommes d'il y a autant de millénaires. Comment alors ne pas comprendre qu'il a fallu des dizaines de millénaires à nos ancêtres lointains pour saisir l'agencement de rapports dont ils étaient les acteurs ?

Le lien nouveau qui se dessine et se met très lentement en place à partir de cette étape, c'est celui qui noue le partenaire sexuel de la mère à l'enfant et qui fait de lui son géniteur. Il se surajoute, sans se confondre avec lui, au lien précédent que l'enfant, comme je l'ai laissé entendre, avait déjà pour sa part repéré depuis longtemps : celui qui soumettait sa mère et lui-même à ce perturbateur menaçant qui les empêchait d'avoir l'un à l'autre l'accès exclusif qui les aurait satisfaits.

Du côté du géniteur, il produit un bouleversement dans sa manière de vivre et de penser le monde environnant. Un bouleversement qui le conduit à s'interroger, jusqu'à la période actuelle – oui, oui ! –, sur le côté composite de la place qui lui est dévolue et qu'il n'a jamais très bien su comment occuper.

Intégrant l'ensemble des liens qui ont abouti à la configuration dans laquelle il est inscrit, il entreprend d'en gérer le devenir en commençant par se tourner vers le groupe auquel il appartient et auquel il demande un appui, qu'il obtiendra au demeurant puisqu'il est cohérent avec l'institution patriarcale. C'est de cette disposition que date la réflexion qu'il mène et qui aboutit aux premiers codes sociétaux. Lesquels codes décrètent partout que si la mère enfante, le père pour sa part engendre, et que l'engendrement surpasse en importance l'enfantement. Ce qu'Eschyle fait dire à Apollon dans l'*Orestie*[15] : « Une mère n'est pas celle qui engendre celui qui est appelé son enfant, mais celle qui nourrit la semence plantée en elle. Celui qui engendre, c'est celui qui la féconde, et elle comme une étrangère sauvegarde la descendance, pourvu que la divinité n'y porte pas atteinte. »

Ce dispositif de soutien social au père, erroné comme on le verra plus loin du côté de la dynamique physiologique, a permis à ce dernier d'intervenir sur le tête-à-tête que souhaitent entretenir indéfiniment la mère et l'enfant et de transmettre à chaque génération l'esprit de la Loi de l'espèce. C'est au nom de cette Loi, à laquelle il s'adosse mais à laquelle il est lui-même soumis, qu'il a pu intervenir sur la jonction mère-enfant, laquelle résiste obstinément à son action en n'ayant ouvertement pas d'autre but que de l'éliminer. Ce qui, même s'il se situe comme instituant au nom de l'institution, n'est pas simple pour lui. Le pouvoir qu'il représente rencontre en effet la résistance d'une puissance – la *potentia* des Latins – qui s'appuie sur un lien biologique et sur des millions d'années d'habitudes.

Le soutien social dont il a néanmoins bénéficié lui a été assuré sans la moindre nuance jusqu'à notre époque. Il ne lui a été retiré qu'il y a quatre ou cinq décennies seulement dans les sociétés occidentales. On sait, même si on s'évertue à le nier et à refuser d'en mesurer les effets, les conséquences catastrophiques de cette initiative. On a en effet délibérément tourné le dos à un dispositif dont le potentiel hautement civilisateur a précédé de quelques dizaines des siècles à peine l'éclosion du monothéisme dont les textes ont forgé notre vision du monde avec la notion que nous avons des liens parentaux.

---

15. Jacqueline de Romilly, *Jacqueline de Romilly raconte l'*Orestie* d'Eschyle*, Paris, Bayard, 2006.

Je reviendrai plus loin sur les raisons de ce bouleversement.

Non sans m'attarder néanmoins sur ce qui le constitue comme un véritable paradoxe !

Car on se reporte aux codes sociaux antiques, on s'aperçoit qu'ils n'ont déjà qu'une visée et une seule : tenter de gérer de façon intelligente et par tous les moyens le registre pulsionnel natif brut qui domine les êtres. Cette nécessité a dû découler du constat que la solidarité des groupes avait fini par créer des conditions nouvelles qui rendaient moins utile le registre pulsionnel tel qu'il était au début de l'histoire de l'espèce, au moment où il devait permettre à chacun, par la palette de pulsions partielles qu'il comportait, d'affronter la nature hostile dans laquelle il était appelé à vivre. Or, alors même que nos sociétés actuelles n'ont jamais été aussi loin d'une nature dont elles découvrent combien elles l'ont massacrée, elles veulent renvoyer les humains à leurs comportements natifs en détruisant aussi bien le tissu familial dont le bébé a besoin pour se construire que les dispositifs éducatifs qui se transmettaient de génération en génération après avoir été découverts empiriquement.

Le premier monothéisme, le monothéisme hébraïque, a d'ailleurs donné à l'entreprise une dimension supplémentaire en l'inscrivant dans la temporalité. La manière dont il a révélé le nom du support de la transcendance en fait foi. Ce nom, traduit abusivement par « Dieu » (dérivé de Zeus), « Yahvé » ou « Jéhova » est en réalité imprononçable, à rebours de ceux que les religions précédentes conféraient à leurs divinités. Il est composé de quatre lettres qui condensent l'écriture hébraïque de ce qu'on peut traduire par « avoir été, être et avoir à être ». L'humain est désormais confronté à cet « être dans le temps », à cet « être-temps » dont il est dit, dans le récit toraïque, qu'il l'a fait « à son image ». Or, si on retourne à ce texte toraïque et en particulier au livre de l'Exode, on verra que l'entreprise éducationnelle des millénaires précédents est rigoureusement reprise et radicalisée, le peuple juif en ayant été constitué comme le laboratoire. Les monothéismes ultérieurs se sont définis à partir de là : le christianisme en opérant une synthèse du judaïsme avec l'hellénisme et l'islam en radicalisant un processus qu'il considérait comme ayant été trahi.

LES SYSTÈMES DE PARENTÉ ET LES RÈGLES DE LOCALITÉ

Je n'irai pas plus loin pour l'instant sur ces points. Car il me reste encore à faire état de facteurs autres que ceux que laissent entendre les textes sacrés qui ont formaté notre vision des liens familiaux. Je veux parler de la disparité de certaines dispositions prises très tôt par les groupes humains au cours de leur histoire. Ils permettront de comprendre le soin que j'ai mis à interroger celle des liens familiaux comme la nature de leur contenu.

Je reviendrai pour ce faire, une fois encore, au tournant radical qu'a constitué la Loi de l'espèce. Son respect a été posé d'emblée comme étant de toute première importance. Si bien qu'il a paru indispensable de donner à chacun le moyen d'éviter d'y contrevenir. J'ai déjà mentionné la surveillance déployée autour des appariements. Elle s'est aussi accompagnée de mesures destinées à indiquer à chacun, de la façon la plus précise, la nature des unions licites sur fond d'unions interdites. Cela a donné lieu à la mise en place de ce dont les anthropologues ont découvert l'existence à la fin du XIXe et au début du XXe siècle et qu'ils ont appelé « systèmes de parenté ».

Au nombre de six[16], ils usent évidemment du langage comme d'un code pour signifier la nature de leur dispositif de base. Les appellations qu'ils donnent aux

---

16. Les détails concernant ces systèmes sont fournis en annexe.

collatéraux des parents et à leur descendance sont variables. Ces collatéraux peuvent être autant de mères et de pères quand certains d'entre eux sont des oncles et tantes, tout comme leur descendance peut avoir parfois la place de frères et sœurs aussi bien que de cousins, neveux ou nièces. Ce qui n'est pas sans effet sur les fonctions que remplissent les individus ainsi nommés. Dans le système hawaïen par exemple, il existe autant de mères et de pères que les géniteurs ont de frères et de sœurs et autant de frères et de sœurs que d'enfants de ces derniers.

Voilà qui nous incite à relativiser nos certitudes quant au contenu que nous donnons aux liens familiaux que nous nouons dans notre sphère. Ces liens, même s'ils conservent un statut identique, n'ont donc pas de portée universelle. Ils ne valent que dans le système auquel nous appartenons. Le système omaha qu'on retrouve dans nombre de pays africains, pour prendre un autre exemple, fait que l'enfant, comme dans le système hawaïen, n'a pas un seul père ou une seule mère, mais de nombreux pères et mères qui interviennent tous dans sa vie et sa structuration, même s'il sait parfaitement repérer ses géniteurs au milieu d'eux. Comment les brus et les gendres peuvent-ils se tirer d'affaire avec autant de belles-mères et de beaux-pères ?

C'est en tout cas une véritable leçon de symbolique que nous donnent de telles sociétés.

Elles ont en effet mis au premier plan un lien de pure essence culturelle qui confère les rôles de mère et de père, rejetant au second plan le lien géniteur d'ordre naturel aussi bien du côté de la mère que du père. La démonstration de cette disposition peut être saisie en une occasion particulière. Dans la société samo, il arrive aux filles qui sont autorisées, après leur rituel de puberté, à avoir des relations sexuelles à leur guise pendant les trois années qui les séparent de leur union à leur promis de concevoir un enfant. Cet enfant sera réputé enfant du promis, qui en sera ainsi le père, sans que cela suscite le moindre problème. S'il est vrai qu'un tel dispositif permet parfois à un homme d'être assuré de s'unir à une femme féconde, il n'en reste pas moins qu'il pose que « l'affiliation de l'enfant dans le lignage de son père, mari de sa mère, est sociale et non biologique[17] », un adage samo allant jusqu'à dire que « c'est la parole qui fait la filiation, c'est la parole qui la retire[18] ». On ne peut pas mieux dire, comme on le constate à l'écoute des analysants, combien la paternité est un effet de parole et non de corps.

Quand on met cela en perspective avec les dispositions de la révision de nos lois de bioéthique qui, sous l'effet du terrorisme de la transparence, veulent donner à un enfant né par insémination artificielle avec donneur le droit d'accéder à l'identité du donneur de sperme, on mesure mieux le processus de régression dans lequel nos sociétés se sont engagées en privilégiant la seule dimension naturelle de géniteur du père au détriment de sa dimension culturelle. Il est vrai que le processus est déjà ancien puisque notre droit ne définit hélas pas le père autrement que comme le géniteur et que l'entreprise qui a visé à vider ce lien fondamental de son contenu symbolique est, elle aussi, déjà ancienne.

En restant à ces seules considérations, le problème des liens qui se nouent au sein des familles s'avère déjà passablement compliqué, bien plus même que ne nous le laisse entendre le discours d'essence religieuse qui imprègne notre entendement. Et ce qu'il faut remarquer d'essentiel dans les mesures qu'il met en place, c'est qu'il privilégie la temporalité comme véritable distance par rapport à la distance physique qui n'aurait aucun sens dans aucun cas. Les unions restent en effet interdites quand elles sont décrites comme telles par la combinatoire du système, même si les individus se trouvent à de

---

17. Françoise Héritier, *Retour aux sources*, Paris, Galilée, 2010, p. 131.

18. *Ibid.*, p. 166.

longues distances les uns des autres. Les couples africains qui fréquentaient mon cabinet m'expliquaient que lorsque leurs enfants rencontraient un soupirant ou une élue, ils ne pouvaient leur donner leur accord qu'après avoir enquêté « au pays » pour savoir si rien ne s'opposait à l'union projetée.

Tout cela se complique encore plus quand on prend en considération d'autres dispositions prises par les groupes humains en sus de celles imposées par les systèmes de parenté. Je veux parler du destin imparti aux nouveaux couples qui se forment et qui doivent obéir aux conventions et habitudes des groupes auxquels chacun de ses membres a appartenu. Ce sont des conventions qui régissent la résidence du couple en fonction de la règle de *localité*[19] qui s'impose. Quand le mode de vie environnant fait injonction au couple d'aller vivre dans la maison des parents de l'homme, on parle de *patrilocalité*. Quand c'est l'inverse, on parle de *matrilocalité*. Le milieu dans lequel va vivre le nouveau couple va régir son quotidien jusque dans les plus petits détails et infiniment plus qu'on ne le croit. Cela fait partie de la rigoureuse logique de la dynamique des groupes. En raison sans doute de la prégnance de la domination masculine, l'expérience démontre que la patrilocalité, aussi contraignante qu'elle soit, ou peut-être parce qu'elle l'est, pose moins de problèmes au sein des groupes que la matrilocalité. Dans la mesure où, dans la patrilocalité, la relation très forte des enfants à leur mère assure une place à cette dernière, alors que dans la matrilocalité, la place de la mère est renforcée au point que celle du père s'en trouve considérablement réduite si tant est qu'elle ne s'efface pas complètement. Dans l'un comme dans l'autre des cas, chacun se soumet sans protester à l'autorité du ou des anciens. Le groupe, comme un troupeau qui avance, tolère mal

19. Les règles de localité sont données en annexe.

en effet, quoi qu'il en dise, qu'un de ses membres décide d'évoluer à son rythme ou de s'écarter de la route convenue. René Girard a théorisé tout cela avec son concept de « mimétisme[20] ». Ce qu'un adage de ma culture d'origine confirme en allant jusqu'à dire que, « lorsqu'on adopte un lieu de vie, on doit adopter jusqu'à ses rites funéraires ».

On dira qu'à fournir ce genre de détails, j'encense par trop l'historique pour ne pas dire le traditionnel. Tout cela paraît en effet tellement étrange et concerner si peu nos contemporains ! Ce serait faire une grave erreur que de le croire. Car il suffit d'avoir rencontré des couples ou des familles pour constater, comme je l'ai déjà signalé, combien souvent les dissensions pour lesquelles ils consultent ont démarré à partir d'une réunion familiale de vacances, d'un soir de Noël, de Pâques ou de Saint-Sylvestre. Qu'est-ce qui a produit des effets désastreux ? La réunion s'est déroulée là où, pour un des partenaires du couple, elle n'aurait pas dû, quand, pour l'autre, elle entrait dans l'ordre d'une entente posée comme implicite. Ce silence préalable revêt alors aussi bien le statut du prix à payer pour la paix du ménage que celui d'un instrument destiné à asseoir un fait accompli. Et de quoi se met-il alors à être question au cœur du conflit ? Rien moins que du non-respect que l'un ou l'autre a ainsi marqué pour la famille d'origine de son partenaire. Les territoires sont parfois réduits à un appartement où doit se passer une réunion, mais derrière ce détail, c'est d'un territoire immatériel infiniment plus vaste qu'il s'agit. On n'imagine pas la quantité et la dureté des accusations mutuelles qui se mettent alors à pleuvoir et dont les agents sont généralement les femmes. Si bien qu'on ne peut pas comprendre comment ce qu'on croit être une

---

20. René Girard, *Des choses cachées depuis la fondation du monde*, Paris, Grasset, 1978.

peccadille peut aller jusqu'à éclabousser et détruire les liens amoureux les plus solides.

Si les choses en arrivent à une telle extrémité, ce n'est jamais l'effet du hasard ou d'un caprice. Ce qui est toujours en jeu, c'est la tension qui ne cesse jamais de se manifester entre concret et symbolique, entre nature et culture, entre la contestation des lois de l'une et l'adhésion à ces mêmes lois de l'autre, entre puissance et pouvoir, entre dispositions maternelles et paternelles, chacun des deux partenaires recevant, autrement dit, le soutien de son groupe d'origine et faisant feu du moindre des courants idéologiques de son environnement. Il a suffi de ces quelques décennies passées au cours desquelles nos sociétés occidentales ont retiré leur soutien à l'instance paternelle pour voir le patriarcat annihilé avec l'installation d'une forme de matriarcat dégoulinant d'amour qui a obéré plus qu'on ne l'imagine la maturation des enfants[21].

Si nous avons tant de peine à voir les choses ainsi, c'est que nos semblables éprouvent les plus grandes difficultés à concevoir l'extrême dépendance que chacun d'eux éprouve à son insu à l'endroit de conventions tapies au sein de son inconscient et qui, l'épigénétique aidant, ont imprégné depuis des milliers et des milliers de générations la vision du monde dont il a hérité. Il suffit pourtant de revenir au diagramme de vingt-quatre heures que j'ai proposé et de prendre acte que nous en occupons les ultimes secondes. Cela permettrait de comprendre qu'une culture, initiée par les seuls hommes et qui date d'à peine plus d'une heure, rencontre la plus grande difficulté à s'imposer, et encore plus à prendre le pas sur une nature vieille, pour les deux sexes, de la quasi-totalité du parcours de notre espèce. J'ai déjà convoqué la définition que

---

21. J'ai développé cela dans nombre de mes ouvrages, en particulier dans *Éduquer ses enfants. L'urgence aujourd'hui*, Paris, Odile Jacob, 2008.

donne du couple Claude Lévi-Strauss : « L'union dramatique de la nature et de la culture. » Il me paraît bon de la remettre en mémoire.

Comment qualifier après cela la prétention que notre environnement nous encourage à cultiver de nous croire nés seulement hier et de n'être rien d'autre que le produit de notre seule volonté ? Ineptie ? Assurément. Pour inepte qu'elle soit, l'idée n'en gagne hélas pas moins les esprits à une allure vertigineuse et inquiétante ! Or c'est bien ce débat que soulèvent les relations tumultueuses qu'entretiennent les brus, les gendres et leurs belles-mères. Et je reviendrai sur la manière qu'elles ont de le faire, mais non sans avoir exploré, en les articulant à ce que nous a appris cette incursion dans l'histoire de l'espèce, ce que nous enseignent aussi bien la biologie que la psychanalyse.

Chapitre 4

QUE NOUS APPREND LA SCIENCE ?

– 2 –

> « Si tu en vois deux qui s'entendent, dis-toi que l'un des deux supporte certainement beaucoup. »
>
> « Une femme, c'est du marbre. Inaltérable, dur, dense et froid. Une femme, c'est toujours du marbre. Même si tu l'as cueillie flottant à la surface d'un ruisselet ! »
>
> Aphorismes de mon folklore d'origine.

Oui, oui, et alors ? Tout cela est intéressant, mais où allons-nous comme ça ?

Il n'y a pas d'inquiétude à avoir. Je traite toujours de mon sujet et je ne l'ai perdu de vue à aucun moment. J'essaie de comprendre, et surtout de faire comprendre en allant jusqu'aux racines des comportements, la singularité de celui qu'affichent belles-mères, beaux-pères, brus et gendres, quand ils entrent dans le lien d'alliance qu'ils ont à vivre et à gérer.

Pourquoi m'a-t-il paru indispensable, pourra-t-on rétorquer, d'en passer par les éléments que j'ai avancés et qui semblent tellement éloignés des propos attendus ?

Parce que j'ai procédé comme pour construire un puzzle. On a d'un côté une grande quantité de portions d'images qui se donnent directement à voir – ce sont, par exemple, les cas que j'ai rapportés ou que je rapporterai plus loin, comme tous ceux que chacun a vécus ou vit, qu'il a pu rencontrer ou qu'il a gardé en mémoire. Et puis d'un autre côté, une image d'ensemble à construire dont nous avons toutes les pièces mais dont nous n'avons aucune représentation. On sait seulement que si on parvient à la construire, cette image, elle pourra enfin donner, à l'agencement des tableaux qu'on rencontre habituellement, une logique qui échappe aussi bien à l'entendement de leurs acteurs qu'à celui de leurs spectateurs. L'enjeu consiste, comme on le fait avec le contour des pièces d'un puzzle, à repérer la façon dont elles peuvent ou non s'emboîter. C'est la seule manière, me semble-t-il, de répondre aux nombreuses questions que j'ai soulevées dans mon introduction quand je me demandais par exemple pourquoi la relation de ces deux femmes à bien des égards remarquables qu'étaient Roxane et sa belle-mère était condamnée à prendre la tournure qu'elle a prise.

Et puis, au fil du chemin à l'allure buissonnière auquel j'ai invité le lecteur, nous avons tout de même isolé et déjà emboîté, sans nous en apercevoir, bien des pièces d'une importance irrécusable. À commencer par l'universalité insoupçonnée du problème dont attestent les acceptions des mots dans différentes langues. Lesquelles langues nous ont également signalé, en tant que codes, son intemporalité : il est là depuis le temps où les cellules familiales ont commencé à cohabiter pour former des groupes, autrement dit depuis toujours à l'échelle de notre vécu.

Après quoi, chemin faisant, nous avons pu comprendre, en raison de l'instauration du patriarcat et de la patrilocalité qui en découle, la différence radicale qui existe, jusque dans nos langues actuelles, entre le comportement des beaux-parents de gendres et celui des beaux-parents de brus.

Tout comme nous avons eu à constater la différence qui se manifeste partout, en termes de tolérance, entre les beaux-pères et les belles-mères, ces dernières, dans quelque configuration qu'elles se situent, se montrant pointilleuses et prenant les initiatives, alors que les premiers, pour des raisons qui ont évolué, demeurent toujours en retrait et relativement silencieux.

Les différences qui nous ont sauté aux yeux nous ont permis par ailleurs de repérer un certain nombre de facteurs, extrêmement importants même s'ils nous semblent disparates. Comme le fait que la vie que nous vivons obéit en toutes circonstances et à tous les niveaux au principe de l'homéostasie, laquelle résulte d'un équilibre fragile établi entre des forces égales et diamétralement opposées. Un équilibre qui va jusqu'à inclure l'opposition survenue entre le pouvoir masculin, dès qu'il a été institutionnalisé par le patriarcat, et la puissance féminine repérable dans le lien que les mères ont tissé depuis toujours à leur progéniture. De même a-t-on pu relever que le rapport des femmes au matriciel, métaphorisé par la maison, en bannit peu ou prou les hommes, comme le fait que chaque femme n'entend pratiquement pas d'autre langage que celui de sa semblable.

Et puis, encore dans le désordre, on a compris la genèse des liens parentaux, l'importance considérable de la Loi de l'espèce, l'influence insoupçonnée qu'elle a eue et qu'elle continue d'avoir sur le devenir humain, la culture qu'elle a augurée et qui a pris le pas sur la nature, enfin, et ce n'est pas un mince détail, la différence notoire, cruciale et productrice elle aussi d'homéostasie – je reviendrai encore et encore sur cette notion – qu'il y a entre une sexualité masculine à laquelle la nature a fixé des limites et une sexualité féminine que la nature a conçue sans limite.

La récolte n'est déjà pas si maigre. Elle permet de constater que la construction progressive de notre puzzle nous a révélé une image qui ressemble grossièrement à une carte routière. Mais une carte qui indiquerait seulement le tracé des grandes voies de communication, sans tenir compte des routes parallèles, des paysages, des villes ou de la nature des terrains que ces artères traversent.

Comme si la seule chose qui lui importait, c'était le calcul des distances ou l'établissement des itinéraires.

Je suis cependant prêt à reconnaître que, même résumé en quelques pages, mon exposé du parcours qu'a effectué l'espèce, pendant les huit millions d'années de son histoire, aura pu paraître ardu ou épuisant malgré l'artifice dont j'ai essayé d'user en le rapportant à vingt-quatre heures.

La raison en est sans doute que je l'ai fait faire au pas de course, alors qu'il aurait peut-être été plus judicieux de l'entrecouper de quelques pauses. Il est vrai que bien d'autres étapes que celles que j'ai privilégiées, comme quantité de détails que j'ai laissés de côté, auraient présenté un grand intérêt et auraient donné à mon texte une autre respiration.

Là n'était pas mon propos.

Parce que je voulais avant tout attirer l'attention sur deux paramètres dont l'importance me paraît primordiale : l'extrême lenteur de notre évolution, d'abord, et l'éclairage qu'apporte l'histoire de l'espèce sur la genèse des liens que nous tissons, ensuite. J'ai déjà insisté sur l'un et l'autre. Mais si j'y reviens, avant d'entrer dans le vif de ce qu'annonce le titre de mon chapitre, c'est parce que, même d'une autre façon, il reste encore à en dire.

La lenteur de notre évolution

Notre évolution a été, reste et restera sans doute encore très longtemps, d'une lenteur extrême. Or nous refusons en général d'en prendre la moindre conscience. Il faut dire que nous sommes conditionnés – sans doute moins encore que ne le seront les générations qui viendront après nous ! – par deux éléments au moins. Le premier réside dans la perception différente que nous avons de notre inscription dans le temps par rapport à celle qui concerne notre espèce : comme nous évaluons cette dernière à la seule aune de notre durée de vie, il nous est difficile de concevoir les durées dont j'ai parlé, quelle que soit leur réalité. Le second élément réside dans notre rapport à la dynamique du progrès technique que nous vivons et qui évolue à une vitesse sidérante. Nous en sommes fascinés à un point tel que nous en avons fait la norme de toute forme de progrès. Du coup, nous pensons être et devoir être constamment en phase avec ce progrès. Et comme les perspectives de ce dernier se déploient dans l'absence de limites (tiens ! tiens !), nous ne pouvons qu'être déçus, sinon désespérés par celles que nous rencontrons, jusque dans notre vie privée, avec les êtres desquels nous avons cru pouvoir tout attendre et tout obtenir. Combien souvent en effet, alors que nous l'avions espéré de toutes nos forces, l'entente avec le ou la partenaire que nous avions pourtant espéré(e) et choisi(e) ne dépasse pas le temps de la passion naissante ! Combien souvent découvrons-nous que la louable oblativité de nos parents n'a jamais été qu'un moyen de garder leur mainmise sur nous ! Combien souvent, au moment où nous nous évertuons à être les meilleurs parents possibles, voyons-nous nos rapports avec nos enfants déboucher sur le dépit et l'amertume ! Combien souvent avons-nous à constater que les rapports que nous avions cru avoir solidement noués avec des relations de travail, d'affaires ou autres, voire avec des amis, se sont délitées au fil du temps ! Combien souvent… Combien souvent…

« Et plus si affinités… » ne cessent de faire miroiter les petites annonces, comme s'il pouvait y en avoir, des affinités ! Alors que « nous vivons comme nous rêvons : seuls[1] ».

Or tout cela repose sur une illusion, soigneusement entretenue, à laquelle nous demeurons accrochés au point

1. Joseph Conrad, *Lord Jim*, Paris, Le Livre de poche, 2007.

de ne même pas parvenir à concevoir qu'elle nous empêche de voir les choses comme elles sont. Bossuet en frémirait, lui qui avertissait déjà que « la plus grande aberration de l'esprit c'est de voir les choses telles qu'on voudrait qu'elles soient et non pas telles qu'elles sont en réalité ».

Parce que la réalité est celle-ci : nous avons peu évolué, très peu et même pratiquement pas !

Nous restons en effet encore soumis, dans notre solitude ontologique, à l'intégralité de notre système pulsionnel, à ce système animal dont nous avons hérité, au moment où notre espèce s'est différenciée de celle qui la précédait. Il n'est pas jusqu'à nos paramètres biologiques qui en témoignent, puisque ceux qui nous permettent de nous défendre en cas de stress ou d'agression (adrénalinémie, cortisolémie, glycémie, etc.) sont encore de nos jours à leur taux le plus élevé pendant... notre sommeil ! Exactement comme si nous continuions de dormir dans un fourré, dans le creux d'un arbre ou dans une caverne et que nous devions pouvoir réagir, immédiatement et avec l'intégralité de nos moyens, à la férocité d'éventuels prédateurs. Voilà pourtant des dizaines de millénaires que nous dormons au chaud dans des lieux sécurisés ! Mais non, rien n'a changé. Rien, alors que, par exemple, la conformation de nos visages a changé, que notre pilosité s'est raréfiée et que notre denture s'est profondément modifiée du fait des changements de notre alimentation.

Nos paramètres biologiques continuent, eux, de privilégier la défiance. Sans doute parce que nous n'avons toujours pas résolu, comme nous le verrons, notre rapport à l'autre. Ils demeureront sans doute encore longtemps ce qu'ils sont : intégrés qu'ils sont dans une mécanique, admirable mais extrêmement complexe, qui veille à assurer les équilibres de notre organisme et à nous maintenir en vie. C'est pourquoi, ils ne nous créent pas d'inconvénient que nous ne puissions repérer.

Ce n'est cependant pas le cas pour l'ensemble du système pulsionnel dont nous continuons d'être les dépositaires comme au début de l'histoire de notre espèce.

Il n'est bien sûr pas question d'imaginer ou de souhaiter en être définitivement affranchis ou le voir disparaître un jour. Il fait partie intégrante de notre vie, il lui est même indispensable. Ce n'est donc pas tant lui qui nous pose problème que la manière dont nous gérons la diversité des mécanismes qu'il met en jeu. Car, à la base, il est composé seulement de deux pulsions, celle de vie et celle de mort, qui sont en perpétuel équilibre, s'arcboutant l'une à l'autre – encore et toujours l'homéostasie !

Ces deux pulsions s'expriment cependant par de multiples pulsions partielles. Or, dans l'environnement protecteur au sein duquel nous vivons et qui est très éloigné de celui de nos origines, nombre de formes partielles de la pulsion de vie sont devenues inutiles. Elles nous encombrent comme autant de parasites. Il suffit d'un stress, d'une contrariété pour les sentir prêtes à ressurgir avec la violence et l'impériosité de leur état originel. Nous parvenons bien évidemment et heureusement à ne pas y céder. Mais seulement si nous avons appris depuis notre plus petit âge à les maîtriser. Un exemple banal me permettra de mieux le faire comprendre. Un automobiliste sur l'autoroute me fait une queue-de-poisson si brutale qu'il me contraint à me rabattre d'urgence. Je n'ai évité de percuter la rambarde qu'en mobilisant tous mes réflexes. Je me suis vu, pendant une fraction de seconde, tentant de m'extraire de mon véhicule retourné. Je tremble, je sue, et mon cœur bat la chamade. Je sens alors monter en moi, à mon corps défendant, l'envie de poursuivre le malotru et, sinon de le tuer, du moins de lui faire passer un sale quart d'heure. Tout cela ne dure bien sûr que quelques fractions de seconde, et je me reprends. Je reconnais toutefois ce qui s'est passé en moi et qui relève d'une disposition innée de l'humain que je suis – tuer pour ne pas être tué – par laquelle je suis parvenu à ne pas me laisser gagner. Si j'ai pu accomplir une telle prouesse, c'est seulement parce que l'entraînement que m'a apporté l'éducation que j'ai reçue dans mon petit âge a actualisé, chez moi et en moi, la symbolique des lois que s'est donnée au fil de son évolution l'espèce à laquelle j'appartiens.

Voilà des millénaires que nos semblables ont fait l'objet, à des degrés divers et de différentes manières, de cette discipline qui leur a été imposée depuis leur naissance. Le bridage de ces pulsions partielles inutiles ne s'est cependant pas effectué sur un mode universel, de façon uniforme et à un rythme identique chez tous nos semblables. Il n'a donc jamais enregistré le succès qu'aurait pu produire l'épigénétique[2]. Chaque génération a dû se remettre à la tâche pour déconditionner la suivante qu'elle avait en charge. L'éducation mise en place, empiriquement et depuis longtemps, n'en a hélas pas moins rencontré des écueils. Ceux, par exemple, qui ont concerné ces marginaux rétifs et haineux qui, se battant avec acharnement pour imposer leur vision du monde, sont parfois parvenus à entraîner la masse avec eux et à

2. L'épigénétique diffère de la génétique. Elle est la discipline scientifique qui étudie comment l'environnement et l'histoire individuelle influent sur l'expression des gènes, plus précisément sur l'ensemble des modifications, transmissibles d'une génération à l'autre et réversibles, de l'expression génique sans la moindre altération de la structure des gènes. C'est elle qui a redonné une légitimité à l'hérédité de l'acquis développée par Lamarck et abandonnée depuis les travaux de Darwin. Le biologiste autrichien Thomas Jenuwein l'explique sur un mode imagé en disant : « On peut sans doute comparer la distinction entre la génétique et l'épigénétique à la différence entre l'écriture d'un livre et sa lecture. Une fois que le livre est écrit, le texte (les gènes ou l'information stockée sous forme d'ADN) sera le même dans tous les exemplaires distribués au public. Cependant, chaque lecteur d'un livre donné aura une interprétation légèrement différente de l'histoire, qui suscitera en lui des émotions et des projections personnelles au fil des chapitres. D'une manière très comparable, l'épigénétique permettrait plusieurs lectures d'une matrice fixe (le livre ou le code génétique), donnant lieu à diverses interprétations, selon les conditions dans lesquelles on interroge cette matrice. » http://www.epigenome.eu/fr/

produire les abominations qui, jusqu'à l'époque actuelle, n'ont cessé de ternir l'Histoire. Ce sont des cas de figure qu'expliquent au demeurant, chacun à sa façon, Elias Canetti ou René Girard[3]. Il n'est pas inutile de remarquer que les effets, de masse pour le premier et de mimétisme pour le second, ne sont jamais parvenus à produire les résultats qu'on aurait pu souhaiter quand le meneur prônait par exemple la vertu ou les valeurs morales. Rien d'étonnant à cela, puisque vertus et valeurs morales ont été des inventions de la culture et n'ont pas réussi, de ce fait, à s'inscrire profondément dans notre physiologie forgée par la nature.

N'est-ce pas la preuve de la modestie de notre progrès et de la nécessité de continuer de promouvoir le travail éducatif ? Kant ne martelait-il pas déjà cette nécessité quand il affirmait que, « de toutes les espèces, l'espèce humaine est la seule qui ait besoin d'être éduquée » ?

Hormis ces cas de figure extrêmes ou leurs déclinaisons en proportion moindre, l'individu ordinaire s'adapte généralement aux consignes qui lui sont données, même s'il garde intactes au fond de lui ses dispositions naturelles. La psychanalyse a finement éclairé ce processus en décrivant comment interviennent les « résistances » et le « refoulement », et comment ces mécanismes engendrent la structure névrotique[4], seule structure psychique permettant la création d'un lien social. Tout comme elle explique pourquoi chaque génération est contrainte, pour la suivante, de reprendre l'opération au même point.

---

3. Elias Canetti, *Masse et puissance*, Paris, Gallimard, 1967 ; René Girard, *Des choses cachées depuis la fondation du monde*, *op. cit.*

4. Il faut imaginer une structure psychique comme une architecture dont dépend le fonctionnement de la psyché. Le « névrosé » est un sujet qui, ayant « refoulé » beaucoup de manifestations de son désir pulsionnel, peut faire place aux manifestations du désir de l'autre et fabriquer ainsi du lien social. N'est-il pas écrit dans la Déclaration universelle des droits de l'homme de 1789 que « la liberté consiste à pouvoir faire tout ce qui ne nuit pas à autrui » ?

Appréciée à l'aune d'une vie ou à partir de notre passé, aussi lointain nous paraîtrait-il, l'entreprise n'a pu et ne peut paraître que désespérante. Remise dans la perspective de l'aventure humaine, elle s'inscrit dans une évolution qui demande une autre patience et une autre appréciation du temps que celles que nous avons. La dizaine de millénaires est en effet l'unité de mesure de la moindre avancée de l'espèce. N'en a-t-il pas fallu des dizaines, voire des centaines pour que la Loi de l'espèce, même de diverses manières, s'impose, non pas à tous hélas, mais à presque tous ? N'en a-t-il pas fallu d'autres dizaines avant que ne disparaisse le cannibalisme ? Et combien en a-t-il fallu encore pour nous inciter à renoncer aux sacrifices humains ou nous pousser à intérioriser l'interdit du meurtre ? Sans compter le bénéfice du rapport que nous avons inventé au symbolique : nous savons, et la plupart d'entre nous l'admettons, que nous vivons dans des sociétés régies par des lois. Ne sont-ce pas là des résultats considérables ?

Ils sont pourtant minimes par rapport à tous ceux qui restent à obtenir et à quoi les orientations de nos sociétés actuelles semblent vouloir tourner le dos ! Ne serait-ce qu'en ayant récemment renoncé à ce processus millénaire et souverain de l'éducation. Les facteurs qui sont intervenus dans ce renoncement et qui aboutissent aussi bien à une véritable maltraitance des enfants qu'à un avilissement de l'humain, sont nombreux et complexes. Il n'est pas jusqu'au sujet dont traite le présent ouvrage qui n'y intervienne. Le résultat auquel ils ont déjà amplement abouti, c'est le renoncement à résoudre le problème que chacun rencontre dans son rapport à l'autre, toujours vécu comme menaçant.

Le rapport à l'autre

Le problème est vieux comme l'espèce elle-même.

Car, quoi qu'il puisse en dire, nul d'entre nous, parce qu'il « vit comme il rêve, seul », ne peut toujours se prévaloir d'un intérêt autre que celui qu'il porte à sa propre et seule personne comme à son propre et seul sort. C'est le fond de ce qu'on nomme, au sein des instances psychiques, le *Moi*, dont on sait combien il est sourdement travaillé par le *Ça* pulsionnel.

Le lien de ce Moi à l'autre, à tout autre, ne peut que poser question, comme il l'a fait au demeurant depuis toujours. Il ne peut sortir de cette impasse qu'en se soumettant à ce qu'on nomme le *Surmoi*, c'est-à-dire à la pression de son environnement, au sein duquel l'éducation prend la toute première place. L'équilibre qui s'instaure alors entre le Moi et le Surmoi va générer le *Je* qui représente la manière dont l'individu s'inscrit, consciemment et plus ou moins correctement dans cette relation à l'autre. Au rythme où nous avons évolué, le processus qui n'a pas fini de chercher les voies de son équilibre idéal continuera assurément de le faire pendant des millénaires, voire des dizaines sinon même des centaines de millénaires encore.

La preuve en est que voilà déjà des millénaires que les codes antiques les plus anciens, ceux dont nous avons la trace écrite, ont repéré l'importance de ce lien à l'autre. Ils ont même déjà posé son aménagement comme la condition première et nécessaire de la vie sociale, allant jusqu'à encadrer rigoureusement sa mise en œuvre par des lois.

Les textes du monothéisme ont franchi un pas de plus. Ils ont radicalisé la démarche pour en dégager la finalité symbolique sous la forme d'une injonction universelle des plus claires et des plus simples : le fameux « tu aimeras ton prochain comme toi-même » (attribué à Matthieu, XIX : 49, alors qu'il figure dans le Lévitique, XIX : 18) ! Même si cette recommandation a permis aux prophètes ultérieurs d'en promouvoir les perspectives sous la forme d'une ère où même « le loup et l'agneau paîtront ensemble » (Isaïe, LXV : 25), elle est encore très loin d'avoir influé sur la masse ! Pas plus que n'a d'ailleurs réussi à le faire une autre formulation, celle de Hillel[5], qui pose le problème en termes encore plus simples : « Si je ne suis pas pour moi, qui le sera ? Mais si je ne suis que pour moi, que suis-je ? »

La philosophie n'a pas manqué de faire chorus avec ces injonctions. Dès son avènement avec les présocratiques et jusqu'à Kant et Emmanuel Levinas, elle n'a jamais cessé de faire du lien à l'autre la pierre d'achoppement de son discours.

Quant à la psychanalyse, elle a fait de ce problème la finalité même de son entreprise en résumant le message dans son fameux et lapidaire : « Là où *Ça* était, *Je* doit advenir. » Le *Ça* désignant bien évidemment le magma pulsionnel et le *Je* le sujet, suffisamment conscient autant de sa place que de celle de l'autre pour pouvoir s'insérer correctement dans leur environnement commun.

Or tout cela ne semble pas avoir encore produit d'effet convaincant ! Les progrès minimes qu'on a cru entrevoir au cours des vingt dernières secondes de nos vingt-quatre heures sont en passe d'être anéantis, ouvrant la voie, si on n'y fait rien, à l'une des plus graves régressions que l'espèce ait connues. Parce que nous croyons pouvoir brûler les étapes !

La genèse des liens

La prégnance d'une histoire, si longue, si agitée, si « pleine de bruit et de fureur », centrée à ce point sur la défiance de l'autre, n'est pas le seul facteur à intervenir

5. Maître d'une célèbre école rabbinique de Palestine au IIIe siècle.

sur les ressorts de nos comportements. Pour chacun de nous, les liens que nous avons appris à tisser le font aussi. Et, à l'évidence, à proportion de la force que leur confère la datation de leur inscription en nous.

Plus cette datation est ancienne, plus est profonde et déterminante son inscription.

C'est pourquoi je procéderai en traitant de la plus récente, donc de la moins déterminante et la plus fragile des inscriptions, à la plus ancienne.

LE LIEN PÈRE-ENFANT-PÈRE

Ce n'est évidemment pas un hasard si le plus récent de ces liens, le lien père-enfant-père, survenu dans la dernière centaine de secondes de nos vingt-quatre heures et donc le plus vulnérable, a été remis si facilement en cause et est en passe de disparaître, si ce n'est déjà fait. Le soutien social qui lui a toujours été indispensable et qui visait à l'*instituer*, a en effet été supprimé sans nécessité[6], altérant profondément la structure familiale au sein de laquelle les enfants font leur apprentissage du lien social. Le retrait du pouvoir au père a en effet littéralement livré l'enfant à la puissance aliénante de la mère.

LE LIEN HOMME-FEMME-HOMME

Le lien homme-femme-homme – censé, en fabriquant le couple, mettre fin au risque de mort rattaché au sexe – a, lui, presque une heure et quart d'âge. Il n'a pas été moins malmené ! Nos sociétés hédonistes ont réussi à le remettre en cause en dénonçant son caractère répressif du fait des limites qu'il dressait à la sexualité. On a semé

6. Voir mon ouvrage *Les Pères et les Mères* (Paris, Odile Jacob, 2004).

la confusion en laissant croire, au mépris des lois de la physiologie, que l'homme comme la femme étaient trompés sur l'étendue de leurs potentialités naturelles et contraints par une société forcément répressive à adopter un comportement contraire à leur véritable nature. Combien de fois, dans mes interventions publiques, ne me suis-je pas entendu interpeller par la remarque : « Mais, la monogamie, ce n'est pas naturel ! » Je pouvais toujours répondre que nous n'étions pas dans le règne de la nature, mais dans celui de la culture, je n'étais pas entendu. Pas plus que je ne l'étais en rappelant les différences physiologiques radicales qui existent entre la sexualité masculine et la sexualité féminine.

Je n'irai pas plus loin pour l'instant sur ce point, central dans la thématique qui nous intéresse. J'y reviendrai beaucoup plus longuement plus loin, car il a beaucoup à nous apprendre, en particulier sur les relations des belles-mères et de leurs brus. Pour reprendre la métaphore du puzzle, il en va comme si je prenais d'abord soin de m'intéresser au seul contour des pièces plutôt qu'à la partie de l'image qu'elles vont aider à construire. Car c'est seulement en emboîtant correctement les pièces que l'image prendra son sens.

LE LIEN AVEC LE GROUPE

Vient maintenant, en arrière-plan, le lien avec le groupe, qui doit avoir, lui, autour de deux heures d'âge.

En apparence, il semble encore tenir le choc. Il le semble seulement. Peut-être pas pour très longtemps, d'ailleurs, parce qu'il est tout de même en phase de mutation, sérieusement menacé qu'il est par la radicalisation de l'individualisme.

Lors de sa constitution, il concernait exclusivement les hommes et était l'embryon de ce qui est devenu un peu plus tard le patriarcat. Depuis à peine quelques secondes, il s'est élargi aux femmes, en tournant le dos au patriarcat, dont il a condamné sans réserve les méfaits. Si cette étape a ouvert la voie à une expansion économique incontestable, on n'en a pas moins vu s'affaiblir ce que j'ai appelé les soubassements des lois symboliques que l'espèce avait forgées en son nom – d'autres parleraient d'« intériorisation ». C'est la conséquence du rejet du pouvoir institué. Les mesures destinées à présentifier le Surmoi ont été définitivement mises à l'écart. Le Moi ne vit plus sous l'œil sévère du Surmoi. Si bien que le Ça reprend du poil de la bête. On ne fera absolument rien pour rappeler, par exemple, que le vol est interdit sous quelque forme que ce soit. Ce serait par trop moralisateur. Il n'y a que les juges dans leurs prétoires pour encore le faire. Et comme ils sont écrasés par leur charge de travail, leurs propos n'ont pas grande portée. Quant au terme de « morale » que j'ai utilisé plus haut, il est tout simplement devenu honni. On montera force campagne de communication pour laisser croire qu'on s'attaque aux trafics de tout genre et aux paradis fiscaux. On ne fera pas de campagne[7] destinée à rappeler le respect d'autrui, de la vie d'autrui – sans même parler de la politesse et de la civilité qui ont disparu ! Monter dans le métro, descendre d'un train ou, pire encore, essayer de prendre un canapé à un buffet même des plus chics nécessitent une présence d'esprit et un sens consommé de la débrouillardise. Toutes choses qui aboutissent à la mise en place de lois de plus en plus tatillonnes, comme les plus récentes qui répriment les excès de vitesse, le défaut de ceinture de sécurité ou l'usage du téléphone au volant. On dépensera une énergie et des moyens considérables, non pas pour parvenir à recréer les résultats que

7. Un des lecteurs de mon manuscrit s'est étonné de cette remarque. Elle m'est venue quand j'ai appris que la campagne télévisée instaurée par l'assurance-maladie et qui délivrait un message simple : « Les antibiotiques, c'est pas automatique », était parvenue à réduire de 20 % la consommation d'antibiotiques. J'ai regretté que les pouvoirs publics n'en lancent pas une identique pour restaurer la politesse qui s'est perdue.

l'intériorisation des lois avait partiellement réussi à obtenir, mais pour seulement freiner le coût pécuniaire, minutieusement calculé par les actuaires des compagnies d'assurances, que risquent d'avoir les manières de vivre nouvelles sur lesquelles il n'est évidemment pas question de porter le moindre jugement. Étant entendu que parler comme je le fais de dérive, c'est déjà tenir un discours au parfum réactionnaire unanimement abhorré.

Tout cela n'est peut-être, dira-t-on, qu'une coïncidence. Je suis cependant assez âgé pour avoir vécu et enregistré nombre d'étapes de cette évolution. Et c'est au nom de cette expérience que je parle.

En écrivant cela, je me souviens, par association, de l'émotion avec laquelle j'ai écrit ma première lettre à ma famille en Algérie, le soir même de mon arrivée en Métropole, en octobre 1956. Je devais les rassurer sur mon sort et je n'ai rien trouvé de mieux que de leur rapporter par le menu l'émerveillement dans lequel m'avait jeté mon premier contact avec le pays. J'étais descendu au petit matin à la gare de Besançon. J'avais dû marcher pendant presque deux kilomètres, une grosse valise dans chaque main, pour trouver un endroit ouvert où prendre au moins un café. Tout le long de mon trajet, devant toutes les portes sans exception, j'avais vu des pots de lait cylindriques en aluminium, comme il s'en faisait à l'époque. Ce n'est pas tant ce détail, pour moi déjà exotique en soi, qui m'avait bouleversé. C'est que, posé sur le couvercle de chaque pot, il y avait... de l'argent !

Combien a-t-il fallu de millénaires pour que se construise une telle confiance et combien peu d'années a-t-il fallu pour qu'elle soit ruinée ! Cela peut sembler négligeable, voire ridicule, mais ce détail anodin invite à s'interroger sur ce que j'appelle les soubassements. Il est vrai qu'à l'époque, la télévision ne nous inondait pas de feuilletons et de films d'une violence et d'un réalisme effrayants, que l'étalage insolent de la richesse n'était pas encore de mise, que l'écart entre les plus bas et les plus hauts salaires était seulement d'un facteur 20, alors qu'il est aujourd'hui de 369. Il est vrai aussi que la presse avait une autre tenue, qu'elle courait moins derrière le sensationnel et qu'on n'entendait pas parler de corruption et de trafics jusqu'aux sommets de l'État.

Nous disposons certes aujourd'hui d'un arsenal de mesures répressives et dissuasives, mais ça n'est pas fait pour me rassurer. Qu'on aille donc y voir d'un peu plus près. Doit-on être rassuré par le fait que dans les années 1950, l'agglomération parisienne comptait environ trois mille avocats pour plus de trente mille aujourd'hui ? Ce décuplement s'explique-t-il seulement par l'expansion économique et l'hyperspécialisation qu'elle a produite ou bien signe-t-il une modification certaine du rapport de nos semblables à l'observance des lois ? La réponse à cette question ne nous est-elle pas fournie par l'encombrement préoccupant des prisons et des tribunaux ? Si on voulait une confirmation supplémentaire, il suffit de se pencher sur la manière dont s'instaurent les rapports de chacun avec les différentes administrations. Que ce soit du côté du fisc, des banques ou encore plus des compagnies d'assurances, chacun est considéré *a priori* comme malhonnête et suspect de fomenter des malversations. Cela va de pair avec la fascination exercée par l'argent sur les jeunes, convaincus que c'est la condition de ce qu'ils croient être la vie et qui n'est que survie. En disant cela, je ne parle pas seulement des jeunes qui rêvent d'être des pop-stars ou des champions de football ; je fais référence à ceux qui, tout doués qu'ils soient, choisissent massivement depuis des années la voie des écoles de commerce. Au point que, faute d'étudiants, plusieurs universités françaises ont dû, pour ne pas fermer leurs départements de mathématiques à la rentrée 2010, changer l'orientation de leur enseignement en mathématiques appliquées.

Ce qui est préoccupant dans les mesures qui ne cessent d'être prises, c'est qu'elles n'interviennent que sur le concret et le matériel, en oubliant que les transgressions qu'elles pénalisent découlent, elles, du délitement de la symbolique des lois, singulièrement mises à mal et qui ne tenaient que par l'effet de l'accord consensuel auquel elles donnaient lieu. Les lois, comme la symbolique qui en découle et qui en rappelle l'importance, sont destinées à dissuader chacun de se laisser aller à la collecte de son plaisir individuel et à lui rappeler qu'il vit en société, que l'autre, les autres, existent, et que si chacun ne pensait qu'à lui-même, il n'y aurait pas de possibilité de construire un lien social ; que le plaisir égoïste recueilli dans l'instant peut avoir, immédiatement ou à terme, des conséquences catastrophiques. Le tout renvoyant au conflit toujours vif entre nature et culture. Un conflit dont l'anthropologue Frazer[8] cherchait déjà avec beaucoup d'humour à signaler la difficulté, quand il posait la question de savoir pourquoi nous avions besoin d'une loi qui nous interdise l'inceste, alors que nous n'en avons pas besoin d'une qui nous interdise de mettre la main dans le feu. Contre ce qui nous menace individuellement dans l'instant, nous avons notre instinct et notre pulsion de conservation, l'un et l'autre naturels. Contre ce qui menace l'avenir de notre espèce, nous ne pouvons faire autrement que de nous donner des lois et nous astreindre à leur observance. Mais qui va donc prendre le risque, aujourd'hui, de remettre le Surmoi dans le coup ?

LE LIEN MÈRE-ENFANT-MÈRE

Le seul et dernier lien qui garde, inentamée, la force qu'il a toujours eue, c'est le lien mère-enfant-mère. Il a aujourd'hui la même force et la même allure que celles qu'il a eues depuis toujours. Il n'y a d'ailleurs pas de quoi s'en étonner puisqu'il a été le tout premier et qu'il est là depuis vingt-quatre heures sur vingt-quatre ! Naturel par essence et bénéficiant pour son tissage d'un substrat bio-

8. Anthropologue écossais (1854-1941).

logique complexe, concret, inaltérable et à nul autre pareil, il n'a jamais été supplanté par les autres liens, quelles qu'eussent été les mesures prises par les protagonistes de ces derniers pour limiter son étendue et sa puissance. Non seulement il n'a jamais connu le moindre aménagement tout au long de l'histoire de l'espèce, mais il a recouvré depuis quelques dizaines d'années une aura et une gloire comme il n'en a jamais eues.

La puissance des mères

Comment s'étonner dès lors, et quand on prend la mesure de la force considérable qui habite le lien mère-enfant-mère, que des mères puissent marquer une si violente hostilité à l'endroit de partenaires auxquels leurs rejetons, fils comme filles, auraient la velléité de s'unir[9] ?

Car l'hostilité des belles-mères ne vise pas seulement les brus ; elle ne fait non plus aucun cadeau aux gendres – qu'on se reporte à l'histoire du pont d'Odessa –, ce qui entraîne un cycle d'action et de réaction. Et elle est d'autant plus frappante qu'elle se déploie sur le fond d'indifférence relative des beaux-pères, avec lesquels, en général, brus comme gendres entretiennent des relations qu'ils qualifient volontiers de cordiales pour ne pas les dire inconsistantes. On ne doit pas s'étonner d'un tel fait. Car les échanges entre les protagonistes se situent à deux

9. Une blague classique en rend compte. Un garçon déclare à sa mère qu'il a trouvé la femme de sa vie. Au lieu de la lui présenter, il voudrait qu'elle la découvre. Il lui propose de venir dîner chez elle en compagnie de cette femme et de trois autres. Il arrive avec quatre ravissantes jeunes femmes : une brune, une blonde, une noire et une rousse. Une fois le repas pris et les jeunes femmes parties, il demande à sa mère si elle a deviné qui était l'élue. « La brune », lui déclare-t-elle sans hésitation. Quand il lui demande comment elle a pu deviner, elle lui répond : « Je l'ai haïe dès que je l'ai vue. »

niveaux qui ont été depuis toujours non seulement différents, mais littéralement étrangers l'un à l'autre.

Il y a un niveau ostensible, simple, clair, facile à comprendre et à vivre, censé ne pas devoir poser de problème et qui n'en pose en général pas : celui du beau-père, qui, en tant que père de la bru ou du gendre, estime n'avoir pas à intervenir directement dans les relations du couple, se contentant en général de se tenir dans le statut que lui reconnaît l'environnement social. Il a accompli son devoir. Il a rempli la mission masculine institutionnalisée qu'il a eue depuis toujours et plus particulièrement depuis sa sédentarisation : se tenir auprès de son enfant, assurer sa subsistance quitte à la lui faire payer plus tard en l'exploitant et veiller surtout, quand ce dernier décide de s'unir, à ce que l'union respecte la Loi de l'espèce. Il a, par ailleurs, été conditionné à observer le silence par ses années de vie commune avec la mère de ses enfants. Réduit le plus souvent, pour elle – même à l'époque du patriarcat triomphant, il faut le savoir – au statut de porte-sperme, conservé comme un colifichet qu'elle craignait ou dont elle ne se résolvait pas à se débarrasser, il n'a jamais eu beaucoup voix à un quelconque chapitre. Le résultat du conflit pouvoir-puissance a toujours été prévisible : quand le premier s'interroge, l'autre laisse passer l'orage en attendant son heure.

C'est admirablement décrit – et même pas caricatural alors qu'il s'agit d'une bande dessinée ! – dans *Roman d'amour*[10], de la série des Bidochon qui met en scène des couples classiques. Robert qui vient, le lendemain de leur mariage, présenter Raymonde à ses parents, les rencontre tels qu'ils ont manifestement toujours été : sa mère droite, anguleuse, sèche, dure et autoritaire n'en a que pour son fils – qui n'en a soudain que pour elle –, tançant et humiliant aussitôt sa bru et plus encore son époux. Ce dernier, qui a fait une attaque le lendemain de la rencontre et qui est hospitalisé, n'est visité – mère et fils étant très occupés

10. Christian Binet, *Roman d'amour*, Paris, Fluide glacial, 1979.

par leurs retrouvailles – que par ladite bru à laquelle, mourant, il ramasse toute l'énergie qui lui reste pour lui hurler dans un dernier souffle : « Venge-moi ! » Ce n'est pas à son fils que le vieil homme aurait confié une telle mission. Lui-même fils d'une mère sait bien qu'il mettrait en porte-à-faux ce fils naturellement aliéné à sa mère. C'est à sa belle-fille qu'il le fait, comme s'il avait l'intuition qu'il n'y a qu'une femme pour se faire entendre d'une autre femme, voire lui tenir tête.

À côté de ce niveau-là, somme toute assez pitoyable, il en est un autre, plus profond, plus subtil, d'une discrétion suffisamment parfaite pour se déployer sans être repérable jusque dans l'intime, celui des belles-mères de brus ou de gendres. Il se traduit par un interventionnisme qui n'a pas de cesse, au point de finir par avoir l'allure flagrante qu'on lui connaît et d'afficher sans la moindre retenue le mépris dans lequel est tenu l'ensemble de l'environnement social – autre manière de nommer l'institution. J'y reviendrai pour mieux en démonter les mécanismes. Reste à savoir si cette propension des belles-mères est une mutation brutale et incontrôlable de leur comportement de femmes ou si elle en est une exacerbation qui ne devrait pas avoir lieu d'étonner.

Les blagues[11] qui circulent sur le sujet démontrent à elles seules que tout(e) candidat(e) à une union en a déjà

11. J'en citerai volontiers deux.

• Des jeunes femmes sont en train de dresser le portrait du prince charmant idéal. Les qualités sont passées en revue, récusées ou retenues, mais il y en a une qui recueille l'ensemble des suffrages : il devra être orphelin de mère.

• Un Américain part en vacances en Israël avec sa fiancée et sa future belle-mère. Pendant le séjour, la belle-mère décède. Les pompes funèbres indiquent au jeune homme que le rapatriement du corps coûte 22 720 dollars alors que l'enterrement sur place avec une cérémonie en grande pompe ne reviendrait qu'à 2 175 dollars. Il hésite un tout petit moment avant d'opter pour le rapatriement. Alors qu'il rédige le chèque, son interlocuteur lui dit voir dans sa décision une belle preuve de l'amour qu'il porte à sa fiancée. « Détrompez-vous, lui répond-il, je me méfie simplement de votre terre. Il paraît qu'on y a vu des résurrections ! »

une idée et craint par avance la confrontation avec sa belle-mère.

La clinique, à laquelle je reviendrai aussi, démontre quant à elle que cette façon d'agir, qui va donc jusqu'à être pressentie, entre parfaitement dans la logique comportementale des femmes, surtout quand elles sont devenues mères, et n'en est souvent qu'une banale exacerbation.

Pour en comprendre l'inéluctabilité, il suffit de se reporter à ce qu'a produit la domination dont les femmes ont été l'objet.

Elles n'ont pas eu d'autre choix, dès le début de l'histoire de l'espèce et pendant plusieurs millions d'années, que de se soumettre, quand elles ne parvenaient pas à fuir, au désir sexuel taraudant de ces brutes de mâles dotés d'une plus grande force physique qu'elles. Leur soumission sexuelle ne pouvait que s'accroître encore quand elles devenaient mères et qu'elles avaient à protéger leurs enfants contre la férocité éventuelle de leur partenaire toujours occasionnel. Elles n'ont pas eu plus de choix quand elles ont eu à se soumettre à l'échange dont elles ont été le simple objet lors de l'instauration de la Loi de l'espèce par et pour les hommes, et eux seuls.

Après quoi, pendant des centaines de milliers d'années, elles ont eu à supporter les dispositifs sociétaux qui ont tenté de les extraire de leur rapport à la nature pour les amener, par toutes sortes de stratagèmes, à se soumettre et à adhérer à la culture. Ce qui s'est traduit par une stratégie visant, par le soutien social au père, à les mettre à distance – elles ont toujours vécu cela comme une dépossession – de leur seul bien, de leur seule consolation, de ce pour quoi elles avaient tout accepté jusque-là : les enfants qu'elles concevaient et qu'elles mettaient au monde au risque de leur vie propre. Pourquoi fallait-il soudain que leurs droits, immémoriaux, et naturels, sur ces enfants soient remis en cause et que les pères s'y intéressent et en demandent le partage ? Pour les asservir davantage ? Pour, à défaut d'être parvenus à les convertir elles-mêmes, convertir ces enfants à la culture ? Parce qu'elles seraient des « hommes imparfaits » comme le voulait Aristote ?

Et puis n'ont-elles pas eu à encore supporter ce droit, ces canons de droit successifs, qui, à la surface de toute la Terre et même à ces époques où ils se sont mis à se prévaloir de leur modernité, les ont reléguées à une place mineure, leur interdisant presque toute initiative ? Du coup, elles n'ont eu d'autre choix, depuis toujours, que de développer, elles aussi, en la transmettant de génération en génération dans les nuages de l'épigénétique, une stratégie de rétivité muette, pour ne pas dire de sabotage occulte méthodique, à tout ce qui leur était imposé. Une opposition comme en demande le règne de la vie : contre le pouvoir qu'elles avaient à subir, elles dresseront leur puissance !

Elles ont feint la plus parfaite soumission. Non sans comprendre le parti qu'elles pouvaient tirer d'une séduction raffinée qu'elles ont appris à manier sur fond de mystère. Sans se départir de leur insatisfaction structurelle, dont elles ont fait une arme redoutable, elles se sont accoutumées à naviguer entre l'encouragement et le reproche, l'incitation et la critique, l'assentiment et le caprice, tout en s'octroyant au passage le bénéfice de l'accès à l'orgasme[12]. Installées dans un narcissisme qu'elles ont entretenu et qu'elles nourrissent à souhait, elles ont développé un mode de conduite qui a fini par les rendre si distantes, si énigmatiques, si imprévisibles, si insaisissables, si impénétrables pour ces hommes qui ne cherchaient qu'à les pénétrer, que ces mêmes hommes se sont depuis toujours demandé, jusqu'à Freud lui-même, ce qu'elles pouvaient vraiment vouloir ! Comment pouvaient-ils comprendre ne serait-ce que l'étrange logique sexuelle

12. Elizabeth Lloyd, *The Case of Female Orgasm. Bias in the Science of Evolution*, Cambridge, Mass., Harvard University Press, 2005.

qui est la leur : eux dont l'organe peut dire « non » à un coït en n'ayant pas d'érection, sont prêts à leur dire « oui » en toutes circonstances, alors qu'elles, dont l'organe ne peut pas refuser l'intromission, s'évertuent toujours à en manifester *a priori* le refus. Comme si, face à ces hommes obstinés à masquer leur limite derrière leur précipitation, elles avaient entrepris, elles, de taire leur appréciation et de dépasser, sans rien perdre, l'insupportable passivité à laquelle les condamnerait leur anatomie.

Que les hommes, les mâles de l'espèce, aient été amenés à se poser ce genre de question, sans jamais y trouver de réponse, pourrait après tout ne pas surprendre. La carence affligeante de leur esprit spéculatif, en sus de leur distraction et de leur indécrottable paresse, ne leur a jamais permis d'affronter correctement les implications de la différence des sexes et l'angoisse de l'inconnu. Ils n'ont jamais su comment l'aspect sadique de leur gestuelle pénétrante pouvait être apprécié par une disposition masochiste qui, pour leur part, les effrayait littéralement. Un malentendu qui débordera de loin la génitalité pour parasiter au fil de l'évolution jusqu'aux relations de don et de contre-don dont a longuement traité Marcel Mauss[13]. Toutefois, cela ne dit pas pourquoi les intéressées elles-mêmes se posent exactement les mêmes questions. Non pas à la manière directe et si grossière des hommes qui ne pensent qu'au-dessous de leur ceinture, mais à la façon dont elles se vivent les unes face aux autres, à la façon dont elles ont peur les unes des autres[14], à la façon dont elles sont jalouses de leurs initiatives respectives, à la façon dont elles s'épient, à la façon dont elles se guettent, à la façon dont elles se surveillent, dont elles se jaugent, dont elles font assaut de moyens de

---

13. Marcel Mauss, *Sociologie et anthropologie*, Paris, PUF, « Quadrige », 2001.

14. Jean Cournut, *Pourquoi les hommes ont peur des femmes ?*, Paris, PUF, 2001.

séduction, dans une course dont elles ne savent manifestement pas plus les enjeux que la durée ou la direction.

Si le propos que je tiens peut paraître excessif, c'est parce que tout se passe ici dans une dimension de secret et de dissimulation quand ce n'est pas de dénégation. En stricte conformité avec ce sexe anatomique soustrait au regard et dont rien ne peut trahir ou dire l'état, alors que le sexe masculin évolue, lui, dans son imbécile ostentation. Il n'est évidemment pas une femme qui puisse admettre une généralisation de cet ordre, il n'y en a pas une qui ne puisse, en son nom propre, apporter un cinglant démenti à tel ou tel autre point. Comme si les généralisations n'avaient de valeur que lorsqu'elles concernent les hommes et jamais elles, qui sont toutes singulières – ce dont je leur donne volontiers acte.

La mutité des femmes n'a jamais été, cependant, aussi profonde et irrémédiable que tout le soutiendrait ou le laisserait croire, à commencer par elles. Car le lien biologique qu'elles ont eu depuis toujours avec leurs enfants permettait à ces derniers, garçons comme filles, d'entendre sans la moindre distorsion l'intégralité de leur discours, quand ils ne le devinaient pas ou qu'ils ne s'en faisaient pas les porte-voix. La clinique pédiatrique, dont nombre de mes ouvrages rapportent des cas, démontre on ne peut mieux cet état de fait. Confirmant en particulier ce qu'enseigne la psychanalyse, à savoir, par exemple, qu'un père ne peut l'être pleinement pour son enfant que s'il est, d'abord et avant tout, introduit comme tel auprès de ce dernier par la mère. Comme s'il ne pouvait y avoir de pouvoir, pourrait-on dire, que reconnu, admis et cautionné par la puissance !

La force masculine, brute, brouillonne et imbécile, qui n'a cessé de soumettre les femmes, n'est somme toute jamais parvenue, de quelque stratégie qu'elle ait usé, y compris celle afférente au fameux patriarcat, à leur arracher le moindre début d'assentiment. Pas plus qu'elle n'a réussi à entamer ou à seulement leur faire aménager la puissance qu'en tant que mères, elles n'ont jamais cessé de détenir. Et quand je parle de puissance, je n'entends pas désigner celle dont elles disposent du fait de mettre au monde des enfants ; je vise celle qu'elles ont de modeler ces enfants, à leur double insu et à l'insu de quiconque, comme d'influer sur leurs choix et leur devenir tout au long de leur vie. Et qu'on ne vienne pas le discuter ou le leur disputer au nom d'un quelconque pouvoir institué ou d'un quelconque droit qui en aurait découlé, fût-il celui de leur enfant. Elles ne relèveront pas l'argument, elles ne le contesteront pas, elles ne le balaieront pas d'un geste ; elles y seront tout simplement sourdes, obstinément sourdes, sourdes comme elles seules savent l'être.

Ce qu'illustre, d'une façon presque convaincante tant elle est caricaturale, une vignette clinique rare que j'ai eu le bonheur de recueillir.

Sourde, mais pas muette !

Elle était très sympathique, vraiment sympathique, spirituelle et vive. Chacune de nos rencontres était pour nous deux une occasion de rire. Je la connaissais depuis une dizaine d'années. Elle m'avait amené son premier enfant, et elle m'a immédiatement signalé qu'elle était sourde. Ce que je n'aurais pas pu deviner tant était excellente son élocution et tant étaient fluides nos échanges. Elle avait dû bénéficier d'une excellente rééducation qui lui permettait de lire très vite sur les lèvres. Nos relations étaient si cordiales que je m'amusais à lui parler « sans mettre le son » et j'étais tellement impressionné par ses performances qu'il m'arrivait de les tester en continuant de remuer les lèvres sans rien dire. Elle riait aussitôt en dénonçant la manœuvre. Elle a eu un second enfant, une fille. Si bien que nos rencontres, qui s'étaient espacées, ont recouvré une plus grande fréquence. Il m'était arrivé à plusieurs reprises de me rendre à son domicile et j'avais découvert l'assortiment des intenses lumières de couleur que déclenchait brutalement la sonnette de la porte ou celle du téléphone.

Elle est venue me voir, ce jour-là, parce que le rendement scolaire de son fils avait dégringolé brutalement depuis quelques semaines. J'ai découvert que cela coïncidait presque avec le fait que le père de l'enfant, en raison d'aménagements dans son travail, n'était à la maison que le week-end. Le fait, à lui seul, ne m'a cependant pas paru suffisant pour expliquer le symptôme de son enfant. J'ai alors appris qu'en guise de changement dans la vie familiale, il y en avait un plus important : elle faisait dormir son fils dans son lit. « Pour qu'il me réveille, me dit-elle, si sa sœur pleure et m'appelle. » Je lui fais alors remarquer que la coïncidence des faits est à prendre en considération et que le symptôme de son fils était peut-être sa manière à lui de dire qu'il n'était pas simple pour lui d'être mis à la place de son père. Elle revient sur son argument en me rappelant, rigolarde, sa surdité. Je lui rétorque que son fils, qui dort dans la chambre de sa sœur, peut rester dans son lit et franchir, en cas de besoin, les deux mètres qui le séparent du lit conjugal. Je croyais l'avoir convaincue quand je l'ai vue se tourner vers son garçon et lui dire : « Tu sais, on va continuer comme on fait, mais on ne le dira plus à Papa ! »

Ce n'est pas tous les jours qu'on peut rencontrer une surdité réelle capable d'être mise aussi admirablement au service de la surdité métaphorique dont j'ai fait état.

Dans son ouvrage *Masculin/Féminin II*[15], Françoise Héritier, s'appuyant sur un mythe, développe l'idée que les hommes auraient entrepris de dominer les femmes pour compenser leur dépit de ne pouvoir mettre au monde eux-mêmes leurs fils, alors qu'elles avaient, elles, la capacité de mettre au monde des enfants des deux sexes. Je n'aurai pas l'impertinence de discuter ou de réfuter son propos. Je me permettrai seulement d'y introduire

15. Françoise Héritier, *Masculin/Féminin II. Dissoudre la hiérarchie*, Paris, Odile Jacob, 2002.

une nuance. Ce qu'à mon sens, les hommes ont peut-être cherché, c'est d'intervenir, fût-ce brutalement, dans le lien des mères à leurs enfants, et en particulier à leurs fils, pour essayer de se fabriquer un fils à leur propre image. En vain, ajouterai-je, car, en raison de la datation du lien mère-enfant-mère, ils ont rencontré, doublant la rétivité des mères, celle des fils, peu enclins à s'inscrire dans leurs rêves en raison de la crainte et de la haine qu'ils ont eues d'eux dans leur petit âge et de l'attachement indéfectible qu'ils gardent à leur mère. C'est ce que résume Oscar Wilde dans un de ses fameux paradoxes quand il écrit : « Les femmes finissent toujours par devenir comme leur mère. C'est leur drame. Jamais les hommes. C'est le leur[16]. » Il n'est pas étonnant que ce constat aux accents de regrets ait été relevé par un homosexuel, que son encombrant sexe génétique a empêché d'accéder à la voie qui l'aurait assurément comblé.

Il n'en demeure pas moins, et il n'est pas question de s'en défendre, qu'aborder la relation mère-enfant-mère n'est pas sans évoquer le problème de l'œuf et de la poule. Les enfants sont-ils ce qu'en font leurs mères ou bien les mères ne font-elles qu'aider leurs enfants à devenir ce qu'ils sont ?

Lacan répond, lui, sans ambiguïté à la question quand il affirme que : « De l'Imaginaire de la mère dépend la structure subjective de l'enfant[17]. » Phrase qui ne se comprend sans erreur qu'en prenant en compte que l'Imaginaire de Lacan, c'est le spéculaire, le miroir, c'est-à-dire ce qui se renvoie de l'image de l'autre, aussi bien à la mère qu'à l'enfant. L'enfant se voit dans les yeux de sa mère. Et c'est sur cette perception qu'il prend conscience de son existence humaine. La psychanalyse appelle ce processus « identification primaire ». Il est facile de comprendre que

16. Cité par Ben Schott, *Les Miscellanées de Mr. Schott*, Paris, Allia, 2005.

17. Jacques Lacan, Séminaire *Le Moi* (1954-1955).

c'est par son intermédiaire que l'humain, depuis le fin fond des temps, a accédé à son identité. Cette identification est en général enfouie. Mais elle remonte à la surface chez la mère nouvelle, l'aidant à assumer sa fonction. Elle remonte parfois aussi chez le père – ce qui explique que les pères actuels aient été aussi facilement convertis en « mères-bis » – non sans lui faire courir un certain danger.

Une chemise de trop

Son bébé dans les bras, elle est entrée furieuse, le visage en feu, dans le cabinet. Et avant même que nous ne nous fussions salués, elle a presque hurlé : « J'en ai marre, j'en ai marre, je divorce ! » C'était la première fois que je la voyais seule. Elle venait toujours aux consultations avec le père de sa fille. J'ai eu toutes les peines du monde à la calmer et à lui faire dire ce qui la mettait en rage. « C'est ce biberon du soir ! J'en ai marre, mais marre ! Neuf mois que ça dure. Neuf mois que je tire le lait de mes seins pour satisfaire le caprice de Monsieur qui tient absolument à donner au moins un biberon à son fils. » Je l'ai interrompue en lui disant : « Voyons, voyons, ne vous mettez pas dans cet état. Parler de divorce pour quelque chose d'aussi futile, ce n'est pas raisonnable. Je conçois votre ras-le-bol, mais c'est un problème résolu. De toutes les façons, je comptais vous engager à débuter le sevrage. Vous commencerez par ce dernier repas et vous n'aurez plus à tirer le lait de vos seins. » Elle m'a rétorqué : « Mais je m'en fiche de tirer mon lait. Ce n'est pas de ça qu'il s'agit. C'est de la manière dont les choses se passent. De tout le rituel qui entoure ce repas. Et ça fait neuf mois que ça dure ! Parce que Monsieur ne fait pas les choses à moitié. Figurez-vous que pour donner ce biberon, il se déshabille complètement et il enfile la chemise de nuit de sa mère ! »

Il va sans dire qu'il peut s'introduire dans le processus quantité de nuances. La manière dont, par exemple, le féminin s'est constitué et s'est transmis de mère à fille à chaque génération, n'exclut pas *a priori* l'intervention, dans cette transmission, de ce que chaque fille a elle-même récolté dans la relation à sa mère et à son père et à leurs histoires respectives. Autrement dit, sur un fond de transmission génétique ou épigénétique qui passerait inaperçu, se greffent toujours pour chacune les effets d'une histoire singulière, inscrite dans un environnement non moins singulier, qui occupe le premier plan quand elle en parle d'elle-même. Le garçon n'est pas situé à une autre enseigne puisque, pour lui aussi, l'environnement dans lequel il vit n'est pas sans intervenir en particulier avec la stature qu'il confère à sa mère, laquelle revêt toujours une importance primordiale. Une thèse récente de neurosciences en attesterait de façon aussi fine qu'indirecte, en montrant que « les hommes comme les femmes ont des temps de réaction plus longs pour désigner le corps des femmes que pour désigner le corps des hommes. [Résultat qui] suggère que lors de la désignation, il est plus difficile de considérer le corps des femmes que celui des hommes comme un objet. Sur une échelle de subjectivité, les femmes seraient placées plus haut que les hommes[18] ». L'auteur poursuit, un peu plus loin : « Les femmes seraient des individus plus sociaux que les hommes, plus enclins à être considérés comme des sujets que des objets. Dans la même idée, les hommes comme les femmes pourraient garder le souvenir de la relation privilégiée avec leur mère au cours des premiers mois de la vie, et considéreraient ainsi toutes les femmes comme des sujets avec qui communiquer. »

On le comprend mieux quand on saisit la place que la mère occupe pour chacun en raison de la gestation qu'il a vécue en elle et des conséquences de cette gestation.

---

18. Laurent Cleret de Langavant, *La Désignation et la notion de seconde personne. Étude chez l'adulte sain et cérébro-lésé*, université Paris-Est, 2010, p. 143.

Éternels bébés de maman

Bébés de maman, nous l'avons été, mais, notre vanité doive-t-elle s'en trouver froissée, nous le sommes et nous le restons pour la vie entière. Tous, sans exception.

Oui : nous avons grandi ! Oui : nous avons pris nos distances ! Oui : nous avons développé des capacités de jugement ! Oui : nous pensons être devenus enfin « nous-mêmes », si tant est que la chose soit possible ! Oui, pourrions-nous aller jusqu'à dire dans un certain jargon : nous avons dépassé notre « castration imaginaire » et assumé notre « castration symbolique » ! Oui ! Oui ! Oui ! Cependant, nous n'avons jamais pu évacuer de notre inconscient le site « maman » qui y a été à jamais gravé, alors que « papa » n'y circule ou n'y a circulé qu'à titre de métaphore – il peut arrêter de le faire, voire en disparaître. Et ce n'est dépendant ni de notre fait ni de notre vouloir. C'est la conséquence d'une physiologie, d'essence biologique, animale, qui n'a pas changé depuis le début de l'histoire de l'espèce et dont on sait aujourd'hui beaucoup de choses.

Jusqu'au début des années 1970, on pensait en effet que le séjour intra-utérin était passif, seulement voué à assurer la croissance et la maturation du corps à naître. Cette conviction était fondée sur le constat des carences de développement physique et physiologique des prématurés.

Toutefois, à partir de cette époque, la naissance de la fœtologie et l'affinement des techniques d'exploration en psychologie expérimentale ont abouti à une profonde révision de cette conviction. J'ai la chance de pouvoir rapporter ces faits autrement qu'à partir de sources historiques ou bibliographiques. Je les ai vécus en participant aux travaux qu'une équipe du CNRS, dirigée par Jacques

Mehler[19], consacrait à la reconnaissance de la voix de la mère par le nouveau-né. La décennie qui a suivi a vu ces travaux se multiplier dans différentes directions. Aussi est-on parvenu à démontrer que, dès la naissance, le nouveau-né était capable de reconnaître la voix de sa mère entre les voix d'autres femmes, tout comme il reconnaissait son odeur, le goût des aliments qu'elle aime, sa manière de porter, de toucher et de se mouvoir. Je n'entrerai pas dans le détail, désormais connu et accessible, de ces travaux[20]. Ces performances s'expliquent par le fait que les organes des sens, qui commencent à se développer dès la seizième semaine de la gestation, conduisent, vers le cerveau sensoriel en édification, des sensations dont la source est exclusivement le corps maternel. Comme les zones sensorielles cérébrales sont toutes reliées entre elles, cela explique que, alors que la vue n'a jamais recueilli la moindre sensation dans le milieu utérin obscur, il suffit au nouveau-né de huit heures en présence de sa mère pour pouvoir la reconnaître sur photos.

Ces travaux, survenus après Mai 68 et dans l'effervescence qui a suivi cette date, ont participé indirectement mais certainement plus qu'on ne l'imagine à l'éjection du père de la place qu'il avait occupée jusque-là. Il est probable que le désinvestissement du Symbolique et l'inflation de l'Imaginaire – dans la terminologie lacanienne – se sont considérablement accrus dès cette époque.

On tenait là en effet la preuve concrète – et scientifique de surcroît ! – que le lien enfant-mère était matériellement fondé et précédait de loin l'attachement qu'on pensait d'ordre psychologique et seulement consécutif au nourrissage et au maternage. Chacun dans le grand public averti

---

19. Jacques Mehler et coll., « Infant recognition of mother's voice », *Perception*, 1978, 7, p. 491-497 ; voir aussi *Naître humain*, Paris, Odile Jacob, 2002.

20. Étienne Herbinet et Marie-Claire Busnel, *L'Aube des sens*, Paris, Stock, « Les cahiers du nouveau-né » n° 5, 1995.

de ces faits, tout comme au demeurant les chercheurs eux-mêmes, a sans doute trouvé dans ces informations matière à se déculpabiliser de la trop grande consistance du lien qu'il continuait, non sans une certaine gêne, d'entretenir avec sa mère. Les mères en ont acquis une aura plus grande encore que celle dont elles pouvaient rêver. Ce sera le début de la croissance exponentielle des familles monoparentales[21] – pourquoi s'encombrer d'un père dont l'enfant n'a pas la moindre trace concrète en lui ? Quant aux femmes, elles y ont trouvé de quoi nourrir et renforcer leurs revendications, donnant à la véhémence du féminisme militant un substratum des plus solides. On ne pensera plus la famille de la même façon. Et les pédiatres ne seront pas de reste, adoptant jusque dans leurs prescriptions le refus d'intervenir dans les dispositions spontanées de l'enfant comme de sa mère. Le nourrissage à la demande se généralisera, augurant la non-intervention sur le registre pulsionnel. Personne ne se serait autorisé à redire à ce qui était avancé comme un choix des plus nobles, des plus lucides, des plus fondés et des plus légitimes : le retour à la nature et le respect infini de ce qu'elle commandait ! Une nature montée en épingle par les reportages que les médias consacraient à ces nouvelles manières de vivre, comme à ces communautés qui se formaient dans des lieux laissés à l'abandon, vivant leur bonheur dans une sexualité sans entrave au milieu des élevages de chèvres.

COUPÉS DE MAMAN

Le lien sensoriel transnatal est reconnu comme marquant pour la vie. Il constitue pour chacun ce que j'ai appelé un « acquis », un « alphabet élémentaire[22] » à

21. Leur nombre est passé de 79 000 en 1979 et 2 350 000 en 2003 (*Rapport INSEE 2007*).
22. Aldo Naouri, *Une place pour le père*, Paris, Le Seuil, 1985.

jamais ineffaçable et d'une telle fiabilité qu'il réfracte toujours, peu ou prou, ce qui se vit par la suite. Il est ce qui permet au tout-petit de croître dans une communication qui l'aide à construire son système de sécurité.

Je ne m'attarderai pas plus sur cette étape que sur les suivantes, dont j'ai minutieusement traité dans d'autres ouvrages[23]. Il suffit de les survoler pour en signaler trois, dont les deux premières sont identiques pour les deux sexes, alors que la troisième prend une tout autre tournure chez les garçons et chez les filles.

La première grande étape, c'est la découverte par le petit enfant, au cours du dernier trimestre de la première année, qu'il n'est pas comme il l'avait cru jusque-là, un morceau du corps de sa mère, mais qu'il est « lui », coupé de sa mère et donc « seul ». Cette étape a été répertoriée par Henri Wallon dès la fin des années 1920 sous le nom de « stade du miroir ». Lacan, dès 1937, y reviendra pour en faire un des pivots de ses travaux ultérieurs.

Le petit enfant conçoit à partir de la découverte qu'il fait une angoisse d'abandon si grande qu'elle équivaut par son intensité et ses répercussions à une angoisse de mort.

Ce qui entraîne chez lui, et c'est la deuxième étape, une mobilisation si importante de sa pulsion de vie qu'il met en œuvre sans distinction toutes les pulsions partielles dans lesquelles elle se décline. Il suspecte sa mère d'être dans une puissance telle qu'elle pourrait à son gré le faire vivre ou le laisser mourir en l'abandonnant à son sort immature. La mobilisation de ses pulsions partielles, qui donne lieu à de multiples caprices – c'est ce que le langage courant appelle la « phase d'opposition » –, le conduit à combattre la toute-puissance effrayante qu'il attribue à sa mère par sa propre toute-puissance. Il fait ainsi, comme son très lointain ancêtre du début de l'histoire de l'espèce, une expérience destinée à le rassurer sur

---

23. Aldo Naouri, *Éduquer ses enfants. L'urgence aujourd'hui*, *op. cit.* et *L'enfant bien portant, les fondamentaux*, Paris, Odile Jacob, 2010.

la force de vie qu'il a en lui. Ce faisant, il réagit positivement au déséquilibre qui s'est instauré entre pulsion de vie et pulsion de mort. Cette étape, qui dure environ une paire d'années, est cruciale pour son devenir. Elle constitue exactement le champ sur lequel a toujours porté et doit toujours porter l'éducation – abandonnée depuis environ quarante ans !

Si sa mère ne bride pas les manifestations spontanées de ses pulsions partielles inutiles, si elle ne lui enseigne pas à les maîtriser en échange de l'amour sécurisant qu'elle lui apporte implicitement, si elle se conduit à son endroit en vestale soucieuse de le satisfaire en tous points, elle le conduit à se développer sur le mode de la nature, en le laissant être la proie de l'angoisse de mort qui avait mobilisé ses pulsions partielles. Elle compromet alors de façon dommageable sa structuration en faisant de lui un individu persuadé à jamais que tout lui est dû. Continuant de la croire toute-puissante, il se conduit à court terme en petit tyran domestique – ce dont on a vu les cas se multiplier considérablement dans les consultations pédiatriques et pédopsychiatriques ces dernières décennies. À terme, il ne pourra que très difficilement quitter la position de « pervers polymorphe » que lui impute Freud. À long terme, il deviendra un individu affichant un profond mépris des lois qu'il s'évertuera à transgresser et qui, bourrelé d'angoisse, ne nouera pas de lien social parce que l'autre n'aura de statut pour lui que celui d'instrument destiné tout au plus à lui procurer plaisirs ou bénéfices.

Si, en revanche, sa mère combat avec fermeté les manifestations spontanées de ses pulsions partielles, elle parvient à le convaincre, grâce à la tendresse irrécusable qu'elle lui porte, de l'inanité de son angoisse. Elle lui apprend à maîtriser et à refouler les pulsions partielles inutiles dont il use et à faire l'expérience d'une vie qui s'écoule sans nécessiter leur usage. Au lieu de le laisser au stade de la nature de son ancêtre des origines, elle l'introduit à la culture en lui permettant de faire l'expérience du milieu protecteur que cette culture a façonné pour lui comme pour chacun. Restant puissante, mais pas « toute-puissante », elle lui permet de devenir à terme un enfant calme et doux qui se structurera en abandonnant facilement sa position de « pervers polymorphe ». Ce qui fera de lui à long terme, un être social de qualité qui, sans avoir nécessairement abandonné toute défiance envers l'autre, pourra nouer avec lui des liens profonds autant qu'authentiques.

Quand intervient la différence des sexes

C'est au terme de cette deuxième étape que le petit enfant entre dans la troisième, celle qui nous intéresse le plus, puisqu'on la voit à l'œuvre dans le rapport complexe qu'entretiennent beaux-parents, brus et gendres.

Elle survient toujours, que l'enfant ait ou non bénéficié d'une éducation précoce. À la nuance près que sa manifestation différera entre ce qu'elle est chez le sujet bourrelé par son angoisse et chez celui qui est en passe de se structurer convenablement.

Chacun connaît aujourd'hui cette étape sous le nom de « phase œdipienne » ou de « complexe d'Œdipe ». Sans exclure la dimension sexuelle majeure[24] que Freud lui a conférée, je considère pour ma part que cette phase procède d'une stratégie de réassurance. Si je dis les choses ainsi, c'est parce que le médecin que j'ai toujours été a constaté que tout, dans les mécanismes du vivant ou dans les manifestations de la vie, a une fonction. Tout sert, autrement dit, à quelque chose. Et si je parle de stratégie de réassurance, c'est pour expliquer pourquoi cette entrée

24. Voilà deux bonnes minutes que Benoît, 3 ans et demi, est perdu dans la contemplation de la ravissante maman de son amie Brigitte quand on l'entend dire, sur un ton triste : « Mon zizi, il est tout seul. »

dans la sexualité se fait à cet âge et pas plus tôt ou plus tard. Le « futur » petit « tyran » qui a déployé sans relâche l'ensemble de ses pulsions partielles, se lance dans cette étape pour exiger plus encore de sa mère-vestale, pour être sûr, sans trop y croire, qu'il parviendra à défaire la fameuse et effrayante toute-puissance qu'il lui attribue. Le petit « éduqué », quant à lui, va découvrir dans cette même étape, combien il a eu raison d'avoir eu confiance dans le milieu protecteur et combien il est agréable de faire confiance à toutes les formes de la vie, y compris celle qui se manifeste dans l'amour dont il a déjà fait l'expérience et jusque dans le sexe qui en est partie intégrante. Ce qui ne manquera pas pour autant de lui donner l'assurance qu'il a bien fait de brider une partie de ses pulsions et que sa mère, jadis vécue comme toute-puissante mais désormais simplement puissante, n'est pas aussi mortifère qu'il avait pu le craindre.

Le petit garçon va donc déclarer son amour à sa mère, s'assurant enfin que, flattée et touchée qu'elle sera, elle se débarrassera une fois pour toutes des velléités qu'elle aurait pu encore avoir de l'abandonner à son sort. Cette phase dure environ trois ans et ne prend fin que lorsque le petit garçon s'avise que son père, dont il avait cru pouvoir circonvenir le redoutable potentiel, risque de prendre vraiment ombrage de ses assiduités et de le punir par où il s'est exprimé, en le châtrant autrement dit. La peur de son père prendra alors la place de celle de sa mère et l'introduira à la Loi de l'espèce. Il dépassera son dépit en se promettant de trouver plus tard une femme qui, fatalement ressemblera à sa mère et avec laquelle il pourra poursuivre sa merveilleuse aventure mise en suspens.

C'est sur le déroulé de cette phase qu'intervient la différence des sexes.

Parce que la petite fille, aussi pétrie que son frère par cet amour qu'elle porte à sa mère malgré la terreur dans laquelle la met sa toute-puissance, ne peut s'offrir à elle de la même façon que lui le fait. Elles sont du même sexe. On peut considérer le constat qu'elle fait à cette occasion comme ce qui l'inscrira dans la résistance que les femmes ont opposée aux hommes tout au long de l'histoire de l'espèce. Mais aussi comme ce qui sera la matrice de l'insatisfaction qu'elle entretiendra plus tard. Ce que la psychanalyse souligne avec le concept de *Penisneid* (envie d'avoir un pénis, si ce n'est éprouver la nostalgie de sa possession), qui rend tellement plus simple le rapport du garçon à sa mère. Au bout d'un long temps de réflexion qui forge sa finesse et sa subtilité, la petite fille va résoudre son dilemme en se tournant vers son père en dépassant le potentiel effrayant qu'elle lui avait attribué par la séduction qu'elle déploie à son égard. Elle va implicitement lui demander de la protéger contre la toute-puissance de sa mère et contre les velléités toujours aussi effrayantes qu'elle lui attribue. Ce qui revient à dire qu'elle demanderait en somme, à son père ou bien d'enfreindre la Loi de l'espèce pour elle ou bien de l'intégrer à la culture en prenant appui sur cette même Loi.

Son entreprise dure également trois ans environ. Et ce ne seront pas des années sereines, loin s'en faut ! Car dès le début de son entreprise, elle prend acte que sa démarche est entachée d'une double erreur : elle a supplanté sa mère pour son père et elle a investi le même objet d'amour qu'elle. Non seulement, elle n'aura pas réussi à se débarrasser de la peur de la toute-puissance de sa mère, mais elle croira l'avoir accrue en fournissant à cette dernière deux nouveaux motifs d'irritation. Elle tentera de corriger sa première erreur en gardant à sa mère un lien amoureux homosexuel, et elle essaiera de faire oublier sa seconde erreur en évitant de faire le moindre faux pas qui pourrait lui valoir une rétorsion. Elle se comportera donc de manière plus souple et plus obéissante que son frère. Ce dont témoignent toutes les mères quand elles reconnaissent qu'il est plus facile d'élever une fille qu'un garçon. Si bien que, élevée comme son frère dans un milieu défavorisé qui aura négligé leur éducation, elle ne deviendra pas toujours le tyran qu'il deviendra, lui. Étrange tout de même, ou plutôt remarquable, qu'elle accepte ainsi les limites que lui pose l'éducation de sa mère, elle qui plus tard entreprendra de récuser les limites. Nous verrons que c'est ce qui l'amènera, devenue femme, à réagir aux attitudes de sa belle-mère avec la violence dont elle usera parfois.

La première tentative de correction qu'elle opère mérite qu'on s'y arrête.

Elle explique en effet la raison pour laquelle Lacan disait « L'homme » et « UNE femme », en ajoutant « LA femme n'existe pas », qu'il écrivait au tableau n'« ex-siste » pas[25]. On imagine, à l'époque du féminisme flamboyant, l'encre qu'a fait couler cette formule, même si d'aucunes avaient saisi qu'elle jouait sur le signifiant. Et ce d'autant plus qu'elle a été associée à une autre expression, elle aussi reçue comme scandaleuse : « Il n'y a pas de rapport sexuel », qui était de fait la manière la plus radicale et la plus juste de dire qu'on ne peut pas déduire UNE femme de L'homme et inversement.

LA femme n'existe pas, laissait donc entendre Lacan, parce que admettre « LA femme » reviendrait à dire que toutes les femmes sont pareilles alors que chacune est UNE, *une*, c'est-à-dire unique. Non pas au sens d'exceptionnelle. Unique, plutôt, dans la mesure où elle ne peut jamais être superposée à une autre. Et ce, en raison de la dose spécifique d'homosexualité qu'elle a dû concéder à sa mère en fonction des données de son histoire personnelle et de la nature de la relation qu'elle a entretenue avec elle. Voilà pourquoi elle n'« ex-siste » pas, qui est à lire comme « elle ne se tient (siste) pas hors (ex) », sous entendu : de sa mère. Ce qui signifie qu'elle n'en sort en quelque sorte jamais ! Si son frère a pris conscience de l'amour qu'il a toujours porté à sa mère en le radicalisant

---

25. J'assistais à ce séminaire.

par l'apprentissage d'une relation hétérosexuelle sans mélange, elle, pour sa part, vivra son hétérosexualité comme une greffe sur un amour composite à la surface duquel flotte une homosexualité latente dont elle aura le plus grand mal à se débarrasser. Ce qui n'est pas sans faire intervenir la dose d'homosexualité concédée. Plus cette dernière aura été importante plus sera grande la difficulté à détendre le lien et à investir un homme – qu'on retourne, pour le comprendre, au cas que j'ai intitulé « Graal ». Il ne faut cependant pas se méprendre sur ladite homosexualité. Elle n'implique pas le comportement génital qu'on pourrait y entendre. Elle signale seulement la difficulté d'UNE femme à vivre pleinement l'hétérosexualité dans sa génitalité et la manière dont elle marque cette activité d'une certaine réserve. Ce qui, dans le vécu masculin, sera perçu comme une frustration voire comme une castration, l'une et l'autre évidemment difficiles à supporter[26].

Il est aisé de comprendre, à travers cette notion d'unicité, que les femmes puissent se sentir, toutes sans exception, en total désaccord comme je l'ai déjà dit avec quelque discours que ce soit qui parle d'elles en les englobant dans des généralités. Chacune aura toujours des arguments pour ruiner la pertinence d'un tel discours en montrant qu'il ne s'applique absolument pas à elle.

On ne peut pas non plus manquer de rapprocher cette notion de l'individualisme forcené qui caractérise désormais notre environnement social. Ce n'est pas un hasard qu'il se soit radicalisé à partir du moment où nos sociétés postmodernes ont décidé de retirer leur soutien au père. Le pouvoir déchu, la trace de la toute-puissance infantile refait surface et s'empresse de s'agréger à la puissance féminine assise sur la puissance maternelle. Chacun, débarrassé du poids de l'instance paternelle, entrepren-

26. Voir Aldo Naouri, *Adultères*, Paris, Odile Jacob, 2006.

drait à son insu de revisiter, ému, les traces de sa relation précoce à sa mère. Ce qui ne fait que le rendre plus sensible encore à la pente marquée de féminisation de nos sociétés, qui n'est pas seulement idéologique.

Du côté masculin, on peut en effet relever une adhésion brouillonne, mais singulièrement grandissante à la non-limite. Que cette non-limite soit impossible à exercer dans le champ sexuel soumis aux lois de la physiologie importe peu. Elle est bien trop enivrante pour qu'on puisse l'ignorer. À défaut donc de pouvoir réellement s'y déployer, on en déplace le champ d'application. Comme par un effet de contagion, on se fait rétif à l'intériorisation des lois et à leur symbolique, laquelle ne serait bonne que pour les bouffons et les nabots. On se targue de ne devoir et de ne vouloir vivre que l'instant dans sa plénitude et dans le déploiement des émotions qu'il mobilise, quelles qu'en soient les conséquences. On méprise le terme ou le long terme, objets de calculs forcément suspects. On magnifie la spontanéité. On se gargarise de la liberté qu'on revendique bruyamment, tout comme on revendique des droits qu'il n'est pas question d'assortir du moindre devoir. Combien de fois n'ai-je entendu des enfants d'à peine 3 ans protester contre une interdiction en hurlant à leur mère ou à leur père : « Mais j'ai le droit ! » Ont-ils inventé cette formulation ? Ne l'ont-ils pas plutôt reprise de leurs parents qui, tout effrayés d'assumer le rappel d'interdits, leur disent : « Tu n'as pas le droit » ?

Du côté féminin, il en ira en revanche tout à fait différemment. Ce sera le devoir d'être exemplaire, d'exploiter les potentialités dont on avait été tenues à l'écart et d'obtenir enfin ce qu'on avait désiré depuis toujours.

« Je me suis lancé dans l'exploration d'un sujet qui rencontre la question de ce que voudraient les femmes », ai-je entrepris de confier un soir à une de mes amies[27],

27. Valérie Toranian, communication personnelle.

directrice d'un magazine féminin renommé dans le monde entier. Je n'avais pas fini de m'expliquer qu'elle m'a répondu, avec ce que j'ai cru entendre comme un soupir : « Ce que veulent les femmes ? Mais elles veulent tout. Tout. C'est aussi simple que ça. » Très intéressé par ce « Tout » que je venais d'entendre, je lui ai demandé d'essayer de m'en dire plus. Elle a poursuivi : « Je suis consciente de l'énorme difficulté qu'engendre le fait de vouloir tout concilier... Mais fondamentalement, je ne vois pas pourquoi les femmes ne voudraient pas tout, à l'égal des hommes au sens de : autant de possibles, autant de chances et d'opportunités, quelle que soit la voie qu'elles choisissent. Tout cela veut même dire qu'elles veulent pouvoir faire des études très poussées, puis brusquement arrêter tout pour élever un enfant, puis se remettre à travailler, puis décider de lancer leur propre entreprise... Elles "veulent tout" veut aussi dire : vivre des séquences de vie différentes à des rythmes différents. C'est ce qui me frappe chez les nouvelles trentenaires. Je m'interroge, bien sûr. Car je vois à quel point il est difficile d'harmoniser sa vie quand on ne veut renoncer ni à son job ni à sa féminité ni à son rôle de mère ; je vois l'énorme pression que les femmes s'infligent à elles-mêmes, ainsi que leur sentiment de culpabilité. Je vois aussi que ce modèle des femmes qui ont sacrifié beaucoup pour leur carrière ne fait plus autant recette chez les trentenaires, qui veulent travailler moins pour gagner moins et investir plus sur le privé. Tout cela me passionne. Je suis en empathie totale avec ces femmes qui en font trop et qui sont parfois paumées et déboussolées. Elles me touchent. »

Comment marquer la moindre réserve à un tel propos ? Pourquoi et au nom de quoi irait-on reprocher aux femmes leurs performances et l'égalité des droits qu'elles réclament ?

Il faut dire que le résultat qu'elles ont déjà obtenu est patent, admirable ; il a dépassé toutes leurs prévisions. Je ne fais pas allusion à la féminisation, devenue notoire, de nombre de corps de métiers. Mais par exemple à la décision, prise depuis des années par l'administration, d'organiser des concours séparés pour les deux sexes. Non pas en raison d'une discrimination positive masquée, mais parce qu'on s'est aperçu que, sans cette disposition, il n'y aurait que des femmes pour occuper les emplois administratifs. Cela devra-t-il se produire dans d'autres domaines ? Qui sait ? Et pourquoi pas, d'ailleurs ? Je me suis laissé dire que, pour la première fois dans l'Histoire, les candidats admis au concours d'entrée 2010 d'une des plus prestigieuses écoles vétérinaires françaises avaient été à 100 % des candidates. Elles auront eu du mérite et elles auront gagné leurs galons[28]. Elles pourront, à partir de là et par la grâce de l'orientation individualiste de nos sociétés, revendiquer des statuts respectant jusque dans sa spécificité le moindre de leurs désirs. Pourquoi pas, d'ailleurs ? Pourquoi nos sociétés industrieuses ne se féliciteraient-elles pas de cet énorme apport ? N'en tireraient-elles pas les plus avantageux profits ? Il est vrai que les revendications féminines multiformes sont susceptibles, en termes d'organisation, de poser des problèmes aux entreprises. Mais n'est-ce pas le rôle des DRH dont elles disposent d'y faire face en sortant de leur routine et en faisant preuve d'imagination ?

Exit le patriarcat qui s'est en quelque sorte lui-même sabordé pour s'être laissé berner par la non-limite et n'avoir, du coup, pas su négocier avec la logique

---

28. On pourrait imaginer que les performances intellectuelles des femmes, qui n'ont rien à envier à celles des hommes quand elles ne les dépassent pas, attesteraient du fait que les femmes ont cessé de se situer dans la nature et auraient accédé elles aussi à la culture. Ce serait une erreur regrettable et consécutive au double sens du mot « culture », lequel désigne tout autant les différents champs de savoir qu'un ensemble de caractéristiques qui l'opposent à la nature. Les femmes demeurent du côté de la nature. Et il suffit, pour s'en convaincre, de voir combien leurs réflexes et leurs comportements de mères sont identiques quel que soit leur « niveau de culture ».

féminine[29]. Et du coup, cette logique s'impose avec encore plus de force ! L'opposition qui lui était indispensable a en effet disparu, et on se retrouve, qu'on le veuille ou non, face à un triomphe féminin et à une forme de survie masculine. Laquelle fait preuve d'une tragique indigence d'imagination en ne trouvant à opposer à cette évolution que sa passivité devant le maintien scandaleux des inégalités.

L'inégalité des sexes en droit n'est cependant pas le fait des hommes ou de l'ensemble des hommes. Elle est celui de la logique du capital mondialisé, version financière, autrement dit néolibérale. Du capital qui, tout particulièrement dans le rapport que nos sociétés occidentales ont développé à la victimologie, a tout intérêt à alimenter le conflit. Voilà qui occupe suffisamment l'esprit du public pour lui éviter de prétendre fourrer son nez dans ce qui ne le regarde pas et sur quoi il ne doit en aucun cas pouvoir intervenir. La preuve en est que ladite inégalité existe même dans les entreprises à direction féminine et que le patronat, dirigé depuis longtemps en France par une femme qui en a pourtant fait mention, n'a pas cru devoir en faire une priorité, comme il l'aurait pu. Pas plus qu'en Allemagne, Angela Merkel – comme toutes les femmes chefs d'autres États, y compris celles qui l'ont été – n'a inscrit ce problème dans son programme de gouvernement. Si la situation est telle qu'elle est et que les femmes sont encore maltraitées, c'est donc surtout, outre les raisons que j'ai données, parce que nous sommes allés un peu trop vite en besogne et que nous avons cru pouvoir rapporter l'échec de la lutte contre les inégalités à la persistance de la différence des sexes. Nous

29. On trouvera dans mon livre *L'enfant bien portant* (*op. cit.*) aux pages 409 à 415, un long discours en ce sens, que j'avais rédigé dès la première édition de cet ouvrage en 1993 et qui posait déjà la nécessité pour nos sociétés de prendre en considération les revendications féminines légitimes et de trouver les moyens de les satisfaire sans créer les déséquilibres auxquels on assiste.

sommes ainsi parvenus à détourner l'attention de chacun sans lui permettre de prendre acte de l'énorme importance de ce qu'on lui intime l'ordre de sacrifier dans son vécu.

Or, j'y reviens, tout cela n'est pas sans menacer l'homéostasie nécessaire aux unes et aux autres !

Et ce n'est pas tout. Car, pour chacun sans distinction de sexe, revisiter même à son insu la palette de ses émotions œdipiennes, c'est se faire à nouveau sensible à la dictature du plaisir et le rechercher sans cesse, dans tous les registres, et en toutes circonstances. C'est se faire perméable à souhait aux sortilèges déployés par la société de consommation. C'est devenir adepte forcené de cette consommation qui instrumentalise sans distinction tout ce qui se présente à sa portée, y compris l'humain qu'elle a toute facilité d'asservir à ses propres démons. En mettant fin, sous les applaudissements des courants subversifs de tous bords, au tabou sexuel et à la censure de la pornographie, la société de consommation a jeté de l'huile sur le feu du combat opposant la limite à la non-limite, convertissant les tenants de la première et aggravant leur défaite en donnant un coup de fouet supplémentaire au déplacement qu'elle avait déjà opéré.

Le formidable succès d'un livre tel que celui de Catherine Millet[30] n'est certainement pas tant dû à son écriture, pourtant admirable, qu'à ce qu'il révèle d'une sexualité féminine fascinante quand elle se déploie pleinement dans la non-limite. La publication d'un livre comme celui-là aurait été simplement impossible quelques années auparavant. D'abord à cause de l'existence d'une censure qui, heureusement, a enfin été levée. Et aussi parce que jamais les femmes n'auraient pensé à écrire un tel ouvrage. On sait bien que la plupart des ouvrages qui étaient censés les faire parler de leur sexe étaient écrits par des hommes.

---

30. Catherine Millet, *La Vie sexuelle de Catherine M.*, Paris, Le Seuil, 2001.

Pourtant, des femmes comme Catherine M., il y en a toujours eu – Messaline, Lucrèce Borgia ou Catherine II ne datent pas d'hier ! – sans qu'on l'ait su, et infiniment plus qu'on ne le pense, partout et dans toutes les couches de la société. Cependant, elles ne donnaient aucune publicité à leur comportement. Elles-mêmes auraient trouvé cela inconvenant – un mot fort au sens de l'époque. Malgré leur discrétion et leurs précautions, on parlait d'elles au XIXe siècle, en les traitant de femmes « pas comme il faut ». Un qualificatif qu'Alexandre Dumas père se plaisait à tourner en dérision en disant : « Les femmes qu'on dit pas comme il faut sont des femmes comme il nous en faut ! » Une manière de signaler que leur comportement sexuel, qui leur permettait d'assumer pleinement leur hétérosexualité et de ne pas entretenir leur insatisfaction, faisait faire aux hommes l'économie du sentiment de castration créé par l'insatisfaction féminine encore plus marquée à l'époque.

Voilà qui paraît sans doute plus difficile à concevoir ou à imaginer que la soudaine profusion des clubs échangistes ou la multiplication des « parties fines » qui se déroulent partout, dans tous les milieux sans distinction de niveau ou de classe et qui semblent devenir le meilleur moyen de se fabriquer des carnets d'adresses et des réseaux d'influence. Toujours est-il que le changement survenu dans le rapport des femmes vis-à-vis de leur sexualité, et plus encore ce qu'elles sont parvenues à en dire, a largement contribué à la fascination exercée par la non-limite en particulier sur les hommes. Qu'on les ait vus y adhérer et s'y convertir, pour regrettable que ce soit, semble avoir été pratiquement inévitable. Le rapport à la jouissance est plus contagieux encore que la peste. Quand on pense que Freud confiait à Jung, sur le paquebot qui les conduisait aux États-Unis : « Ils ne savent pas que nous leur apportons la peste ! », il se retournerait dans sa tombe au constat des mesures qui sont non seulement parvenues à éradiquer la peste mais à semer bien pire que le choléra.

Rien d'étonnant dans la facilité avec laquelle s'opère, avec les effets que je viens de décrire, ce retour à la phase œdipienne du développement. Elle est la plus déterminante qui soit pour le devenir de chacun. Elle intervient dans tous les choix qu'il fera sa vie entière, au point de constituer la grille souveraine de lecture dont se servent les psychanalystes pour décrypter le discours de leurs patients. Elle laisse même très tôt entrevoir la manière dont elle interviendra dans la relation que vont entretenir beaux-parents, brus et gendres ; car, homme comme femme sont condamnés à n'épouser en quelque sorte que leur mère. Cette phase rend si bien compte du parcours d'un sujet qu'on peut la retrouver figurée par l'antique théorie du yin et du yang des Chinois sous la forme d'une courbe dont la trajectoire est référencée à deux axes perpendiculaires, le vertical représentant le père et l'horizontal représentant la mère, qui illustrent l'interaction qui intervient dans la relation de l'enfant à chacun de ses parents.

Parce que, même si je ne l'ai pas encore clairement dit, l'enfant n'est jamais seul dans cette aventure. Et les actions respectives de ses deux parents sont loin, très loin, d'être neutres ou sans importance. Elles sont même bien plus déterminantes qu'on ne le croit.

L'enfant d'abord ou le couple d'abord ?

Je ne reprendrai pas ici par le détail ce que j'ai écrit dans mes précédents ouvrages. Je n'en exposerai, comme je l'ai fait pour le développement de l'enfant, que l'essentiel. Je reprendrai seulement la représentation empruntée aux Chinois d'un parcours figuré comme une courbe cadrée par un référentiel bi-axial.

En rappelant une fois de plus que la vie, comme je l'ai montré, est bornée par la mort et que tous les processus qui y interviennent sont le résultat, dans une visée homéostatique, d'un équilibre précaire entre deux forces équivalentes et opposées. Il est facile d'imaginer à partir de là que la courbe idéale du parcours d'un sujet pourrait être constituée d'une série de points distribués autour d'une ligne faisant un angle de quarante-cinq degrés avec chaque référentiel. Ce qui laisse entendre que l'énergie déployée par chacun des deux parents pour tracter l'enfant à lui, met ce dernier à une saine distance et de l'un et de l'autre, lui assurant un maximum d'indépendance et d'autonomie.

Au début de l'histoire de l'espèce, le parcours de l'enfant restait indéfiniment parallèle à l'axe des abscisses quand il ne se confondait pas longtemps à lui.

Avec l'avènement du père, les choses ont changé. Non pas parce que le père s'est d'un seul coup préoccupé de ses enfants. Les choses se sont passées différemment. Cet homme, à qui une femme a été dévolue, n'a certainement pas eu d'autre préoccupation que de profiter égoïstement de son aubaine. Il disposait enfin, sans encourir de risque, d'un objet sexuel qui lui appartenait en propre. Il n'avait que le souci d'en user à sa seule et unique convenance. Ce faisant, sans le savoir ni même le vouloir, il est parvenu à retirer à l'enfant la toute disponibilité de sa mère. Le potentiel mortifère qu'il déploie, sans même le vouloir mais qui est vécu comme tel par la mère et par l'enfant, fait faire à l'une et à l'autre l'expérience récurrente d'une distance. Si la mère ne se laisse pas atteindre et attend patiemment les retrouvailles, l'enfant, lui, ne manque pas d'en tirer paradoxalement profit en prenant conscience de ses ressources propres et en explorant au plus tôt l'étendue de son autonomie.

C'est sur cette toute première frustration, la plus importante, que se grefferont ultérieurement toutes les autres. L'enseignement important qu'elle apporte, c'est que le père n'en est pas l'agent direct. Il en est l'agent indirect, son action n'intervenant que sur la mère. Mais cette action aura pour effet d'entamer les liens qui lient cette mère à son enfant. Elle le fera plus résolument encore aux étapes ultérieures de l'histoire quand le corps social soutiendra, instituera, le père et contraindra la mère à lui reconnaître la primauté de sa place.

Il en sera toujours ainsi pour tout ce qui interviendra dans l'entreprise d'éducation. La psyché l'enregistre sur ce mode puisque la mère est, comme je l'ai dit, parfaitement représentée dans l'inconscient, en particulier comme celle qui, par nature, est toujours disposée à répondre « oui » aux demandes de son enfant, alors que le père n'est représenté que comme une métaphore qui bride cette disposition. Si bien que tous les « non » que l'enfant rencontrera seront perçus par lui, quel qu'en soit l'auteur, comme émis « au nom du père ». Il en irait comme si la mère ne pouvait pas se résoudre à avoir mis son enfant au monde et qu'elle continuerait de vouloir satisfaire l'intégralité de ses besoins comme son corps l'avait fait tout au long de la grossesse, tentant de tisser patiemment autour de lui ce que j'ai appelé un « utérus virtuel extensible à l'infini ». Alors même que le père l'encouragerait, voire exigerait d'elle, fût-ce même indirectement, qu'elle parachève la mise au monde que son corps avait inaugurée.

Nous retrouvons une fois de plus et jusqu'à nos jours, dans ces différences radicales, l'opposition entre la non-limite naturelle de la sexualité féminine et la limite naturelle, assumée et imposée comme telle, qui prévalait jusqu'à ces dernières décennies dans la sexualité masculine. Entre l'investissement inchangé de la nature et celui, têtu et organisateur, de la culture.

Le père en question

On imagine sans peine les débats qui ont dû se faire jour autour de ces oppositions, surtout sur ce terrain. Les femmes, au sexe si discret, n'ont pas dû manquer, pour au moins faire reconnaître le bien-fondé de leur puissance, d'exciper de leurs ventres de mères dont la prestance n'avait rien à envier à celle du sexe masculin. Ce que le droit romain a résumé un jour en énonçant que *mater certissima, pater semper incertus*. Cela n'a pas dû manquer non plus à un moment ou un autre de susciter, par mimétisme, chez les pères le désir d'asseoir leurs prétentions et leur pouvoir institué sur un argumentaire et des preuves. Leur entreprise va se révéler en phase parfaite avec l'extrême lenteur de l'évolution.

Qu'on en juge.

C'est seulement, comme nous l'avons vu, avec la maîtrise de l'élevage et de l'agriculture, c'est-à-dire il y a 12 000 à 15 000 ans, et avec la manière dont les hommes ont modifié leurs comportements que la problématique s'est fait jour. Les pères, prenant appui sur les conclusions tirées de leur expérience, se sont désignés comme tels pour la première fois dans l'histoire de l'espèce. Ils seront ainsi désignés par la suite dans les textes dont on dispose, sans qu'aucune explication n'ait été apportée à la légitimité de la place qu'ils auraient investie arbitrairement, en la confisquant en quelque sorte à la mère.

Il a fallu attendre des millénaires pour qu'Aristote apporte, autour de l'an 350 avant notre ère, l'explication, la toute première donc, qui était assurément attendue. La femme, dit-il, est un « homme imparfait », tout d'abord parce qu'elle est incapable de transformer son sang en sperme et qu'ensuite elle en perd régulièrement. Ce qui la rend froide puisque, lorsqu'un humain est vidé de son sang, il se refroidit et meurt. Cela la rend donc incapable d'assurer la coction de l'enfant en elle. Elle n'y parviendrait pas si elle ne pouvait bénéficier, grâce à la relation sexuelle, de la chaleur de l'homme. Conclusion : si la mère porte l'enfant en elle, c'est le père qui en permet la croissance en assurant sa coction. Ce qui justifie les droits qu'il s'est donnés et qui inspireront tous les textes de loi destinés à les entériner. Contre le *certissima* dont la mère a toujours pu se prévaloir, il excipera du soutien social. Ce sera même repris dans l'*Orestie*, que je rappelle ici, où Eschyle[31] fait dire à Apollon : « Une mère n'est pas celle qui engendre celui qui est appelé son enfant, mais celle qui nourrit la semence plantée en elle. Celui qui engendre, c'est celui qui la féconde. »

Cette théorie de la coction régnera sur les discours médicaux, philosophiques, religieux et autres pendant vingt siècles, c'est-à-dire deux millénaires. Elle sera relayée par la théorie homonculiste élaborée à partir de la découverte, vers le milieu du XVIIe siècle, du spermatozoïde grâce au microscope[32]. Tout cela sera remisé au placard un peu plus de deux siècles plus tard, quand la génétique expliquera que l'œuf se forme à partir de la fusion de deux cellules sexuelles dites haploïdes, parce que chacune d'elles apporte une moitié des chromosomes qui lui sont nécessaires.

On croira le problème définitivement résolu. L'enfant qui niche neuf mois dans le ventre maternel, n'aurait tout simplement pas pu être conçu sans l'apport génétique du père. Lequel, faute d'autre moyen, aurait droit à un soutien sociétal qu'il a toujours eu et qui était parfaitement justifié puisqu'il était destiné à contrebalancer l'énorme avantage que constitue la grossesse pour la mère.

---

31. Jacqueline de Romilly, *Jacqueline de Romilly raconte l'*Orestie *d'Eschyle*, *op. cit.*

32. Pour plus détails sur cette question, on peut se reporter à Aldo Naouri, *Les Pères et les Mères*, *op. cit.* et à *Éduquer ses enfants. L'urgence aujourd'hui*, *op. cit.*

On sait la suite. À partir des années 1970, les sociétés occidentales, sous la pression des mouvements contestataires de tous bords et au motif de mettre en œuvre la démocratie à tous les niveaux, ont décidé de mettre un terme définitif aux dispositions du patriarcat et ont retiré définitivement leur soutien au père. Elles ont rejeté la notion de « puissance paternelle » pour la remplacer peu à peu par celle de la « coparentalité ». Elles ont néanmoins laissé au père le statut de chef de famille pour ce qui concerne la résidence de la famille. Ce n'était pas grand-chose, cela ne tirait pas à conséquence et ne pouvait en aucune façon obérer l'entreprise de démocratisation de la cellule familiale – si tant est qu'un tel motif n'ait pas eu à en masquer un moins avouable. Voilà même qui créait une sorte d'équilibre pouvant satisfaire à la nécessité d'homéostasie : face à l'avantage conféré à la mère par la grossesse, on offrait un avantage au moins formel au père.

Cet avantage a été abrogé en 1972. Le gouvernement de l'époque, soucieux de résorber le chômage, a imaginé pouvoir renvoyer en Algérie les ouvriers algériens à qui il offrait une prime de départ. Comme on s'est soudain avisé que quelque 5 800 enfants de père algérien et de mère française risquaient de devoir suivre automatiquement leur père, on a modifié le Code de la famille. On a supprimé la notion de chef de famille pour pouvoir plaider les dossiers un à un. À partir de là, l'évolution des problèmes n'a cessé de s'accélérer. Le féminisme a conquis les masses. Le couple, à l'entente désormais réputée précaire malgré le choix passionnel et libre des partenaires, a été décrédibilisé. Ce qui est allé de pair avec la promotion de la sexualité comme valeur première. Les femmes étant censées être autorisées à recouvrer quelque chose de la non-limite de leur sexualité et les hommes réputés pouvoir se consoler des limites de la leur par la multiplication des partenaires. Le taux de divorces a alors explosé et les familles recomposées autant que monoparentales se sont multipliées. L'enfant a été décrété comme devant être hissé au sommet de la pyramide familiale dont il est devenu convenu de dire que le tissu était profondément atteint. Et peu importe, parce que personne n'y pensait, que tout ce qui faisait le soubassement symbolique des lois en ait pris un coup. L'individu revendiquait le respect du moindre de ses désirs. Ce droit lui était reconnu même si le lien social semblait plus ou moins clairement en pâtir.

C'est la raison pour laquelle un travail publié en 1984 par un biologiste allemand[33] est passé totalement inaperçu et reste toujours ignoré même des médecins. Il démontre que le placenta et le cordon ombilical sont d'origine paternelle exclusive. C'est-à-dire qu'ils sont régis par les gènes du seul spermatozoïde, ceux, identiques, qui sont portés par les chromosomes féminins étant naturellement inactivés. Quand on sait que le placenta est un filtre qui s'interpose entre le corps de la mère et celui du fœtus pour régler leurs échanges et les empêcher de s'entre-tuer, il n'est pas exagéré de dire que c'est là une parfaite métonymie de la fonction du père dans l'environnement familial. Qu'a fait le père, dès qu'il a pris conscience de son implication dans la procréation ? Qu'a-t-il fait avec ses tentatives d'explications de son rôle dans la reproduction, sinon, chercher à tâtons, à mettre en œuvre dans le champ social une fonction que la nature avait prévue comme la sienne ?

Qui cela a-t-il intéressé ? La dérive avait pris sa vitesse de croisière, et plus personne ne pense devoir ou pouvoir en freiner le cours.

33. J. McGrath et D. Solter, « Completion of embryogenesis requires both the maternal and paternal genomes », *Cell*, 1984, 37, p. 179-183.

À mère victoire

Et dire que tout cela s'est produit avant qu'on ait décrypté ce qui se passe d'au moins aussi surprenant du côté des mères ! Car c'est seulement dix ans plus tard qu'on s'est mis à s'intéresser aux mitochondries et à en découvrir l'importance insoupçonnée jusque-là.

Les mitochondries sont des inclusions intracellulaires. Toutes les cellules vivantes, animales comme végétales, en comportent en moyenne deux cents. Leur chiffre peut aller jusqu'à mille pour les cellules cérébrales ou pour les cellules musculaires quand les unes et les autres entrent en activité. Ce sont des inclusions d'un millième de millimètres et dont on savait – c'est ce que j'ai appris pendant mes études, il y a plus de cinquante ans – qu'elles constituaient un réservoir d'énergie. On s'est aperçu qu'elles étaient bien davantage. C'est bien en leur sein en effet que se produit l'essentiel de la transformation du sucre et des graisses en énergie. Mais on s'est aperçu de deux détails supplémentaires. On a tout d'abord compris leur origine. Elles sont le résultat d'une symbiose, survenue il y a deux milliards d'années, quand l'atmosphère s'est enrichie en oxygène, entre les cellules vivantes et une alpha-protéobactérie. Elles valident on ne peut mieux à cet égard la théorie de l'évolution. Elles comportent un ADN qui leur est spécifique et qu'on écrit de façon conventionnelle ADNmt. L'ADNmt est très petit, ne comportant qu'environ 16 500 bases, alors que l'ADN du noyau de la cellule comporte trois milliards de bases. Il fonctionne de façon autonome, les mitochondries pouvant se multiplier dans la cellule sans qu'intervienne l'ADN du noyau. C'est lui qui a permis l'étude de la génétique des populations. Il est en effet d'origine maternelle exclusive. Ce qui veut dire que chacun d'entre nous, homme ou femme, porte dans ses cellules un ADNmt qui lui vient de sa mère et, par l'intermédiaire de cette dernière, du fin fond de sa seule généalogie féminine, aussi loin pourrait-il la faire remonter. En effet, au moment de la fécondation, le spermatozoïde injecte seulement son noyau (qui comporte les 23 chromosomes paternels) et pratiquement rien d'autre.

L'œuf fécondé ne comporte donc pas l'ADNmt du père. Ce dernier n'est rien d'autre, comme on l'aura compris, que l'ADNmt de la mère de ce père. Ce qui reviendrait à dire que, dès la fécondation, les processus biologiques font que la bru élimine dans son futur enfant une marque spécifique de sa belle-mère, laquelle la tenait de toutes les généalogies de femmes au-dessus d'elle. Rapporter à cette seule authentique élimination l'agressivité de ces deux femmes entre elles serait excessif, sauf à en faire une métaphore : la belle-mère serait quelque part – si on veut bien assimiler les mitochondries à un lieu – interdite d'accès par sa bru aux enfants de son fils, lequel accès serait à l'inverse largement ouvert à la mère de la bru !

Il faut néanmoins savoir qu'en de rares exceptions, comme l'atteste la transmission paternelle de certaines pathologies dites mitochondriales, il arrive que le spermatozoïde transmette un certain nombre de ses mitochondries. Et ce n'est pas sans intérêt. Les études phylogénétiques qu'on a poussées sur ce point sont parvenues à mettre en place le concept d'« Ève mitochondriale », ancêtre féminine de toute l'humanité, qui aurait vécu il y a 150 000 ans[34] et dont descendraient en ligne directe toutes les femmes. Tout comme il a été imaginé par l'étude du chromosome Y, un « Adam-Y-chromosomique ». Un professeur de génétique d'Oxford a ainsi entrepris une

34. Ce chiffre, relativement récent par rapport aux huit millions de l'origine de l'espèce et à d'autres datations que j'ai indiquées, ne doit pas surprendre. La paléontologie a montré que l'espèce humaine, au cours de son évolution, a été faite de nombre de ce qu'on pourrait appeler des sous-espèces qui se sont succédé après avoir cohabité pendant un laps de temps.

étude sur la population européenne, dont il a démontré qu'elle descendrait de sept ancêtres qui seraient à la source de sept clans[35]. Il a compté pour le reste du monde vingt-six autres clans, dont treize concernaient la population africaine. Un clan se forme quand, au cours de générations successives, des femmes engendrent des filles. Dès qu'une femme donne naissance à un garçon, elle met fin, tout au moins par la voie de ce garçon, à la transmission de son clan. Voilà, si on pousse l'hypothèse jusqu'au bout, un autre facteur permettant de comprendre l'agressivité de la belle-mère à l'endroit de sa bru : elle la jalouserait d'être en position de pouvoir poursuivre la transmission de son clan d'origine, alors qu'elle aura, elle, interrompu cette transmission en ayant procréé un fils.

Quelques années après qu'on s'est intéressé à l'ADNmt, au moment où on s'est mis à s'intéresser aux propriétés générales des cellules souches, ont démarré des travaux qui se multiplieront à partir de 2001 et qui parviendront à démontrer que dès qu'elle devient mère, une femme devient une chimère génétique[36]. On nomme ainsi un organisme qui a deux, ou plus, différentes populations de cellules génétiquement différentes. Or toute mère conserve dans sa circulation, et pour sa vie entière, à raison de une à six par millilitre[37], des cellules souches de l'enfant qu'elle a un jour porté, qu'elle soit parvenue à le mettre au monde ou qu'elle en ait avorté. On est également parvenu à prouver que ces cellules peuvent demeu-

35. Bryan Sykes, *Les Sept Filles d'Ève. Génétique et histoire de nos origines*, Paris, Albin Michel, 2001.

36. D. Lissauer, K. P. Piper, P. A. H. Moss et M. D. Kilby, « Persistance of fetal cells in the mother : friend or foe ? », *BJOG*, novembre 2007, 114 (11).

37. Notons, pour fixer les idées autour de ce chiffre, qu'il est égal, voire supérieur, au pourcentage des polynucléaires basophiles et éosinophiles qui sont comptés lors des numérations formules sanguines courantes.

rer silencieuses des années durant puis intervenir, sans qu'on sache pourquoi ou comment, dans les processus immunologiques maternels parvenant à produire des guérisons de maladies maternelles, mais aussi, parfois à en déclencher.

Pouvait-on soupçonner, indépendamment du lien affectif et psychique, un lien de cette consistance entre une mère et ses enfants ? Une mère *porte en elle, réellement, sa vie durant*, sinon son enfant, du moins *quelque chose de cet enfant* ! Peut-on en inférer un effet spécifique ? Certainement pas, du moins dans l'état actuel de nos connaissances. Toutefois, quand on lit les communications qui dissertent sur les guérisons et les éventuelles maladies qui surviennent et qui impliquent les cellules souches des enfants chez la mère, on ne peut s'empêcher de trouver regrettable que l'enquête médicale n'ait pas été doublée d'une étude de type psychanalytique qui aurait pu rendre compte de la relation que la mère et l'enfant entretenaient entre eux au moment de la survenue de l'événement.

La cerise sur le gâteau est venue avec l'exploration biologique des émotions[38] et en particulier du lien amoureux[39]. On a compris l'importance de l'ocytocine en tant qu'hormone du bien-être. On s'est aperçu que sa sécrétion par la posthypophyse était suscitée, dans les deux sexes, par un stimulus qui leur était commun : le coït. Or seule la femme disposait d'un second stimulus, aussi puissant que le précédent : l'enfant. Les deux parents se retrouvent donc dans une totale asymétrie, la mère d'un enfant pouvant se passer de relation sexuelle et entamer d'autant les effets de la place du père auprès de l'enfant. Ce cas de figure se rencontre de plus en plus souvent et explique

38. Jean-Didier Vincent, *Biologie des passions*, Paris, Odile Jacob, 1986.

39. Lucy Vincent, *Comment devient-on amoureux ?*, Paris, Odile Jacob, 2004.

la fragilité qui affecte les couples actuels après la naissance d'un enfant.

Si on associe cette incursion du côté biologique maternel à la véritable programmation sensorielle que fabrique la gestation chez l'enfant, on obtient un tableau consistant de ce qui fait du lien de ces deux personnages, autre chose qu'un problème de « tripes », quel que soit le respect légitime que suscite l'expression !

Bilan ?

Le patriarcat a soumis les femmes et les a maltraitées. Je n'ai pas besoin de dresser les actes du procès qu'il a mérité et qui n'avait que trop tardé. À notre époque où la victimologie et la compassion ont le vent en poupe, ce procès a été amplement instruit, parvenant parfois à faire passer pour des anges les tenant(e)s d'une vengeance terrible et sans pitié. Tout ce qu'on dira sur ce point est objectivement indéniable. Et même révoltant au-delà du dicible. Surtout quand on trouve normal de faire usage de nos critères actuels et qu'on entreprend de malmener l'Histoire en étouffant la moindre nuance que pourrait introduire une relativisation.

La méconnaissance de la lenteur du progrès au sein de l'espèce a entraîné des réactions brouillonnes et d'une férocité qui disqualifierait leurs promoteurs s'ils en avaient le moindre souci. Le mal est fait. Et ce qui a été détruit ne va pas se reconstruire de sitôt, si tant est qu'il puisse l'être un jour.

Les morales et les codes sociaux antiques qui en ont découlé ont été accusés de ne s'être jamais souciés d'établir entre les sexes au moins une égalité en dignité. Si quelque chose a été initié en ce sens, comme en témoigne le cinquième commandement du décalogue hébraïque

« Tu honoreras ton père et ta mère » (traduction habituelle mais très approximative[40]), il n'a été question que de *la* mère et non des femmes. C'est sans doute ce qui a fait que lorsqu'on s'est récemment avisé de réduire les inégalités, réellement inacceptables, on s'est trompé de cible. On s'est attaqué non pas aux inégalités, mais aux différences qu'on a décidé de supprimer, sans prendre garde qu'on attentait alors gravement à la première richesse des rapports humains.

Je me souviens d'un propos que j'ai entendu, il y a plus de vingt ans, dans la bouche d'une personne censée savoir ce que parler veut dire. C'était à la radio, au journal de treize heures. On interrogeait la dame en question, gynécologue-obstétricienne connue, sur le fait – c'était une grande première – qu'en Italie, une femme de 62 ans avait réussi, grâce aux nouveaux moyens médicaux, à mener à bien une grossesse. Elle a répondu, je cite de mémoire : « Les hommes peuvent procréer jusqu'à la fin de leur vie, alors que les femmes, sur ce plan, sont frappées par la ménopause. Il appartient à la médecine de corriger cette "injustice [*sic*]". » Faire d'une différence une injustice, c'est quoi ? Il est injuste que les Noirs soient noirs, les Blancs, blancs, les blonds, blonds, les bruns, bruns, que les roux supportent mal le soleil, que les Asiatiques aient les yeux bridés et les Kanaks les cheveux crépus ? Comment a-t-on pu en arriver là et comment a-t-on pu et peut-on continuer sur cette même voie ?

Est-ce pour lutter contre le racisme – mais qui est raciste, celui qui respecte les différences ou celui qui en fait une injustice ? – qu'on a érigé l'unisexe en logo des âges nouveaux ? On peut toujours le dénoncer, il est là. Et il a ouvert la voie à la théorie selon laquelle le sexe anatomique n'aurait pas de sens puisque ce serait le genre qui primerait et qui définirait l'individu. L'enseignement

---

40. La traduction littérale est : « Tu conféreras leur (juste) poids à ton père et à ta mère. »

de cette théorie des genres a été rendu obligatoire par notre ministère de l'Éducation nationale depuis septembre 2010 et a même été inscrit au programme de SVT (sciences de la vie et de la Terre) des classes de terminale, pour faire croire qu'elle avait une base scientifique, alors qu'il s'agit d'une option d'essence purement idéologique. Aux États-Unis, les documents administratifs ont déjà remplacé les rubriques « père » et « mère » par « parent 1 » et « parent 2 ». Tout cela donne deux perdants : les hommes interdits de prérogatives et devenus pleutres, d'une part, et les femmes qui ont été soudain amenées à se demander où étaient les hommes et ce qu'ils étaient devenus, d'autre part. Voilà qui recoupe le constat paradoxal d'une prix Nobel, très respectée et considérée comme une grande féministe, Doris Lessing, quand elle déclarait[41] : « Le féminisme a accompli de grandes choses. Nous avons obtenu pas mal d'égalité, du moins en matière de salaires et de carrières [...], mais qu'est-il arrivé aux hommes ? [...] Des femmes stupides, ignorantes et méchantes peuvent déprécier les hommes les plus doux, les plus gentils et les plus intelligents qui soient, et personne ne proteste. Les hommes semblent si avachis qu'ils ne répliquent même pas. Il est temps qu'ils s'y mettent. »

La pire belle-mère de bru ne tiendrait pas un tel langage ! Et je peux témoigner, à partir de quarante ans d'exercice de mon métier que les femmes « stupides, ignorantes et méchantes » sont infiniment plus nombreuses qu'on ne l'imagine.

Comme je m'étonnais un jour auprès de ce père de sa lucidité et de la rare justesse des propos qu'il tenait autour du partage des rôles dans la famille, il m'a répondu avec un air amusé : « J'ai comme tout le monde, une histoire. Mon père

41. Interview donnée à Marion Van Renterghem et parue dans *Le Monde* du 10 septembre 2001.

était un banquier brillant et très intelligent. Ma mère était une femme belle, mais stupide. Tout le temps que j'ai vécu avec eux, je n'ai jamais vu l'intelligence l'emporter sur la bêtise. J'en ai pris plein la gueule, mais ça m'a aussi donné une leçon. »

Un cas clinique plus étoffé illustre encore mieux ce propos et montre, à l'encontre de ce que propose Doris Lessing, qu'au point où nous en sommes arrivés, même lorsque les hommes « répliquent », la partie est loin d'être gagnée.

J'ai tous les pouvoirs !

« J'ai tous les pouvoirs ! » C'est le cri que pousse de façon récurrente Nora, 30 ans, quand Bertrand, 40 ans, l'accule à devoir reconnaître ses excès et le potentiel néfaste de son comportement sur l'enfant qu'elle lui a fait faire.

Leur histoire est aussi caricaturale qu'édifiante.

Nora, banquière, était depuis cinq ans en ménage avec un collègue, Virgile, 34 ans, avec lequel elle n'avait plus de relation sexuelle depuis de nombreux mois, quand elle a entamé une aventure avec Bertrand, un beau journaliste antillais. Quand elle se découvre enceinte, elle en avertit ce dernier en même temps qu'elle confesse sa relation à Virgile, qui ne réagit pas. Comme elle s'est débrouillée pour avoir, dans les semaines précédentes, un semblant de relation sexuelle avec lui, elle déclare à chacun des deux hommes tantôt que c'est l'un qui est le géniteur, tantôt que c'est l'autre. Cela perturbe seulement Bertrand, tandis que Virgile se dit prêt à assumer toutes les situations. Elle continue sans s'émouvoir cette politique de va-et-vient tout au long de la grossesse, allant même jusqu'à demander à Bertrand d'assister aux échographies. Lui ne sait plus quoi penser ; il hésite à aller à la mairie reconnaître cet enfant comme le sien. La sanction tombe : lorsque Sonia vient au monde, alors même que Nora avait exigé de lui d'être avec elle en salle de travail, c'est Virgile qui est déclaré légalement père.

Cependant, la petite fille, toute rose à la naissance, se met à foncer. Ravi du constat, Bertrand décide de revendiquer son enfant. Il se heurte alors aux dénégations de Nora qui affirme avoir elle-même des ancêtres noirs et qui organise son existence en continuant de jouer de ses deux partenaires. Elle continue de cohabiter avec Virgile, qu'elle prie certains soirs d'aller faire un tour, concédant à Bertrand la possibilité de venir voir son supposé enfant à condition de lui faire l'amour. Comme ce dernier renâcle et proteste, elle lui rappelle qu'elle a « tous les pouvoirs et tous les droits ». Un soir que les choses ne se passent pas exactement à son gré, elle va jusqu'à lui promettre de venir habiter chez lui et de lui concéder la paternité de l'enfant, à la condition expresse qu'il déménage pour un appartement en rez-de-chaussée, plus sûr en cas d'incendie, et qu'il se débarrasse de son chat, potentiellement allergisant pour Sonia. Elle parachève son entreprise de séduction en allant jusqu'à l'autoriser d'avoir la petite pour une journée entière afin de pouvoir la présenter à ses parents. « J'aime ta queue, lui dit-elle, et je suis prête à l'acheter par des concessions, mais j'aime aussi le fric de Virgile, que tu n'auras jamais. J'ai tous les pouvoirs et tous les droits, ne l'oublie pas ! »
La situation devient impossible au point que Bertrand décide d'en avoir le cœur net et prend le risque de faire pratiquer par Internet un test ADN. Assuré enfin qu'il est bien le géniteur de sa fille, il revendique ses droits plus fermement et va même jusqu'à menacer. Ce dont Nora ne veut rien entendre, décidant au nom de « tous ses droits » d'épouser Virgile en une grande fête et en présence des familles réunies. Bertrand décide alors de saisir la justice. Un test, officiellement ordonné par le juge, reconnaît sa paternité et règle le problème comme en cas de divorce : la résidence de Sonia est fixée chez sa mère. Laquelle, comme on pouvait s'y attendre, fait les pires difficultés pour l'observance des règles, ne cessant pas de dire qu'elle a « tous les pouvoirs » et n'acceptant de s'y soumettre qu'à condition que Bertrand lui concède une

relation sexuelle pendant qu'elle envoie le toujours complaisant Virgile faire un tour…

Que peut-on dire de tout cela par rapport aux situations dessinées par l'évolution de l'espèce ?

Il semble qu'on ait singulièrement régressé. Puisque nombre de mères refusent de plus en plus ouvertement le moindre « partage » de l'enfant. Pas si folle, la Nora. Bien moins folle que ne le pensent éventuellement les deux hommes qu'elle a pris sous sa coupe et le juge qui n'a fait qu'appliquer le droit. Elle est plutôt réaliste et uniquement soucieuse de sa seule personne, assurée qu'elle est, à tort ô combien, que son enfant ne pourra que tirer bénéfice de la force qu'elle manifeste. Bien sûr que les racines de son comportement se trouvent dans son histoire. Bien sûr que sa volonté d'écraser les hommes a été construite par les éléments de son histoire. Bien sûr que la rencontre que font d'elle aussi bien Virgile que Bertrand n'a pas été l'effet d'un hasard : c'est exactement ce qu'elle était et qu'elle n'a pas cessé d'être que l'un comme l'autre cherchaient. Et s'ils l'ont cherchée, c'est parce qu'ils voulaient retrouver, comme toujours, le familier, le connu, l'expérimenté : la maman qu'ils avaient eue et qui avait réussi à les convaincre que la domination féminine est la seule légitime et qu'il n'y a de femme que « toute-puissante ».

Tout cela peut-il constituer une excuse ? On aura beau jeu de dire de Nora, comme je l'ai laissé entendre, qu'elle n'est pas « normale ». On pourra même l'affubler d'une étiquette rendant compte de sa psychopathologie. Je relève pour ma part que son comportement s'explique par une adhésion massive à la non-limite : rien ne peut ou ne doit la contraindre. Il ne faut cependant pas croire que son cas soit aujourd'hui extrême ou exceptionnel. Il est infiniment plus fréquent, même si c'est parfois à de moindres degrés, qu'on ne le pense. C'est pour témoigner de cela que j'ai toujours revendiqué pour seule étiquette, celle du pédiatre que j'ai toujours été. Je n'ai jamais été pédopsychiatre ni psychanalyste. Mon recrutement, de ce fait, n'a jamais été biaisé. Et comme j'ai exercé dans un quartier populaire mais qu'on venait chez moi de partout, je peux dire qu'à bien des égards, la distribution de ma clientèle a été représentative de la population de notre pays. Je peux donc affirmer que j'ai passé le plus clair de mon temps à dénoncer le discours environnemental en intervenant auprès des dizaines de milliers de parents que j'ai rencontrés pour leur faire accepter leurs différences et leur faire prendre en compte leur complémentarité, pour les convaincre, dans leur intérêt et dans celui de leur enfant, de se soucier et de s'occuper d'abord d'eux-mêmes avant de s'occuper de lui.

On pourra toujours dire que si on avait fait l'effort de redresser la barre des conformations sociales en centrant les corrections sur les seules inégalités, on n'aurait probablement pas abouti au gâchis que plus personne ne nie et que chacun déplore. On aurait assurément conservé face à face, au service du lent, très lent, progrès de l'espèce, deux stratégies constructives parce qu'opposées, le pouvoir et la puissance, qui sont aussi différents que complémentaires et se traduisent par deux modalités indispensables à la construction de l'enfant : la subtile rétivité féminine, mise en premier lieu au service sécurisant de la satisfaction des besoins de l'enfant, et, face à elle, l'interposition masculine pondérante et destinée à permettre à cet enfant de s'aguerrir en maîtrisant le plus possible la part vestigiale du registre pulsionnel avec lequel il vient au monde comme le faisait son ancêtre des débuts de l'espèce.

Est-ce une raison pour renoncer définitivement à un tel objectif ?

Est-ce de tout cela qu'une femme, quand elle devient belle-mère de bru, prend soudain conscience ? Si tel était le cas, comment se fait-il, alors, qu'elle se dresse contre un état de fait dont elle a été jusque-là partie prenante ?

On imaginerait volontiers que, ce faisant, elle veuille protéger son fils de la duplicité qu'elle prête à sa bru et dont elle serait en quelque sorte naturellement, et intimement, avertie. Comment expliquer alors qu'elle puisse aussi se dresser contre un gendre quand elle est mère d'une fille ?

Voilà qui ouvre une piste encore insoupçonnée, à savoir que la relation conflictuelle des belles-mères avec leurs brus ou leurs gendres reviendrait à un combat entre belles-mères par enfants interposés. Cela expliquerait que, bien souvent, l'entente des familles, censées s'unir en même temps que le font leurs enfants respectifs, ne dépasse pas le temps des présentations. Les racines de ce qui se joue là sont tellement profondes que chacun en conçoit le caractère inéluctable sans pour autant pouvoir en mesurer les conséquences sur les générations à venir.

Mais avant d'envisager les faits sous cet angle, il convient de commencer par essayer de comprendre ce qui dresse brus et gendres contre leurs belles-mères respectives. Et qui est incontestable, comme nous l'apprennent les cadenas du pont d'Odessa ou encore, en dehors des blogs et des chats qui fleurissent sur Internet, les sites entiers qui y sont consacrés.

Reste à savoir comment faire.

Chapitre 5

UNE QUESTION DÉPASSÉE ?

« Une trop grande proximité engendre la dissension. Seule la bonne distance assure la paix. »

Adage de ma culture d'origine.

« Les jeunes connaissent le monde entier. Mais que savent-ils de la vie de leurs grands-parents ? Le seul terrain étranger qui nous reste est notre passé. »

Propos de l'écrivain allemand
Hans Magnus ENZENSBERGER
recueillis par Émilie LANEZ,
Le Point, 3 juin 2010.

Et si le sujet sur lequel je me penche dans ce livre était en voie d'être dépassé ? Il n'intéresse déjà plus grand monde. Peut-être, bientôt, n'intéressera-t-il plus personne.

Pourquoi faudrait-il en effet trouver à redire à une évolution qui se réclame de celle des mentalités et des mœurs ? N'est-ce pas nourrir l'illusion d'une possible inversion de processus qui ont été placés sous le signe du progrès alors qu'ils étaient fondés sur une alliance contre nature entre des forces diamétralement opposées ? Les mouvements libertaires de toutes obédiences qui ont entrepris de récuser les limites en contestant la différence générationnelle et la différence sexuelle ne se sont jamais préoccupés des effets collatéraux de leur action. Savaient-ils seulement qu'ils faisaient paradoxalement le jeu du capitalisme néolibéral, pour lequel les limites ont toujours constitué une gêne ? Ou bien escomptaient-ils tirer parti de ce que la langue de bois du communisme d'antan aurait désigné comme une « alliance objective » ? Peu importe. Le résultat est là, et lui seul compte : chacune des deux forces a gagné du terrain et le patriarcat a été définitivement évacué. Et les racines même du processus de transmission en ont été affectées. La manière dont se forment et évoluent les couples a en effet considérablement changé.

Nouveaux paysages amoureux

Bien des couples qui se forment aujourd'hui, sinon leur majorité, le font sur un mode d'autarcie jalouse doublée d'une discrétion si pointilleuse qu'elle en devient suspecte, frisant parfois la dissimulation, voire la paranoïa. Cela ne s'était encore jamais vu.

Il y a déjà plusieurs années que ce phénomène est apparu. Et il s'est radicalisé à partir du moment où la maîtrise de la contraception a permis de suspendre le potentiel procréateur de la sexualité et d'en privilégier le plaisir, aussitôt érigé au rang de droit. La dimension de tabou qui entourait cette activité dans la plupart de nos sociétés occidentales s'en est trouvée définitivement évacuée. Pouvait-il être question de respecter la limite infranchissable que trace le tabou quand la notion même de limite était récusée et rejetée ? L'exercice de la sexualité fait désormais partie des occupations les plus ordinaires, pour ne pas dire les plus « naturelles ». C'est pourquoi, dès qu'il le peut, chacun comme chacune s'y lance sans état d'âme.

J'ai assisté à cette évolution. Et je me souviens de la surprise dans laquelle m'a trempé, au milieu des années

1980, mon premier diagnostic de grossesse chez une toute jeune adolescente de quatrième. Ce que j'ai découvert alors des pratiques sexuelles à cet âge m'a laissé sans voix. Des filles à peine pubères n'hésitaient pas, avec une assurance désarmante, à faire état de leurs performances. L'une d'elles m'a ainsi un jour déclaré tout de go : « Cette semaine, je me suis fait cinq garçons différents. » Et quand mes réflexes de médecin hygiéniste sont remontés en moi et que je lui ai dit, la gorge nouée : « J'espère que tu as pris des mesures pour te protéger », elle m'a répondu sur un ton nonchalant : « Ce n'était pas nécessaire ; ils venaient à peine d'être dépucelés par des copines qui étaient encore vierges. » On pratiquait alors le sexe comme on l'a fait quelques années plus tard avec la trottinette puis, plus tard encore avec les consoles de jeux, les iPod et autres engins électroniques. On cédait à la mode. Une mode au demeurant pas si désagréable que ça puisqu'elle allait plus loin que les caresses ou le touche-pipi auxquels étaient censées se borner les générations antérieures. L'environnement social entérinait d'ailleurs le fait et certaines radios, sous prétexte d'en assurer une meilleure gestion, se consacraient même à l'exploitation du phénomène. De quoi le marketing ne tire-t-il pas profit !

J'avais déjà tout de même relevé une différence significative du côté des confidences : c'étaient le plus souvent les filles qui m'en faisaient, et pratiquement jamais les garçons. Il arrivait bien que l'un d'eux me signale parfois que la fille qui l'accompagnait et qui était restée dans la salle d'attente était sa « copine ». Mais ça n'allait pas plus loin et je ne relevais d'ailleurs pas. Il devait sans doute imaginer que je comprenais le nouveau code qu'avait instauré le vocabulaire de sa tranche d'âge. Ce qui n'était pas le cas. Je suis en effet resté longtemps « dépassé » par ces changements brutaux et inattendus, à cause de mon âge et certainement aussi du fait que j'en déplorais la survenue. Au point que j'ai mis, par exemple, beaucoup de temps à comprendre que, lorsqu'un ado ou une ado me parlait d'un ou d'un(e) ami(e) en me disant qu'il ou elle « sortait » avec un tel ou une telle, je devais comprendre qu'ils couchaient ensemble.

Au lieu d'applaudir à ces pratiques, il m'arrivait cependant souvent de signaler à ces jeunes, qu'à leur âge, leurs grands-parents, voire leurs parents, ne souhaitaient, n'espéraient, n'attendaient, n'osaient rien de plus qu'un simple échange de baisers ; qu'ils étaient déjà fous de joie et presque comblés quand ils avaient pu presser légèrement le bras de l'être aimé ou garder quelques secondes sa main dans la leur ; que ces choses toutes simples leur offraient des mois de rêve et de bonheur ; qu'ils s'envoyaient des lettres enflammées quand ce n'étaient pas des poèmes.

Eux souriaient, et sans se départir du respect qu'ils manifestaient à mon égard, ils me faisaient remarquer que rien n'était plus pareil qu'avant, que l'amour n'avait rien à voir dans l'affaire et que, comme tout le monde le faisait, c'était une question de prestige. Je ne m'attardais pas alors à leur dire que, de tout temps, la question du prestige est intervenue à l'âge qu'ils avaient et que ceux qui voulaient s'imposer aux autres se contentaient de faire simplement état du nombre de partenaires embrassé(e)s. J'ai vite mis fin à mes discours en comprenant que, quelque fondé ou investi qu'il soit, aucun propos ne peut lutter contre le délitement de la transmission, la disparition de la mémoire et surtout les orientations d'une machine sociale quand elle décide de fixer de nouvelles normes sans se préoccuper de leurs conséquences, quand elle entreprend de saborder le moteur le plus performant de la sublimation et qu'elle se fixe comme objectif d'uniformiser les populations en flattant leurs pulsions les plus élémentaires.

Les choses semblent tout de même s'être beaucoup calmées depuis. Malgré la quantité de mesures maladroites qui, toutes justifiées qu'elles l'étaient par notre fameux principe de précaution, n'en avaient pas moins des allures de « pousse au crime ». Sans doute cela a-t-il été dû pour beaucoup aux campagnes d'informations sur le sida et au discours parental qui s'en est fait le relais. Les accouplements n'en continuent pas moins de s'opérer tôt et sur un mode si feutré qu'on serait étrangement porté à le croire pudique.

C'est ainsi que ça commence et que ça se passe.

Ça produit ce que ça produit, mais qui semble toujours devoir être tu.

Ça dure ce que ça dure.

Ça se fait, puis ça se défait, pour se refaire, de la même manière ou autrement.

Les parents, un peu perdus et généralement terrorisés par leurs adolescents, en ont pris leur parti. Et d'autant plus facilement qu'ils ont été invités à le faire par un environnement social des plus complaisants autant que par les intéressé(e)s, qui les prient de ne pas se mêler de ce qui n'est pas leur affaire. Il est vrai que c'est déjà un correctif et un singulier progrès par rapport à la période précédente, où les parents croyaient devoir se faire complices et voyeurs de ces aventures au point d'aller jusqu'à les accueillir sous leur propre toit, en offrant le matin le petit-déjeuner au lit aux jeunes qui avaient passé la nuit ensemble.

Le père d'une adolescente, venu avec elle, avait cru devoir me prendre à témoin de sa largesse d'esprit en la matière. Il m'a raconté, non sans une certaine fierté, qu'après le dîner, pour détendre l'atmosphère, il accompagnait le jeune couple jusqu'au seuil de la chambre de sa fille. Arrivé là, il donnait une grande tape dans le dos du garçon en lui souhaitant « bonne bourre » ! Est-il manière plus efficace de malmener la Loi de l'interdit de l'inceste et de compromettre, de surcroît, pour longtemps la sexualité de ces malheureux gamins ? Je ne suis pas le seul à avoir dénoncé des attitudes qui, si elles sont heureusement devenues moins fréquentes, n'en persistent pas moins.

Comme s'ils avaient compris les dangers qu'ils couraient, les jeunes ont entrepris de donner le change. Ils se sont mis à se fréquenter sur un mode infiniment moins ostensible, allant peu sinon jamais l'un chez l'autre, tout en poursuivant assidûment l'aventure engagée ou en passant à une autre ou à d'autres. Ce qui inquiète parfois certaines mères, de garçons en général : « Je me demande si mon fils est normal, s'il ne vire pas homo, je ne le vois jamais avec une fille. Et il n'en a jamais amené une seule à la maison ! Vous ne trouvez pas ça étrange ? » Les mères de filles optent, elles, pour une attitude séductrice plus subtile, usant d'une certaine complaisance, échangeant des vêtements, jouant les copines, les complices, allant parfois jusqu'à se raconter, quand elles n'entreprennent pas de fouiller les coins secrets de la chambre, à la recherche d'indices susceptibles de les édifier tant elles se sentent fondées à faire en sorte que rien ne leur échappe.

Mais les jeunes, dans l'ensemble, résistent et ne changent pas d'attitude. Un peu trop longtemps parfois au goût de leurs parents, qui craignent de les voir s'incruster[1]. Jusqu'au jour où, s'étant plus ou moins longuement essayés, ils constatent que, plus que de s'apprécier et de s'aimer, ils se supportent suffisamment l'un l'autre pour avoir envie de quitter leur foyer respectif et de vivre ensemble. Avec un sérieux des plus méritoires, ils en arrivent parfois à examiner si leur projet est réaliste. Ils font leurs calculs, ils s'informent des dispositions qui s'imposent et, quand les problèmes leur semblent résolus, ils avertissent leurs parents respectifs de leur intention de cohabiter et ils se les présentent mutuellement, sans pour

1. Les sociologues en ont fait des « adulescents » avant d'étendre le terme à la société « adulescente » qui les a fabriqués.

autant que ceux-ci prennent toujours la peine de faire connaissance les uns avec les autres. Cela peut se faire en les mettant devant le fait accompli, sans leur demander leur assentiment tout en exigeant leur aide. Quand ils en ont les moyens, ils ne la demandent pas, sauf pour une éventuelle caution en vue d'une location, par exemple. Dans ce cas, ils laissent entendre en contrepartie qu'ils sont autonomes, qu'ils peuvent subvenir à leurs besoins, qu'il n'y aura pas de problème, qu'ils assumeront pleinement leurs responsabilités et qu'ils refusent, quoi qu'il arrive, de se mettre en position de débiteurs en raison de ce stupide et regrettable formalisme auquel les contraint le marché immobilier. Ce qui entraîne parfois, de la part de leurs parents, des protestations de disponibilité et d'affection auxquelles ils se font volontairement sourds[2]. Il en va comme si la dette symbolique de vie qui a toujours eu cours avait définitivement perdu de son sens, écrasée par une inflation d'imaginaire : l'enfant percevant l'étendue de la place qui lui a été conférée dans le narcissisme parental estime s'être largement acquitté de toute dette. C'est ce qu'il lui arrive de formuler quand il dit que ce sont ses parents qui seraient plutôt en dette à son endroit dans la mesure où, pour sa part, il n'a jamais demandé à venir au monde. Et pas plus lui, qui tient un tel propos, que l'un ou l'autre de ses parents qui l'approuvent n'est capable d'y reconnaître le triomphe de

2. Ils le peuvent d'autant plus facilement aujourd'hui que, depuis février 2010, ils ont la possibilité de négocier leur location en recourant à la GRL. Le contenu de cette mesure de garantie des revenus locatifs a été imposé par le ministère des Finances aux compagnies d'assurances qui se sont engagées, contre des conditions très intéressantes, à ne pas faire payer au propriétaire une cotisation supérieure à 2,5 % du loyer fixé et à accepter que le revenu du loueur puisse ne pas excéder deux fois le montant du loyer, alors qu'il devait auparavant l'être trois fois. La disposition est généreuse et sympathique. Si elle permet à des célibataires âgés de pouvoir quitter le foyer parental, elle n'en radicalise pas moins l'attitude de ceux qui ont évolué dans la défiance.

la pulsion de mort ! Il est vrai que tout cela sonne merveilleusement bien sur fond des discours individualistes, narcissiques, revendicateurs ou victimaires qui se tiennent.

DES JEUNES COUPLES QUI S'ISOLENT

Et ça suit son cours.

Dans une forme de défiance assidue et partagée par les intéressés vis-à-vis de tout ce qui ne serait pas sous leur seul contrôle. Soutenus comme le sont les adolescents par l'effet de groupe de leur relation à leurs contemporains et assurés d'inventer des règles à leur seule mesure, parce qu'ils ont décidé de n'avoir confiance qu'en eux-mêmes, ils font ainsi ce qu'ils pensent devoir faire, sans même sacrifier à un rituel de cadenas scellés sur le tablier d'un pont, comme leurs semblables d'Odessa. Leur investissement des réseaux sociaux (Ah, le nombre d'amis qu'on a sur Facebook !) a eu un effet cliquet. Et pour cause. Il les narcissise virtuellement, donc exactement à leur convenance et il leur évite de se risquer dans des échanges dont ils craignent les effets. Ce faisant, ils rejettent toute relation autre qu'utilitaire avec leurs ascendants, et plus encore avec des beaux-parents, et surtout des belles-mères, dont le statut inclut, même de nos jours, un risque de nocivité.

Si on examine cette option selon les critères anthropologiques de la localité, la néolocalité ainsi choisie et qui n'entre dans aucun code préétabli – n'est-on pas justement porté à se défier de tout code qui serait transmis ? – semble surtout destinée à signer, du moins dans la forme, le rejet autant de la patrilocalité que de la matrilocalité.

Et ces différentes étapes finissent souvent par faire des jeunes couples de parfaits étrangers vis-à-vis de leurs couples de parents, que ceux-ci soient unis, séparés ou recomposés[3], et inversement. Avec toujours, néanmoins, une différence plus ou moins grande entre les mères, surtout de filles, qui ne renoncent pas facilement et qui maintiennent un brin de contact en jouant l'approbation, la compréhension, voire la complicité, et les pères qui, percevant ce rejet de plus dont ils sont l'objet et sachant ne rien pouvoir y faire, se résignent plus vite à en prendre leur parti. Il est vrai que, d'un bout à l'autre, ce processus n'est guère que la conséquence de la récusation de la Loi de l'espèce et du désinvestissement de la figure paternelle qui en est le symptôme et la conséquence.

Quoi qu'il en soit, les ascendants et les enfants finissent par mener des vies strictement parallèles et s'habituent plus ou moins rapidement à n'avoir à échanger, prudemment, que des banalités, même quand ils se trouvent réunis lors de rares occasions festives. Qu'ils ne se parlent pas de leurs projets respectifs – attention aux « sujets qui fâchent » ! – pourrait à la rigueur se comprendre. Mais ils ne se parlent même pas de leurs fréquentations, de leurs amis, de leurs lectures, des spectacles qu'ils ont vus ou appréciés, encore moins des vacances. Déroger à cette règle implicite, ce serait faire état de ses goûts, de ses préférences, de ses orientations, s'exposer en quelque sorte quand ce n'est pas risquer de se froisser les uns les autres en ne partageant pas le même avis. Et comme il n'est pas question de créer la moindre tension, on commente les plats du repas, on demande la recette, on parle de la pluie, du beau temps, du prix de l'essence ou des dernières rumeurs. Peu à peu, sans concertation, les visites se font encore plus rares. Comme d'ailleurs les coups de fil, toujours risqués, qu'ont opportunément remplacés les textos, courts par nature.

Et puis, toujours, ce rageant décalage des générations qui opère comme s'il mettait en place de nouveaux

3. Le terme me paraît parlant et plus simple à l'usage que « recomposant ou ayant recomposé une nouvelle famille ».

référentiels, forcément différents même quand la génération aînée a eu, des décennies auparavant, un parcours pratiquement identique à la suivante. Même quand il est notoire que les parents ont l'un et l'autre multiplié les aventures avant de se décider à faire ensemble un ou plusieurs enfants ou avant de se séparer pour reprendre leurs quêtes respectives. Et comme ce sont les parents, qu'ils soient encore unis ou bien séparés, voire recomposés, qui se sentent en général frustrés, ils patientent quand, pour ne pas trop se morfondre, ils ne se consolent pas mutuellement, allant jusqu'à se congratuler en récitant dans un soupir le fameux : « Vos enfants ne sont pas vos enfants » de Khalil Gibran[4], lequel leur permet de se dire qu'ils n'ont peut-être pas tout à fait raté leur coup. Il leur faut bien garder quelque espoir, d'autant que leur éventuelle remise en cause ne changerait rien à l'affaire, pas plus que ne le ferait d'ailleurs la question de savoir s'ils ont pu transmettre leurs valeurs ou tout du moins quelque chose.

QUAND LES GRANDS-PARENTS MONTRENT LEUR NEZ

Et puis le temps passe. Avec des évolutions diverses et imprévisibles.

Il arrive que les parents apprennent un jour, en étant préalablement invités à garder pour eux leurs commentaires, que le couple s'est rompu. Un autre jour qu'il s'est reformé. Ou encore qu'il s'est rompu à nouveau, pour se reformer encore, si ce n'est pour être remplacé par un nouveau, qui sera bien évidemment aussi étanche que le premier.

Il arrive aussi que survienne une grossesse et que naisse un enfant. En général, les conséquences en sont plus sensibles.

4. Khalil Gibran, *Le Prophète*, Paris, Mille et Une Nuits, 1997.

La jeune mère éprouve alors le besoin, on ne peut plus naturel sinon banal, d'avoir auprès d'elle la sienne, qui ne se fait d'ailleurs pas prier. La grand-parenté fond d'abord sur les beaux-parents du « gendre » – que je désigne ainsi, même si le terme peut être récusé de part et d'autre. Elle les ravit quel que soit l'état de leur propre couple. Elle leur dit en effet implicitement qu'ils n'ont pas fait que donner la vie, mais qu'ils sont parvenus, si « nuls et à jeter » soient-ils, à transmettre aussi à leurs enfants l'envie de donner la vie à leur tour et que ceux-ci ont osé affronter ce possible devenu pourtant de plus en plus impossible !

Les grands-parents paternels, qui n'ont tout de même pas toujours pu être mis à l'écart, se manifestent alors eux aussi. Ne leur était-il pas reconnu, il y a peu de temps encore, le droit de se réjouir de voir leur nom transmis ? Ils ne semblent pas le plus souvent avoir pris acte de l'obsolescence de leur disposition. Ce vieux motif, s'il les émeut encore, n'a plus en effet la moindre importance depuis la fin du soutien social au père. Si bien que, légalement, les deux patronymes peuvent indifféremment être donnés l'un ou l'autre à l'enfant, ou bien les deux dans l'ordre choisi par ses parents[5]. Lesquels peuvent d'ailleurs, tout aussi légalement, lui en choisir un tout nouveau. Il semblerait

5. On invoque, pour justifier cette disposition, qu'il en a toujours été ainsi en Espagne et au Portugal. On ne s'est cependant pas demandé d'où provenait cette particularité ibérique. Elle est consécutive aux sept siècles d'occupation arabe. Chez les Arabes, le nom patronymique est de création récente. Un homme était désigné par son prénom et comme fils de son père. Comme un musulman a le droit d'avoir quatre épouses et que chacune de ces épouses doit prénommer un de ses fils sinon son aîné Mohammed, cela risque de semer une certaine confusion. Si bien que dans un tel cas de figure, un M. Ali, père de quatre Mohammed, veillera à l'identité de chacun d'eux en associant à son prénom celui de la mère. Il y aura ainsi Mohammed fils d'Ali et Fatma, frère de Mohammed fils d'Ali et Khadidja ainsi que de Mohammed fils d'Ali et Meryem et de Mohammed fils d'Ali et Fatiha. Cet usage a donc été un legs arabe à la péninsule Ibérique au même titre que la *jota*, la musique andalouse ou l'art des jardins.

que la mesure n'ait pas encore gagné les esprits. Quand une mère l'ayant adoptée, du moins pour l'usage et non officiellement, me priait d'ouvrir la fiche de son enfant à son nom à elle, il me suffisait de lui faire remarquer que son enfant avait peut-être droit autant qu'elle à vouloir porter et transmettre le nom de son père, pour qu'elle se ravise. Mais ce n'était pas toujours le cas, surtout quand la mère était la fille d'un personnage célèbre qui n'avait pas eu de garçon. Pas plus elle que son propre père ou celui, complaisant, de son enfant, ne voyaient un quelconque rapport entre cette mesure et le fait de contrevenir à la Loi de l'espèce. Il est vrai que certaines personnes se prétendant psychanalystes ne l'ont pas vu non plus.

Pourquoi s'attarder à un détail aussi futile quand la réification de l'humain est devenue ordinaire ? Je me rappelle avoir éteint un soir la télévision dans un épouvantable état d'angoisse. Je ne supportais pas plus le ton du commentateur que le contenu d'un documentaire qui passait sur une chaîne nationale et qui rapportait l'activité d'une multinationale montée par un homosexuel : moyennant un prix jugé raisonnable, il recueillait dans le monde entier le sperme d'homosexuels convaincus par sa démarche. Une fois congelé, il l'emportait aux États-Unis pour que soit réalisée une insémination artificielle *in vitro* avec des ovules de donneuses qu'il rémunérait à cet effet. Après quoi, il emportait les ovocytes ainsi obtenus en Inde pour qu'ils soient implantés dans l'utérus de mères porteuses. Au terme du parcours, les bébés, nés par césarienne et que leur génitrice ne voyait même pas, étaient livrés à leurs géniteurs respectifs ! Interroger la notion de symbolique dans un pareil contexte serait faire preuve d'un affligeant retard d'adaptation. Quant à l'évoquer pour s'élever contre la réification de l'humain, c'est parler une langue morte et devenue incompréhensible.

Il arrive heureusement, néanmoins, qu'on rencontre parfois, même de nos jours, des stratégies qui n'hésitent pas à user d'acrobaties pour se faire constructives.

Patience contre résistance

Jack Sablé et Noémie Sertif, mariés, ont eu trois enfants, Olivier, Cassandre et Edmond. Jack, pour ne pas contrarier sa fragile et si susceptible Noémie, a accepté que les enfants, déclarés officiellement Sablé aient pour nom d'usage Sertif-Sablé. Les enfants étaient priés par leur mère de décliner ainsi en toutes circonstances leur identité. Il en fut ainsi pour la crèche, le jardin d'enfants, les colonies de vacances, l'école, le sport, le conservatoire, etc. Quand les amies de la mère de Jack lui demandaient ce qu'elle pensait du processus, elle qui, même après en avoir divorcé – ses enfants étaient petits – avait gardé le nom de son époux, elle répliquait avec beaucoup de finesse que c'était, pour Noémie, une manière de transmettre la mémoire de son grand-père paternel qui avait été un résistant célèbre. Elle n'est donc jamais intervenue dans le ménage de son fils. Cependant, elle a profité du fait d'être la seule grand-mère proche – les parents de Noémie vivant en province – pour se rendre indispensable autant au ménage de son fils qu'à ses petits-enfants. Sans jamais s'imposer ou prendre la moindre initiative, elle se débrouillait pour être disponible à tout moment et pour toutes les tâches. Profitant de sa présence auprès de ses petits-enfants et en ne rechignant jamais à répondre à leurs questions, elle leur a raconté longuement sa vie, celle de ses parents et de ses grands-parents, celle de son mari et de son ascendance. Ce qui s'est étalé sur des années et a convoqué tout ce qui était disponible de photos, de petits souvenirs, de meubles et d'objets les plus divers. Ce n'était pas le but recherché, mais, à son entrée au collège, Olivier a décidé de ne plus s'appeler que Sablé, tenant tête si fermement à sa mère furieuse, que sa sœur et son frère ont aussitôt réclamé de bénéficier de la même mesure.

L'amusant dans l'histoire, c'est que Mme Sablé mère qui avait un autre fils n'a jamais rencontré ce type de problème dans le ménage de ce dernier. Quand on s'étonnait de cette différence, elle en riait en avançant l'hypothèse que sa seconde bru n'avait tout simplement pas eu des antécédents de résistance *!*

C'est donc dans ce contexte et en ce type d'occasion que l'opération préventive de mise à distance des parents par les enfants rencontre sa limite.

Sous la forme de l'irruption des belles-mères !

Autant la bru a toutes sortes d'arguments à faire valoir pour continuer d'éviter la sienne, autant le gendre en a moins que jamais. Il ne peut pas en effet revendiquer une égalité de traitement quand les statuts sont si différents. Tout d'abord parce qu'à la différence de ce qui pourrait se passer pour lui, la jeune mère retrouve avec sa mère un terrain d'entente qu'elle ne peut avoir avec aucune autre femme et *a fortiori* avec sa belle-mère. Et ensuite parce que son insistance – la psychanalyse ne le laisse-t-elle pas entendre ? – témoignerait assurément chez lui d'un œdipe encore loin d'avoir été liquidé. Va-t-il prendre le risque d'affronter pareille honte ? Ne vaudrait-il pas mieux qu'il profite de l'occasion pour parfaire sa salutaire prise de conscience, pour assumer enfin sa « castration symbolique », comme diraient les psychanalystes, au lieu de se contenter de continuer de vivre sa « castration imaginaire » ?

L'étape qui s'ouvre va voir les barrages, pourtant soigneusement établis, voler en éclats et produire ce qu'on appelle désormais des « dégâts collatéraux ».

La paix relative qui avait régné jusque-là prend en effet fin. Et le processus ne va pas être sans rappeler ce qui se voyait dans les familles d'antan ou qui se voit encore dans les milieux désignés comme bourgeois ou conservateurs parce qu'ils ont rechigné à se convertir aux options progressistes de notre postmodernité.

La belle-mère de gendre ne pourra pas s'empêcher de lui trouver tous les défauts et encore moins auprès de sa fille. Fût-il des plus méritants, il n'en sera pas moins peu ou prou, maladroit, distrait, inattentif, inconséquent, égoïste, sans compter l'horreur qu'est sa famille, le pauvre ! Une famille qui l'a fait tel qu'il est, même s'il est vrai qu'il n'en est pas responsable. Et j'en passe ! On guettera le moindre de ses comportements, le moindre de ses faux pas, la moindre de ses bévues, qu'on se plaira bien évidemment à généreusement excuser après les avoir épinglés. Et jamais il ne pourra se défendre de son défaut majeur, impossible à compenser, amender ou pardonner : il ne peut et ne pourra, jamais et en aucune façon, réagir comme ce tout-petit demande instamment qu'on réagisse à son endroit, c'est-à-dire comme une mère ! Une mère qu'elles sont maintenant deux à savoir ce qu'il en est ! Va-t-on pour autant lui laisser occuper une place de père ? « Il servirait à quoi, grands dieux[6] ! »

Le poison est instillé. Son action est lente. Mais absolument imparable.

Il ne faut pas croire que la belle-mère de bru sera pour autant de reste. Ce serait mal la connaître. Elle ne se contentera pas de pousser son fils à réagir, le castrant un peu plus encore qu'elle ne l'a fait toute sa vie. Elle s'en ira dire au besoin, elle, toutes leurs vérités à ces deux femmes qui s'imaginent pouvoir occuper seules le terrain. Ce serait mal la connaître que de croire qu'elle puisse rester les bras croisés ! Pour ce faire, elle déploiera des stratégies diaboliques qui iront des visites impromptues mais revêtues des plus émouvantes attentions à l'insistance sur la ressemblance stupéfiante qu'elle trouve entre le bébé et son fils, en passant par la narration de son accouchement et l'étalage des photos de cette époque, au premier rang desquelles figurent comme par hasard celles de ce fils tout bébé. Manière habile de montrer les dents : « Si vous voulez jouer aux mamans expertes et

6. Je cite une journaliste à qui j'avais donné une interview en 1986. Pour me remercier, elle m'a demandé si j'avais écrit un livre qu'elle pourrait citer en note dans son article. Et quand je lui ai donné le titre de mon dernier de l'époque, *Une place pour le père*, elle a poussé ce cri.

imposantes, Mesdames, laisse-t-elle ainsi entendre, soyez les bienvenues sur la scène ! Mais ne m'oubliez pas. J'en suis une moi aussi. Et vous ne m'en imposerez pas, comme il semble que vous en imposiez à mon fils, avec vos attitudes sibyllines de femelles savantes et nimbées de puissance. Vous savez comme moi que nous n'avons aucun mérite à avoir procréé. Les vaches et les juments, les chèvres et les souris, les chattes et les chiennes, comme toutes les femelles de la création, le font au moins aussi bien que nous le faisons. Et sans se pousser pour autant du col ou croire ou laisser croire qu'elles ont accompli un miracle ! Allons, allons, s'il vous plaît, rabattez votre caquet ! »

Un contrepoison aura été instillé, là encore. Mais que sait-on de son mode d'action ? Sa toxicité propre ne va-t-elle pas s'ajouter à celle du poison précédent ? Surtout avec ce qui y circule en catimini : « Pas si aimante que ça, cette fille pour laquelle tu m'as tourné le dos ! Tu ne vois pas qu'elle te préfère l'enfant ? Tu ne vois pas qu'elle te préfère même sa mère ? Qu'elle fait couple avec sa mère ? Que te reste-t-il à part moi ? Je pourrais avoir pris ombrage de ta défection, mais ce n'est pas le cas. Tu es mon fils et tu ne cesseras jamais de l'être. Sache que je suis là et que je te soutiens en tout[7]. »

La belle-mère du gendre ne va-t-elle pas du coup, avant de la dénoncer, plaindre sa fille pour l'« horreur de belle-mère » qu'elle a et l'inciter à la remettre en place, voire à s'en plaindre auprès de son compagnon en lui intimant l'ordre de faire le nécessaire ?

Et ça continue ainsi. Comme dans la plus classique des familles d'il y a des siècles, voire en pire. À ceci près, cependant, que ce qui intervient, dans une atmosphère qui rejette tout ce qui n'est pas consensuel, n'est pas sans entraîner des ruptures souvent aussi rapides que radi-

7. C'est admirablement décrit dans Christian Binet, *Bidochon mère (môman)*, Paris, Fluide glacial, 1997.

cales, voire récurrentes, remisant pour les intéressés la question des beaux-parents aux oubliettes, le seul endroit censé leur convenir. Un lien est rompu, un autre est créé qui est parfois rompu à son tour pour un troisième, etc. Des enfants naissent qui vont d'une famille recomposée à une autre voire à une autre de plus. Quel mal à tout cela quand on sait que telle actrice a eu huit maris, tel acteur tant d'enfants de six mères différentes, et qu'on a consacré ô combien d'émissions télévisées à cette évolution, histoire de ne pas laisser de la place au moindre regret ou à la moindre culpabilité – sentiment désormais à combattre parce que jugé inutile et nuisible ? On n'a qu'une vie après tout. Et puis, ce qui se passe, on ne l'a pas cherché. À quoi bon demeurer ensemble pour offrir aux enfants le spectacle traumatisant des perpétuelles dissensions ? On se dit, chaque fois, qu'on va repartir du bon pied ; on en est sûr même. On approche la famille du conjoint, on s'habitue à elle, il le faut bien, mais on ne lui confère jamais plus d'importance qu'elle n'en mérite : plusieurs beaux-parents égalent pas de beaux-parents, plusieurs belles-mères égalent pas de belle-mère du tout – quel soulagement ! Apparent seulement, le soulagement, parce que si les belles-mères le sont de leurs brus ou de leurs gendres, elles demeurent les mères de leurs enfants et ne se gênent pas pour intervenir même si leur discours prend la peine de commencer par un : « Moi, pour ce que j'en dis… »

Comment pourrait-il en être autrement quand chaque mère déploie son pouvoir, mue par elle ne sait pas très bien quoi mais à quoi elle tient fermement, et décidée surtout à ne se laisser vaincre en aucune façon, comme si le sort du monde tout entier dépendait d'elle ? Et combien chacune d'elles à sa façon, sait le faire ! Avec souvent des facultés d'invention qui, il faut le reconnaître, forcent parfois l'admiration.

Discours m(f)ielleux

« Je compte sur toi, ma chérie, pour être patiente avec lui. Je t'accorde qu'il n'est pas facile, qu'il est bordélique, colérique et inconstant. Tu t'en es déjà aperçue. Mais il a un bon fond, tu le sais aussi, et c'est sûrement pour ça que tu l'as choisi. Il est merveilleux, n'est-ce pas ? Et, crois-moi, je ne dis pas ça parce que c'est mon fils. Non, il l'est vraiment. En tout cas, n'hésite surtout pas à faire appel à moi si tu as des difficultés. Parce que c'est dramatique, mais c'est comme ça : il est comme sa sœur, il n'écoute que moi. Son père était déjà comme ça. Si tu savais ce que j'ai pu endurer avec ma belle-mère ! Il n'y en avait que pour elle et j'étais la dernière roue du carrosse ! Mais tu vois, moi, je suis toujours là. Et elle, elle a disparu. C'est la vie. Les humains, ils sont tordus par nature. On ne peut pas les changer. Les hommes encore moins que les femmes. C'est pour ça qu'on doit s'aider l'une l'autre. Alors, tu sais, autant que je t'avertisse pour que tu ne te fasses pas d'illusion. Tu en passeras tôt ou tard par où je suis passée. Pour le moment, c'est tout beau, c'est tout feu tout flamme, c'est du "ma chérie" par ci, du "mon amour" par là. Mais ça n'est pas fait pour durer. On a vite fait de tomber dans l'habitude. Et bien sûr, tôt ou tard, il te trompera. Tout comme son père m'a trompée. Les chats ne font pas des chiens. Mais j'ai peur que pour lui, ce soit plus encore, à cause de son métier. Tu penses bien qu'elles seront en grappes autour de lui, si elles ne le sont pas déjà. Tu crois que c'est pour rien qu'elles ont choisi ce boulot ? Des greluches auxquelles l'uniforme fait tourner la tête et qui se pâment devant le moindre mec ayant un brin de prestige. Il aura beau résister, à un moment ou un autre, il cédera. Les hommes, ils sont comme ça. Tous. Pas un pour rattraper l'autre. Il faut que tu te prépares. C'est inévitable. Tu feras comme tu voudras, remarque. Mais moi, je n'ai pu tenir qu'en me vengeant et en collectionnant les amants. Et j'ai bien fait. Je n'aurais pas pu supporter de prendre ça dans la gueule sans réagir. Ça m'a permis d'avoir moins de regrets quand il m'a plaquée pour la salope qui le collait comme une

arapède. Il paraît qu'il n'a pas arrêté de la tromper elle aussi. Faut croire que la vie à deux, c'est une idée tordue que le diable nous a mise dans la tête pour nous punir. Regarde ta belle-sœur. Elle a connu ça, elle aussi. Je te dis que c'est inévitable. Mais elle, elle a réagi autrement que moi. Elle l'a envoyé aussitôt bouler, son mec. Il faut dire qu'elle travaille. Comme toi. Alors que moi j'étais à la maison à élever mes enfants. Elle dit d'ailleurs qu'elle est bien mieux seule avec ses deux enfants. Je ne sais pas si elle compte refaire sa vie ni quand elle la refera. Je crois qu'elle se donne le temps. Et elle sait que je suis là pour elle. Pour toi aussi bien sûr, tu le sais bien. Tu veux que je te dise ? Je crois que les hommes et les femmes, c'est pas fait pour vivre ensemble. »

POURQUOI CET ÉLOIGNEMENT ?

Les rapports que je viens de décrire condensent ce que m'a appris la quantité de cas que j'ai rencontrés à l'occasion des symptômes qui en découlaient et qui affectaient les enfants. Avant d'aborder ce qui se passe dans l'univers décrété conservateur, j'aimerais réfléchir encore un moment sur la structure des rapports que je viens de décrire.

Je relèverai tout d'abord que le mode quasi conflictuel sur lequel ils s'instaurent est manifestement initié par les jeunes. Est-ce un effet de hasard ? Assurément pas. Mais que peut-on en dire de plus ?

Ce qu'on peut déjà relever, c'est que ces jeunes ont, je le rappelle, une attitude paranoïde en se montrant jaloux à l'excès de leur autonomie. Comme s'ils sentaient planer au-dessus d'elle, et donc d'eux-mêmes, une menace impossible à cerner ou à identifier. Est-ce parce qu'ils ont tiré la leçon des méfaits que la complaisance parentale suspecte, que j'ai signalée plus haut, a produite chez leurs pareils quelques années auparavant ? Je ne le crois pas.

Je les pense plutôt en proie à une grande angoisse, elle-même liée au rapport qu'ils ont été encouragés à instaurer, tôt, avec la sexualité, sur fond de la manière dont ils ont été comblés depuis leur naissance par leurs parents.

Ils font en effet partie, comme l'ont d'ailleurs parfois déjà été leurs parents, de ces générations d'enfants qui ont été hissés au sommet de la pyramide familiale, qui ont été l'objet d'un véritable culte, qu'on a jalousement préservés de la moindre frustration et à qui ont été octroyés tous les droits sans que leur ait été imposé le moindre devoir.

La façon dont ils ont été élevés, les a proprement « addictés » au plaisir devenu, non pas leur espoir ou leur but, mais leur ordinaire obligé. Quelle raison auraient-ils de bouder ou de différer la satisfaction du plaisir sexuel qui leur a été offerte quand ils ont été en âge d'être envahis par leur désir ? Ils font alors l'expérience d'un champ dont le vécu est des moins simples qui soit[8]. Il ne leur suffit pas de s'y commettre. Ils pensent devoir en tirer et en faire tirer le meilleur parti. Ils se font si sensibles à toutes sortes d'informations, même les plus fantaisistes, qu'ils ne savent plus ni qu'en faire ni comment les gérer. Et ce n'est pas ce qu'ils trouveront sur les sites pornographiques qui les aidera ! Ce sont alors les questions qui fusent du côté des garçons, avec l'angoisse universelle et intemporelle qui tourne très tôt autour de la taille de leur pénis, de l'espoir qu'ils peuvent avoir de le voir augmenter de volume ou des moyens qui existent pour parvenir à en être satisfaits. Du côté des filles, c'est le soin qu'elles

8. On pourrait opposer à cette affirmation que les enfants des populations de certaines régions de l'Asie du Sud-Est, qui fréquentent les Gothuls, où ils ont ordre d'avoir des rapports sexuels avec tous leurs congénères sauf leur promise ou leur promis, n'ont pas plus de troubles que les garçons Baruyas qui, dès l'âge de 3 ans, vont boire le sperme de leurs aînés. Ce serait faire une lourde méprise et ferait manquer l'importance des rituels qui encadrent ce genre d'activité dans la production symbolique.

semblent mettre à leur épilation, voire à la taille sinon à la suppression de leur pilosité pubienne, quand ce n'est pas leur souci de parsemer leur peau de tatouages ou d'orner parfois de piercings leur visage, leurs lobes d'oreilles ou leur nombril.

Ces préoccupations ou d'autres similaires ont existé de tout temps. C'est vrai. Elles ne produisaient pas les mêmes réactions, toutefois. Elles se déployaient en effet dans la fantasmatique qui finissait tôt ou tard par permettre leur relativisation. La différence n'étant pas négligeable, le fantasme permettant justement la sublimation, c'est-à-dire la déviation de l'énergie réprimée vers d'autres champs d'activité. Alors que ces mêmes préoccupations s'inscrivent aujourd'hui dans une réalité qui réclame leur mise en œuvre immédiate, quitte à les voir charrier l'angoisse qu'elles engendrent. Car passer à côté de ce *must*, qu'on n'a pas réclamé et qui a été littéralement offert, serait proprement insupportable. Aussi ne marchande-t-on pas l'énergie qu'il requiert et qu'on s'évertue à lui fournir, dût-on aller détourner celle qui était réservée à d'autres champs. Il y a là quelque chose qui bouscule jusqu'au statut du temps : le *tout, tout de suite*, l'investissement du seul instant – dimension féminine du temps – a définitivement éjecté l'attente patiente qui permettait le recul, la réflexion et la maturation.

Rien de tout cela qui ne soit logique. Ces jeunes ont évolué sans rupture, depuis la conduite qui a marqué leur petite enfance quand, sursatisfaits, ils ont déployé leur toute-puissance infantile, jusqu'à leur adolescence, quand ils se sont persuadés qu'eux seuls avaient raison et qu'ils étaient parfaitement capables de refaire le monde et de le refaire mieux qu'il n'a été fait. Ils l'expriment dans l'attitude pour laquelle ils optent face à leurs parents, toujours aussi désireux, d'abord et avant tout, de leur plaire et certains, lorsqu'ils y seront parvenus, d'être reconnus comme des parents « sympas », « chouettes », avec lesquels il est possible de communiquer en confiance. La déception frappe les uns et les autres qui se sont déployés dans un espace illimité, vide de repères, qu'ils ne savent plus comment parcourir si tant est qu'ils le puissent.

Il en va comme si la distance physique que les jeunes mettent entre eux et leurs parents en venait, paradoxalement, à plus fragiliser leur projet de couple, et ce qu'ils en ont fait, qu'elle ne le sert ou le préserve.

Ayant tourné le dos au symbolique, au bénéfice de l'imaginaire et de l'image qu'ils veulent se donner d'eux, ils se sont coupés de ceux qui pouvaient éventuellement les aider à pondérer, à relativiser et à dépasser les inévitables conflits qu'engendre la vie à deux. De ceux qui auraient pu leur dire que la vision adolescente de l'amour, pour généreuse et émouvante qu'elle soit, même si elle est entretenue par les feuilletons télé dont ils se gavent, n'est que la vision d'un âge qui la commande comme telle, qu'elle n'est pas réaliste, qu'elle doit s'arrondir, évoluer, faire place aux inévitables bévues qui comptent si peu dans un bilan global. Plus personne n'est là pour leur tenir ce langage, et surtout pas les discours culturels dont ils ont fait leurs références. Ils vivent alors sur un mode proprement insupportable la moindre difficulté qu'ils rencontrent. Et, comme la société de consommation les a convaincus non seulement qu'ils pouvaient tout avoir mais qu'ils avaient droit à tout, ils en arrivent à penser qu'ils ont peut-être fait un mauvais choix – avec la culpabilité que cela entraîne puisque rien ne leur a été imposé ! De là à se dire qu'ils ont toujours la possibilité d'en faire un autre, il n'y a qu'un pas, qu'ils n'hésitent pas à franchir. Sans même s'en apercevoir, ils se mettent en position de consommer du partenaire. Les sites de rencontres ne sont-ils pas faits pour ça ? N'est-ce pas ce qui explique leur multiplication comme celle des familles recomposées ?

Quel cuisant et douloureux échec qu'un tel constat !

Si tant est encore qu'on le fasse ! Car il faut pour cela historiciser les conduites, les analyser, les mettre en perspective, les relier à ce qu'il en est d'une aventure humaine qui a essayé, avec une lenteur désespérante et un rendement des plus ridicules, d'orienter la vie organique vers un sens que lui donne la vie psychique. Parce que, comme on les a incitées à le faire, les générations successives se sont mises sur le même plan, elles n'ont pas pu régler leur distance temporelle autrement qu'en la suppléant par une distance spatiale.

« Au lieu d'admettre que vous êtes mes parents et que je suis votre enfant, que chacun de nous est à une place à ne pas confondre avec celle de l'autre, vous me mettez dans un tel état d'équivalence, de similitude, d'égalité qu'il me faut installer entre vous et moi la plus grande distance physique possible pour pouvoir saisir ma condition et mon identité. Comme jamais la distance spatiale n'a pu remplacer la distance temporelle établie par la différence générationnelle et la relation verticale dont vous m'avez privé(e) en me mettant sur le même pied que vous, vous m'avez coincé(e) dans une situation d'éternel(le) enfant dont il m'est impossible de sortir. Et vous continuez de m'y condamner même au moment où je procrée en m'infantilisant par vos messages à la con et votre retour de possessivité sous prétexte de sollicitude. Je vais où ? On va où ? Il va où, l'enfant que je mets au monde ? »

C'est le propos que je ne mets pas dans la bouche de tel jeune homme ou de telle jeune femme, de telle jeune mère ou de tel jeune père. C'est celui que j'ai toujours entendu – et je prends mes responsabilités en la matière – derrière les symptômes exprimés par les enfants.

Comment alors comprendre, au motif qu'il sait aligner quatre mots et trois pensées, que chacun croie pouvoir malmener une Loi instaurée depuis des centaines de millénaires sans avoir à en payer les conséquences ? Inutile de lui poser la question. Il répondra le plus souvent en termes de choix, de goût, de désir, de liberté. Et combien il sera difficile de l'inviter à voir les ficelles qui l'agissent et le font réagir comme un pantin ! Il est tellement assuré de la force de sa pensée et de la mesure qu'il a mise dans la moindre de ses décisions, qu'il lui est impossible, quel que soit son âge, de s'imaginer comme le Pinocchio qu'il est pourtant.

Toute-puissance délirante

Elle s'est présentée comme kinésithérapeute et elle venait seule me demander de l'aide. Sa propre mère lui intentait un procès. Oui, sa propre mère ! Un personnage d'importance, connue et très influente, qui savait bien sûr tout sur tout et qui pouvait aussi citer à sa manière les bons auteurs ! Par la démarche qu'elle avait engagée, sa mère exigeait les droits qu'en tant que grand-mère, elle estimait avoir sur sa petite-fille de 6 ans. Elle avait par ailleurs doublé sa requête d'une demande de déchéance de la paternité de son gendre, lequel était selon elle défaillant, dans la mesure où son métier de pilote de longs-courriers en faisait un père insuffisamment présent à son enfant. Tout jusqu'à cet événement s'était passé sur un mode relativement acceptable, quoique un peu tendu, dans la mesure où cette grand-mère ne faisait aucun effort pour masquer sa haine de son gendre et la passion qu'elle avait pour sa petite-fille. Elle avait d'ailleurs déjà obtenu d'avoir cette dernière chez elle un week-end sur deux. Mais les parents avaient mis fin à ce dispositif, lorsqu'ils avaient appris par l'enfant que sa grand-mère la faisait dormir dans le lit qu'elle partageait avec un amant de vingt ans plus jeune qu'elle. Le ton était monté et la date d'instruction de la requête avait été fixée. Avant qu'elle ne soit plaidée, la grand-mère avait épousé son jeune amant et fait intervenir toutes les relations qu'elle avait dans les milieux les plus influents – et elle en avait ! Au point que le tribunal avait accédé à sa demande et lui avait accordé des droits, allant jusqu'à décider d'instruire une enquête sociale sur la place du père de l'enfant ! Le couple avait fait immédiatement appel avant la démarche que la jeune femme a faite auprès de moi. Il a gagné son procès. Non pas grâce au certificat que j'ai délivré ou par

le maniement d'un argumentaire législatif, mais sur le témoignage stupéfiant du fils de cette grand-mère, l'oncle maternel de la fillette. Le psychanalyste qu'il était devenu est venu simplement raconter comment sa mère le contraignait, jusqu'à ses 13 ans révolus, à prendre son bain avec elle. Là n'était cependant pas le pire. Ce pire étant que, dans le bain, la mère de ce garçon s'évertuait toujours à écarter ses cuisses, à désigner du doigt son sexe à son fils et à lui dire : « Tu es sorti de là, mais il t'est définitivement interdit d'y revenir ! »
Rien ne pouvait mieux montrer la perversité dans laquelle évoluait cette grand-mère, sous couvert bien sûr d'information, de savoir, d'ouverture d'esprit, de logique, d'expérience de vie, d'amour et surtout d'une passion de grand-mère destinée à émouvoir et à attirer les sympathies. Pour extrême et quasi caricatural qu'il soit, ce cas n'est pas exceptionnel. Ce qui prouve que les statuts des liens parentaux ne sont plus les garants qu'ils ont longtemps été de l'oblativité et de la morale.

Quid *du paysage d'antan ?*

Jusqu'à il y a un demi-siècle seulement, quand des partenaires décidaient de s'unir, c'était en principe pour longtemps sinon pour la vie. « Pour le meilleur comme pour le pire », disait-on le plus communément du monde. La formule de l'Église était suffisamment expressive pour être adoptée au sein de quelque croyance que ce soit. La décision des contractants, prenant à témoin l'environnement et surtout leurs parents respectifs, les inscrivait alors dans la symbolique immémoriale du mariage. Ils s'étaient « épousés », ce qui leur commandait de « s'épouser » du mieux possible, autrement dit de s'adapter l'un à l'autre. Cette idée d'adaptation n'est-elle pas implicitement contenue dans le mot « épouser » ? Et comment l'a-t-elle été si ce n'est par extension du constat qui avait dû être fait autour de ce qui se passait entre époux ? C'est-à-dire en référence aux concessions mutuelles que contraint de faire la vie à deux quand chacun a conscience de leur nécessité. Tout cela entraîne en effet des modifications si subtiles et si profondes de la dynamique relationnelle qu'elle en devient une norme dont aucun des partenaires ne saurait se passer. La vertu d'une telle démarche m'a été administrée sur un mode des plus étonnants mais des plus convaincants.

L'archet

Il y a de cela une trentaine d'années environ, je prenais le train, un après-midi, pour me rendre à l'invitation d'une chaîne de télévision belge. À l'époque, le voyage durait quatre heures. Quand j'ai gagné mon compartiment, j'ai constaté la présence d'un homme dont l'élégance m'a aussitôt frappé et que j'ai jugé « vieux » – il devait avoir l'âge que j'ai aujourd'hui. Quand je l'ai salué, il m'a répondu en soulevant son feutre avant de se replonger dans la lecture que ma survenue avait interrompue. Je me suis assis sur la banquette en face de lui. Le train a démarré sans qu'aucun autre passager ne nous eût rejoints. J'ai voulu allumer une cigarette et je lui en ai demandé la permission. C'est ainsi que s'est engagée la conversation extraordinairement passionnante que nous avons eue tout au long de ce voyage. Quand j'y repense, je mets le bonheur de cette expérience sur le compte de deux facteurs issus de mon éducation : mon profond respect pour les personnes âgées et ma soif d'apprendre. Les ayant sans doute perçus sans distorsion, mon interlocuteur m'a littéralement régalé en devinant souvent mes questions et en y répondant avant même que je ne les aie formulées, avec une générosité qui m'émeut encore. Il rentrait d'une réunion professionnelle de deux jours. Il était luthier – je découvrirai un peu plus tard que c'était un « grand » de la profession. Une de mes filles prenait à l'époque des cours de violon, ce qui m'avait valu des contacts avec des luthiers. Nous avions des raisons, moi de m'intéresser à cette profession, lui de vouloir m'éclairer. J'ai alors eu droit au récit de tout ce qui pouvait intervenir dans cet art. La manière dont on choisit et on stocke le bois, les critères qui président à son utilisation, les différentes manipulations et les différentes étapes de la fabrication d'un instrument avec un arrêt sur les difficultés et les pièges, tout cela est venu naturellement, tout comme la composition et les recettes des vernis, la délicatesse de la mise en place de l'« âme » de l'instrument, les nuances qui intervenaient dans le maniement des matériaux selon qu'il s'agissait d'un violon, d'un alto, d'un violoncelle, etc. Ce fut merveilleux. Je découvrais un univers. Au sein duquel a été même passée en revue la formation des élèves. J'imaginais le sujet épuisé quand mon interlocuteur, après un court silence, me dit qu'il lui fallait me parler encore de l'archèterie. Ce furent encore quantité de détails, sur le choix du bois, la manière dont il devait être séché avant d'être taillé et façonné. Puis, il me dit : « L'archet parfait n'existe pas. » Ajoutant, parce que je marquais mon étonnement : « S'il doit se séparer de sa caisse ou de son archet, n'importe quel artiste préférera se séparer de sa caisse, jamais de son archet. » J'en étais si stupéfait, qu'il continua d'insister sur ce point, me faisant part de nombre d'histoires qu'il avait vécues avec aussi bien des amateurs que des artistes renommés. Entre deux histoires, je l'ai entendu dire, à un moment, comme pour se débarrasser de l'information : « L'archet parfait existe. Vous le trouverez chez tous les luthiers. Il a été inventé à la fin du XVIIIe siècle. Ce n'est pas un archet en bois. C'est un archet fait d'un alliage métallique. Il coûte trois fois rien. » Sans s'arrêter à ce propos, il a continué de me raconter encore et encore. Je ne pouvais pratiquement plus l'arrêter car il s'était lancé dans la narration des drames que constituait parfois la délicate réparation d'un archet. J'ai très vite saisi une hésitation qu'il marquait entre deux histoires pour lui dire que je ne comprenais pas pourquoi les violonistes cultivaient cette torture autour de leur archet nécessairement

défectueux au lieu de se pourvoir de l'archet parfait dont il m'apprenait l'existence. Il m'a regardé comme il ne l'avait jamais fait, comme s'il essayait de saisir l'épaisseur de ma bêtise ou la duplicité de mon discours. J'en étais si gêné que je n'arrêtais pas d'aligner les réponses possibles à ma question. Il s'est alors brusquement mis debout, arrêtant mon discours en levant tout haut les bras : « Vous me posez une sacrée question ! Que voulez-vous que je vous réponde ? Oui, c'est comme ça. C'est comme je vous le dis : tous les violonistes, même les plus grands, tiennent à leur archet et à ses défauts. Pourquoi ? Pourquoi ? Vous imaginez, Monsieur, l'enfer que serait un couple au sein duquel l'un des deux partenaires serait parfait ? »
Il s'est assis. Presque essoufflé. Moi, j'étais abasourdi. Je devais intervenir, le soir même à la télévision sur la dynamique du couple. Et sur ce thème, je venais de recevoir une sacrée leçon.

Les futurs époux de ce temps-là avaient déjà eu parfois sinon souvent une relation sexuelle. Mais c'était strictement leur affaire et ils avaient agi avec la plus grande prudence pour ne pas risquer une grossesse malvenue qui aurait contrevenu au mythe de la virginité de la mariée que continue d'entretenir sa tenue. Il importait de « ne pas faire Pâques avant les Rameaux ». Leur relation sexuelle n'en signait pas moins la force de leur choix mutuel ; elle était vécue par eux comme le signe patent de l'assomption de leur responsabilité commune face à leur devenir comme celui de leur accès à l'autonomie. Ce qui ne les assurait évidemment pas pour autant contre d'éventuelles difficultés. Ils savaient par exemple qu'ils devraient tôt ou tard composer avec leurs propres parents et se confronter à leurs belles-mères respectives. Ça ne les effrayait cependant pas plus que ça, et ils n'envisageaient pas de mesures drastiques pour en être préservés. Le rituel du pont d'Odessa rappelle ce fait et l'illustre, même s'il ne visait que les belles-mères de gendres, réputées prêtes, plus que les belles-mères de brus semble-t-il, à freiner autant qu'elles le pourraient ce qu'elles vivaient, naturellement, comme un insupportable arrachement.

Tout cela se laissait d'ailleurs deviner dès la cérémonie. L'événement organisé par les deux familles et projeté comme festif se trouvait régulièrement émaillé d'incidents rendant l'atmosphère électrique, sinon insupportable.

Pourquoi en était-il ainsi ?

Parce que la différence des générations était encore une réalité et qu'elle n'était pas vidée de sens et déniée comme elle l'est aujourd'hui au même titre que la différence sexuelle. Parce qu'elle permettait de repérer et d'identifier la seule véritable distance en la matière, la distance temporelle.

Les parents, comme les leurs l'avaient fait, estimaient avoir à vérifier que les valeurs auxquelles ils tenaient, et qu'ils s'étaient évertués à transmettre à leurs enfants tant qu'ils les avaient en charge, ne seraient pas balayées par le ou la partenaire. Les enfants, de leur côté, sans sentir pour autant leur liberté ou leur libre arbitre menacés par cet état d'esprit, savaient qu'il était irrespectueux, inutile et surtout contre-productif d'ouvrir un conflit. Que plus vite ils feraient les concessions nécessaires, plus vite ils donneraient des gages d'assurance, plus vite ils bénéficieraient d'une situation détendue. Ils ne développaient pas des réactions paranoïaques autour d'une autonomie dont ils auraient été jaloux à l'excès. Aussi curieux que cela puisse paraître, ils en arrivaient à se conduire avec leurs parents comme avec des enfants angoissés qu'il fallait rassurer et auxquels il fallait faire entendre raison. Ce qui, sans qu'ils en eussent eu toujours conscience, les stimulait non seulement dans l'accès à leur propre condition d'adultes mais tout autant dans leur condition de partenaires au sein d'un couple. Il était alors notoire que l'existence à deux n'était possible que dans la mesure où chacun des conjoints s'avérait capable de faire des concessions à l'autre. Une idée qui n'a plus cours aujourd'hui et dont l'abandon explique aussi bien la désaffection du mariage que l'augmentation de la divortialité. Les uns et les autres évoluaient donc ainsi. Et pas dans la volonté affichée de prise de distance sinon de rupture des jeunes couples d'aujourd'hui qui n'entendent pas s'en laisser imposer et imposent en conséquence leurs attitudes.

On peut d'ailleurs se demander à cette occasion, si l'attitude de ces jeunes d'aujourd'hui, n'a pas été engendrée par l'adhésion préalable de leurs propres parents au message social dénonçant l'attitude de ceux d'antan. Conséquence collatérale du mot d'ordre « Il est interdit d'interdire » de 1968 ? « L'inconscient, c'est le social », disait Lacan. Manière d'indiquer la pénétration des mots d'ordre que diffuse ledit social. Ce qui explique pourquoi certaines sociétés ont pris soin de signaler les types d'unions qui posaient le moins de problèmes. On sait par ailleurs que l'identité des cultures d'origine des partenaires les expose à bien moins de difficultés que n'en ont ou n'en auront ceux qui optent pour une union exotique. Les codes comportementaux identiques dans le premier cas facilitent toutes les formes de communication, alors que cette dernière bute sur la greffe nécessaire, mais pas toujours aisée ou réalisable même à long terme, d'un code sur un autre. On retrouve les mêmes paramètres dans l'environnement au sein duquel interviennent les unions. Là encore, il se vérifie qu'un même univers professionnel est un facteur de facilitation. Cependant, même en cas de culture identique, les obstacles ne sont pas absolument assurés d'être levés. Ils se retrouveront dans les conséquences des différences d'éducation des partenaires. Pour prendre l'exacte mesure de ces faits d'apparence anodine, il faut avoir vu et revu l'émerveillement des enfants de divorçants quand on leur explique que leurs parents ont des liens indissolubles avec eux, alors qu'ils ont été et qu'ils restent des étrangers l'un pour l'autre. Ils semblent découvrir tout un monde et comprendre soudainement la raison des scènes auxquelles ils ont assisté.

On mesure, à partir de cet ensemble d'éléments, l'extrême disparité qu'ils présentaient. Il n'est pas dans mon intention d'en traiter sur un plan sociologique ou d'en faire la moindre recension. Le théâtre, le cinéma et la littérature ont suffisamment exploité le filon – en ridiculisant comme il se doit les anciennes générations[9] – pour que je me dispense de le faire. Je me contenterai donc d'en décrire les seuls grands traits, le plus souvent inconscients, dans la perspective de la question sur laquelle je me penche.

Et je commencerai par signaler que dans tous les cas que j'ai rencontrés, ce n'était jamais les jeunes, mais toujours leurs parents qui prenaient l'initiative de la mise en place des rapports. On voyait alors, comme on ne doit plus s'en étonner tant le fait est intemporel, les mères entrer en action et les pères se tenir en retrait. Il est vrai que le soutien social, qui existait alors en faveur de ces pères, faisait en sorte que les mères agissaient en principe en leur nom, ce qui, en réalité, ne les empêchait pas de n'en faire qu'à leur tête.

Dès les premières semaines du couple – pas question de laisser les tourtereaux prendre un mauvais pli ! – survenaient les stratégies belles-maternelles de mise en place des exigences. Alors qu'ils avaient cru s'être mutuellement interposés entre leurs parentèles respectives et leur partenaire, chacun se découvrait dans l'obligation, sous des dehors conciliants, de négocier des arrangements pour éviter la rupture. Ce qui n'était pas sans ressembler souvent à des exercices d'écartèlement.

Comment résoudre, par exemple, le problème du repas dominical – retour de l'éternel thème de la mère

9. Ce que chaque génération, pour dénoncer les pesanteurs de la précédente, a toujours fait. On n'en a pas la preuve en remontant seulement à Molière. Même les auteurs antiques prisaient le genre.

nourricière ! – quand chacune des belles-mères exigeait avec son propre style de voir son tour respecté ? Opter pour une alternance ? Une fois chez l'une, une fois chez l'autre ? C'était la solution la plus simple, mais c'était aussi une torture quand on avait envie de partager ce repas avec ses copains, de le prendre en tête à tête à la campagne ou d'y renoncer tout simplement pour traîner chez soi. C'était un casse-tête quand on s'était défait des repères que la tradition avait maintenus à certaines époques et dans certaines sociétés. Le même casse-tête qui conduit encore aujourd'hui aux conflits des fêtes de fin d'année que j'ai déjà signalés. La solution la plus couramment adoptée consistait à concéder un temps à ce qui était vécu comme un round d'observation. On en profitait pour faire plus amplement connaissance en n'hésitant pas à aborder tous les sujets, y compris ceux censés « fâcher », à en débattre, à argumenter, en un mot à s'exposer. Ce qui permettait de mieux se cerner les uns les autres et de s'investir mutuellement en confiance. Il n'était d'ailleurs pas rare que les jeunes couples fassent inviter par leurs parents certains de leurs amis quand ce n'étaient pas les parents qui enrichissaient les rencontres avec les leurs.

Quand les choses se passaient ainsi dans les deux familles, les exigences disparaissaient et les relations devenaient plus fluides et bien moins astreignantes tout en demeurant chaleureuses. Si bien que les rituels du début se délitaient d'eux-mêmes et que les jeunes pouvaient espacer leurs visites sans se l'entendre reprocher. Bien au contraire même. Les retrouvailles étaient l'occasion de récits portant sur ce qui avait pu se passer pendant le temps écoulé. Et les jeunes, en choisissant ce dont ils voulaient bien parler, s'y livraient avec beaucoup de complaisance, y voyant l'occasion de tester et de constater le respect de leur autonomie. La transmission s'était effectuée sans avoir soulevé d'insurmontables dissensions.

Il en était ainsi quand, implicitement, les deux familles de beaux-parents, même si elles ne se fréquentaient pas, adhéraient aux mêmes codes et à la même vision des choses. Quand, pourrait-on dire, elles ne manifestaient pas de rejet des règles issues du patriarcat. Quand elles défendaient, autrement dit, la primauté de la limite sur la non-limite, celle du pouvoir sur la puissance. Ce qui laisserait entendre que, même si elles étaient au premier plan décisionnel, les belles-mères, non seulement ne contestaient pas ledit patriarcat et sa signification profonde, mais en assuraient autant la défense auprès de leurs brus si c'était nécessaire que la transmission auprès de leurs filles, de leurs fils et de leurs gendres. Manière de dire que, pour chacune des deux familles de beaux-parents, comme pour chacun des partenaires du jeune couple, le message social du soutien au père n'était pas un vain mot et était suffisamment relayé pour intervenir sur les comportements.

Je ne suis pas en train de broder de la fiction. Je suis assez vieux pour avoir vécu dans un univers où les choses se passaient toujours ainsi mais que j'ai vu se modifier profondément même si j'ai pu voir y persister, jusqu'à la fin de ma carrière, des cas de l'espèce classique, dont certains à caractère quasi fossile. Je me souviens en particulier de quelques patients me rapportant leur expérience et me faisant la description de ces tablées familiales d'une vingtaine, voire d'une trentaine de personnes qui se déroulaient deux fois par mois, et qu'aucune des personnes présentes, parfois dotées de situations brillantes et surchargées de travail, n'aurait ratées pour rien au monde.

Des cas d'harmonie ?

Dans le contexte que je viens de décrire, les relations des belles-mères avec leurs brus ou leurs gendres étaient des plus cordiales et ne butaient sur aucun problème qui fût insoluble. Pour illustrer le fait, j'ai choisi un cas clinique qui m'a paru particulièrement parlant.

Dans le sac

La jeune femme qui me présentait pour la première fois son petit garçon de 18 mois, ce jour-là, venait de très loin et a introduit la consultation en égrenant la liste des personnes qui m'avaient recommandé à elle. Elle était si maigre et si agitée que je me suis aussitôt demandé si elle ne souffrait pas d'hyperthyroïdie. J'ai eu le tort, même avec le doigté dont j'ai usé, de l'interroger aussitôt à ce sujet. Elle m'a renvoyé sans ménagement dans mes cordes en asseyant son fils sur la table d'examen et en me disant sèchement : « Ce n'est pas pour moi que je suis venue vous voir. Moi, merci, j'ai mon médecin. » Comme j'ai baissé les yeux, elle a poursuivi : « Je viens voir un pédiatre, le pédiatre que vous êtes et qu'on m'a conseillé, pour mon fils. Il ne me [sic] mange rien. Mon médecin généraliste me dit qu'il va bien mais, moi, je ne trouve pas ça normal d'avoir à le forcer même pour lui faire ingurgiter [resic] son dessert. Je ne vous dis pas : chaque repas dure un temps fou et quand on me dit que c'est une épreuve pour lui, je réponds que je n'en ai rien à faire parce que c'en est une plus grande encore pour moi. »
Comprenant que toute discussion était inutile, je me suis résolu à exécuter un acte médical pur. Après avoir relevé les renseignements élémentaires sur le carnet de santé, j'ai pesé le bébé et je l'ai examiné. Pour finir par dire à cette maman que tout me semblait aller bien et que son fils ne voulait sans doute manger qu'à sa faim. Quel est le méde-

cin capable, tout investi qu'il puisse être, de faire entendre un propos de cet ordre à une mère, a fortiori *quand elle est inquiète ? Nous avons alors repris notre dialogue de sourds. Elle, me reprochant d'être venue de loin pour ne s'entendre dire que des banalités, autrement dit pour rien. Moi, lui rétorquant que je ne pouvais pas inventer une pathologie à son enfant pour lui faire plaisir ! Ce qui avait pour effet de la faire revenir sur la description du symptôme, sur sa souffrance, etc. Ne sachant pas comment sortir de l'impasse, j'ai cru bon de lui demander ce que le père pensait en général de l'état de l'enfant et des difficultés qu'elle rencontrait. La réponse a fusé comme si elle n'attendait que de le faire : « Lui, il n'en dit rien ! Et pour cause, il n'est jamais là, lui, au moment des repas ! Monsieur travaille ! Et le plus amusant, vous voulez que je vous le dise ? C'est qu'il travaille dans la restauration ! Il nourrit, lui aussi. Mais les autres. Avec sa mère ! Le restaurant où il travaille, c'est son restaurant à elle. Alors, il rentre à des deux ou trois heures du matin. Il dort jusqu'à une ou deux heures de l'après-midi. Après quoi il se lève pour repartir à son travail. Vous me demandez ce qu'il pense, eh bien, il ne pense pas ! C'est ça que vous voulez savoir ? » Je l'ai écoutée sans l'interrompre, puis j'ai mis fin à la consultation en lui conseillant d'essayer de ne pas forcer son enfant et de revenir le mois suivant pour voir combien il aurait pris de poids, ce qui permettrait de se faire une idée plus juste de la situation.*

J'avoue avoir espéré ne pas la revoir. Il me semblait même avoir tout fait pour cela tant je l'avais mal supportée.

Elle est cependant revenue le mois suivant. Et, voyant son nom sur la liste de mes patients, je me suis préparé à son acrimonie. Elle n'était pas seule. Elle était accompagnée d'une dame bien plus âgée, aussi replète qu'elle était filiforme, aussi blonde qu'elle était brune et aussi souriante qu'elle était sinistre. Et cette dame m'a déclaré sur un ton jovial, dès qu'elle eut franchi le seuil de mon cabinet : « Docteur, je suis venu avec ma belle-fille parce que vous devez penser que tout ce qui se passe avec mon petit-fils, c'est de ma faute ! » C'était donc la grand-mère paternelle de l'enfant. Étrange, ai-je pensé, qu'elle vienne à la place de son fils. Je lui ai fait remarquer, sur le même ton que le sien, qu'elle y allait un peu fort, puisque je n'avais pas même encore ouvert la bouche. Elle m'a rétorqué en riant : « Vous pensez ça si fort que je l'entends. » Ça m'a fait moi aussi éclater de rire et nous nous sommes assis. La bru, qui semblait ne pas même attendre que je pèse son fils comme nous en étions convenus, observait la scène en silence avec le même regard noir et inquiet que celui qu'elle avait la fois d'avant.

C'est la belle-mère qui a repris l'initiative, me demandant tout de go : « Docteur, vous aimez les histoires ? Je veux dire les histoires de chez nous ? » Et comme, sur fond de la connivence qu'elle instaurait, je lui ai dit combien je les prisais, elle a poursuivi : « C'est l'histoire d'un homme qui vivait dans la même maison avec sa femme et sa mère. » Admirable, ai-je pensé, comme le contenu de la consultation d'avant me revenait. Cette dame n'y allait pas par quatre chemins et semblait vouloir aborder directement la situation de son fils. Elle a poursuivi : « Il ne savait pas comment gérer la situation. S'il décidait, en entrant le soir de son travail, d'aller saluer d'abord sa mère, sa mère le prenait aussitôt à partie en lui disant : "Ta femme, si tu savais ce qu'elle m'a dit, etc., etc." Si le lendemain, il décidait d'aller d'abord saluer sa femme, il entendait un refrain identique : "Si tu savais seulement ce que m'a fait ta mère et comment elle m'a traitée..." Plus les jours passaient, plus sa vie devenait un enfer. Il s'est enfoncé dans son travail, cherchant à entrer le plus tard possible pour trouver l'une ou l'autre, sinon les deux, endormie. Ça a été peine perdue. Or, voilà qu'un soir, tard, il arrive chez sa mère, avec un air lugubre. Avant qu'elle ouvre la bouche, il lui hurle à la face : "Tais-toi et écoute-moi. J'en ai assez de cette vie. Ma vie ce n'est pas une vie et je n'y suis pour rien. J'en ai assez de l'enfer dans lequel je vis. J'ai beaucoup réfléchi, j'ai tout prévu et je n'ai pas d'autre solution : il faut que je te tue[10]*." Sans se laisser impressionner, sa mère lui offre sa poitrine et lui dit sur un ton faussement implorant : "Si pour ton bonheur, tu dois me tuer, mon fils, frappe d'abord ce sein qui t'a nourri." Il tire alors de sous son vêtement un long couteau et le lui plante dans le cœur. Il reste là un peu abasourdi puis, en attendant que la nuit s'épaississe, il met le corps de sa mère dans un sac qu'il hisse sur une brouette. Quand la nuit est enfin devenue suffisamment noire, il sort pour aller l'enterrer dans la tombe qu'il avait déjà creusée dans la forêt proche du village. Chemin faisant, il voit venir deux gendarmes dans sa direction. Effrayé, il sent son cœur battre la chamade. Il serre plus fort encore les manches de la brouette. Mais voilà qu'il se met à transpirer à gouttes de plus en plus grosses au fur et à mesure que les gendarmes approchaient. Quand ils ont été à sa hauteur, la brouette et tout son contenu se mirent soudain à remuer et à trembler si fort qu'il crut sa dernière heure venue. Mais les gendarmes poursuivirent leur chemin sans même le remarquer. Il accéléra le pas puis, quand il fut à distance respectable d'eux, il s'arrêta en lâchant les manches de la brouette. Puis, en prenant son élan, il donna un grand coup de pied dans le sac en disant entre les dents : "Salope ! Même morte, tu continues de m'empoisonner la vie." Une voix sortit alors du sac et lui dit : "Excuse-moi, mon fils, excuse-moi ! Mais j'ai eu si peur que tu sois pris avec un colis aussi compromettant !"* »

Elle s'est tue. Elle m'a regardé longuement en silence et nous nous sommes souri. Soulagée sans doute, elle. Ému plus que je n'aurais cru le pouvoir, moi, devant la parabole

10. On croirait entendre Coleman Silk, le héros de Philip Roth : « On n'a pas besoin de tuer son père. Le monde s'en charge. Il y a des tas de forces qui guettent le père. Le monde va lui faire son affaire, et il l'avait faite en effet. Celle qu'il faut assassiner, c'est la mère. Et il était en train de s'y employer, lui, l'enfant qu'elle avait aimé comme elle l'avait aimé. Il l'assassinait au nom de son exaltante idée de la liberté ! Tout aurait été plus facile sans sa mère » (*La Tache*, Paris, Gallimard, 2002, p. 175).

qu'elle m'avait servie et qui illustrait plus que toute autre possible, l'étendue de la sollicitude maternelle.
Elle a alors entrepris de m'expliquer qu'elle avait eu son fils en Algérie. Et qu'il venait à peine de naître quand son époux, qui tenait un café, a été tué devant elle par un fellagha. « C'est tout ce qui me reste de lui et de la vie que j'avais cru pouvoir vivre avec lui. Il n'a jamais cessé d'exister, d'être auprès de moi. Je n'ai jamais rien fait sans me demander ce qu'il en aurait pensé. Il ne m'a pas seulement accompagnée pour élever mon fils, il m'a inspirée au point que je me suis souvent dit que notre fils était plus encore le sien que le mien. Vous savez, quand mon fils est venu m'annoncer son intention de se marier, je l'ai engueulé de se sentir embêté et gêné comme s'il me disait qu'il allait faire quelque chose de mal. Je lui ai dit qu'il était idiot. Je l'ai assuré de la joie qu'il venait de me donner et j'ai ouvert une bouteille de champagne. Je n'avais encore jamais rencontré la jeune fille qu'il allait épouser. Mais pouvait-il me faire un plus beau cadeau ? Je dois dire que ma belle-fille m'en a fait un autre avec le petit-fils qu'ils ont eu. Voilà, c'est toute l'histoire que je voulais venir vous raconter. »
Les larmes lui coulaient sur le visage. Sa bru pleurait autant qu'elle. L'émotion était intense, à hauteur de ce qui avait circulé entre les mots. Je n'ai pas même pesé le bébé. C'était comme si tout s'était organisé pour l'émission de ce récit, pour qu'une belle-mère puisse dire à sa bru que tout attachée qu'elle était par les tripes à son fils, elle n'avait pas l'intention de le mettre dans un embarras qui eût pu les mener, tous, aux pires extrémités.
J'ai appris, à la consultation suivante, que ledit fils avait abandonné son poste chez sa mère et avait trouvé un travail avec un emploi du temps moins astreignant. Ce qui m'a énormément amusé c'est la nature du nouveau métier dans lequel, paraît-il, il excellait. Il était chargé de vendre aux entreprises… des photocopieuses – c'était l'époque où elles sont arrivées sur le marché. J'imagine qu'il pouvait développer un argumentaire particulièrement convaincant sur

le progrès que représentait la possibilité d'avoir la copie parfaite d'un original. Étant parvenu à se soustraire aux critiques de son épouse, espérait-il pouvoir la voir un jour devenir, en sollicitude tout au moins, une copie de sa mère ? Il ne semble pas avoir gagné.

J'ai suivi longtemps l'enfant, resté unique, de ce couple. L'épouse n'a jamais changé, pas plus qu'elle n'a d'ailleurs modifié son rapport à son enfant et au père de ce dernier. Malgré, ajouterai-je, toutes mes tentatives pour l'aider et toutes les perches que j'ai pu lui tendre pour essayer de la faire parler d'elle et de son histoire quand ce n'était pas pour lui faire dépasser sa perpétuelle insatisfaction. « Les choses sont comme ça, disait-elle. Personne n'y peut rien et chacun doit penser d'abord à lui. Moi, en tout cas, je pense à moi et en particulier à l'enfer que me fait vivre mon fils à chaque repas. Je me demande si j'en sortirai un jour. Des fois, je suis tellement en rage, que je me dis que je vais le tuer. » Quand j'essayais, une fois de plus, de la convaincre de laisser son garçon manger à sa guise, elle se rétractait, me reprochait de ne rien comprendre et même de vouloir injustement la punir en lui refusant les fortifiants et les vitamines qui pourraient certainement la sortir de l'impasse. Il m'est même arrivé d'essayer de relancer le débat en usant de l'humour et en lui demandant si elle avait pensé à se procurer un jour une brouette. C'était peine perdue. « C'est ça, moquez-vous de moi. On voit que tout savant que vous êtes, vous n'êtes pas une mère et que vous ne pouvez pas comprendre ce que ressent une mère. » Si j'essayais de la renvoyer à la sienne ou à sa belle-mère, elle se murait dans le silence et pliait bagage.

Elle revenait cependant. Avait-elle fait de moi le témoin de son insatisfaction ou bien le personnage masculin de choix qu'elle pouvait se prévaloir d'avoir réduit à l'impuissance ? Sa tournure d'esprit, son imperméabilité à mes propos comme son entêtement ne m'ont jamais permis d'en décider. Je l'ai accompagnée, pour ne pas dire supportée, pendant des années. Et j'ai vu son fils grandir correctement et développer à son endroit de beaux mécanismes de défense. Quelques années plus tard, elle est revenue, avec sa propre bru, son propre petit-fils et son fils. Se vantant aussitôt d'avoir réussi à en faire un homme, et ajoutant : « Heureusement que je ne vous ai jamais écouté. »

Voilà un portrait de jeune femme auquel pourraient parfaitement s'appliquer les propos sévères de Doris Lessing.

Mais voilà aussi un cycle de vie. Au sein duquel on voit évoluer deux femmes unies par un lien d'alliance, qui se ressemblent fort peu, qui ne nourrissent cependant pas de conflit et qui ont pourtant à l'endroit de leurs fils respectifs des comportements diamétralement opposés.

La première, la plus âgée, la belle-mère, use, en présence de sa bru, d'un conte pour dire en substance qu'elle n'a pas plus l'intention de mettre son fils dans l'embarras que de finir poignardée. Elle dit : « Je n'avais encore jamais rencontré la jeune fille qu'il allait épouser. Mais pouvait-il me faire un plus beau cadeau ? Je dois dire que ma belle-fille m'en a fait un autre avec le petit-fils qu'ils ont eu. » Cette femme semble, à l'évidence, n'avoir pas élevé son fils pour le garder pour elle. Et quand elle attribue la naissance de son petit-fils à sa bru, elle reconnaît la place prééminente que cette dernière a eue dans la procréation tout en offrant l'exemple de sa propre conduite. Si elle peut développer cette manière de voir, c'est parce qu'elle dit aussi, parlant du père de son fils : « Il n'a jamais cessé d'exister, d'être auprès de moi. » Et elle ajoute : « Il ne m'a pas seulement accompagnée pour élever mon fils, il m'a inspirée au point que je me suis souvent dit que notre fils était plus encore le sien que le mien. » Il est vrai que le père de cet enfant est mort. Ce qui rappelle le propos de Lacan : « Le père idéal est le père mort[11]. » Propos à entendre en référence à l'histoire de l'espèce mais aussi

11. Séminaire *Les non-dupes errent (1973-1974).*

comme pour insister sur le fait que chacun a eu ou a le père, nécessairement carrent auquel il a ou il a eu à se confronter. Mais n'oublions pas non plus, pour ce qui concerne sa place de mère, l'origine ethnique de cette belle-mère. Elle a vécu en Algérie. Elle n'a donc pas manqué d'être influencée par la manière dont les sociétés arabo-musulmanes organisent les rapports familiaux. Ce qui est à entendre derrière le « je me suis souvent dit que notre fils était plus encore le sien que le mien ».

Son récit et ses propos laissent entendre plus de choses encore. C'est pourquoi j'y reviens.

Son fils, c'est le fils qu'elle a eu, toute jeune donc, d'un homme aimé avec lequel elle pensait devoir passer sa vie entière. C'est celui qui aurait pu être le premier de la série d'enfants que lui aurait faits l'« homme de sa vie ». On peut aussi dire les choses autrement en avançant qu'elle a tellement adhéré à la logique de la limite, que représentait son homme pour elle, qu'elle a durablement renoncé à la logique de la non-limite qui aurait pu être la sienne ou ressurgir entre-temps – ce qui est au demeurant le cas de toute mère qui donne durablement une place au père de son enfant. Ce fils est aussi celui dont la présence ne cesse pas de lui rappeler la brutale interruption de son rêve banal et légitime, et l'acte tragique qui l'a signée en sa présence. Ce fils est la trace vivante qui lui reste de cet acte. La trace indélébile qui empêche de s'effacer l'événement, mais plus encore le personnage qui en a été victime – elle n'a pas « refait » sa vie, comme on dit. Si bien que tout mort qu'il ait été, le père de ce garçon n'a certainement pas cessé d'exister dans le discours de la mère au point d'avoir pratiquement été, comme elle le dit clairement, plus présent au fils et à la mère que s'il avait vécu.

On trouve le strict symétrique de cette histoire dans le Pentateuque : c'est celle de Jacob et de Rachel[12]. Ces

12. Genèse, XXIX : 30 ; XXX : 22 et 24 et XXXV : 18.

deux-là s'aimaient, ô combien. Mais ils ne parvenaient pas à avoir d'enfants. Si bien que, lorsqu'ils en eurent un, au bout de ces longues années de stérilité, ils le nommèrent Joseph, ce qui, en hébreu, se dit Yoseph et veut dire exactement : « qu'Il ajoute (un fils) ». Tout un programme ! Qui indique de surcroît combien le suivant serait investi. Or la mère de ce suivant va mourir au moment où elle le met au monde. Elle demande alors à son père de le nommer Ben Oni, ce qui, en hébreu, veut dire « fils de mon deuil ». Jacob refuse et lui déclare qu'il le nommera Benjamin, ce qui, en hébreu, se dit Ben Yamin et signifie « fils de la droite », qu'on peut entendre autant comme « fils de ma force » que comme « fils de mon histoire », l'hébreu s'écrivant de droite à gauche. Benjamin sera à jamais précieux pour Jacob, lequel, au motif qu'il est le seul enfant qui lui reste de sa Rachel tant aimée, refusera de l'envoyer avec ses frères se procurer du blé en Égypte[13] et persistera dans cette attitude quand ses fils reviendront lui dire que sa présence en Égypte a été posée comme indispensable[14]. C'est dire de quelle sollicitude Jacob devait entourer Benjamin !

Or les effets de la sollicitude d'un père pour un fils entouré d'une fratrie nombreuse ne sont pas et ne peuvent pas être les mêmes que ceux d'une mère qui, toute vouée qu'elle soit à rappeler son père à son fils unique, n'en vit pas moins avec lui un tête-à-tête autrement difficile à gérer.

La sollicitude dont elle ne manque pas de l'entourer suscite en lui des sentiments agréables et adjuvants quand elle est supportable et dénuée d'ambivalence, mais aussi une véritable souffrance quand elle devient excessive.

Est-ce pour se préserver et épargner à sa descendance une telle souffrance que ce fils, tout promoteur enthousiaste de photocopieuses qu'il ait fini par être, s'est choisi

13. Genèse, XLII : 45.
14. Genèse, XLI : 38.

une femme qui se situe et qui se situera avec leur enfant à l'exact opposé de sa mère ? Ce ne serait pas sans rappeler la logique des unions exotiques : on se choisit un(e) partenaire très clairement différent(e) de son parent du même sexe pour être sûr de ne pas les confondre et de s'être ainsi correctement mis à l'abri de la tentation incestueuse et de sa violence. Il suffit, pour le comprendre, de revenir à ce que j'ai dit au moment où j'ai commenté la problématique œdipienne.

C'est là qu'intervient la seconde femme de ce récit, l'épouse du fils, la bru.

Qu'a-t-elle pu dire à sa belle-mère de notre première consultation pour que cette dernière se soit décidée à venir avec elle pour régler radicalement le problème ?

N'oublions pas que le motif de cette consultation était un trouble impliquant l'alimentation de l'enfant que cette mère, probablement ancienne anorexique elle-même, a eu d'un homme travaillant dans la restauration avec sa mère. L'oralité, autrement dit la relation qui comble le plus et qui est la plus archaïque avec la mère, occupe pratiquement toute la surface du tableau. Face à cette relation, une relation au père, surinvestie de la part de la belle-mère et en voie de construction pour la bru qui reproche son absence à celui de son enfant. Cet homme changera de travail et occupera auprès de sa femme, et de son enfant, la place concrète que cette dernière lui demandait d'occuper. Le trouble n'en disparaîtra pas pour autant. Malgré mes tentatives récurrentes pour essayer de lui en faire dire plus. Ce qui signifie que la place concrète du père ne l'a pas pour autant fait accéder à sa place symbolique. Sans doute en raison de l'injonction inconsciente faite par la mère à cet enfant d'être identique à elle, mais devant cependant être préservé du destin d'anorexique qu'elle a connu. L'enfant, ne pouvant entendre que la première partie de l'injonction, y obéit en toute loyauté. Le cercle vicieux s'installe alors. Elle, effrayée par ce qu'elle lit comme un avenir d'anorexique, va opter pour le forçage alimentaire. Lui, résiste de toutes ses forces. Elle en vient alors, par un mécanisme de projection[15], à prétendre que le mal vient de ce que le père de son enfant, qui est objectivement absent, serait demeuré l'otage d'une mère qui ne veut pas plus le lâcher qu'il ne veut la quitter. Sa belle-mère vient avec elle, chez moi, lui donner la réplique avec beaucoup d'habileté, de doigté, et de douceur. Elle lui dit en substance : « Mon fils, étant cet enfant que j'ai eu avec un homme dont je continue de porter le deuil, ne m'appartient pas. Et je n'ai pas l'intention de le mettre dans une situation difficile. Il a choisi de faire sa vie avec toi, qu'il la fasse. Et puisque tu mets le trouble de votre enfant sur le compte de son absence, qu'il soit présent et que tu sois ainsi satisfaite. » C'est ce en quoi cette belle-mère partage avec sa bru la certitude que les conditions concrètes d'une existence conditionnent les caractéristiques et le devenir de cette existence. Elle peut en témoigner, elle qui a vécu dans l'assassinat de l'« homme de sa vie » une condition concrète qui a marqué son destin. Elle ne prend pas alors la mesure que c'est la place symbolique qu'elle a donnée à l'événement qui est intervenue plus que celui-ci, conférant à ce père mort une place éternelle. Ce ne sera pas le cas de sa bru. Car cette dernière, malgré ses allégations, a plus tiré son enfant du côté de sa propre histoire qu'elle ne l'a dévolu à celle de son père. L'enkystement du trouble a sans doute été perçu par elle comme la mesure la plus économique pour que se poursuive son aventure de vie. Laquelle d'ailleurs a tout de même abouti à une génération nouvelle. Rien ne dit cependant que les auspices sous lesquels a été élevé le jeune père seront meilleurs ou l'auront mieux

15. Mécanisme qui consiste à lire chez l'autre, qui en est indemne, ce qu'on ne peut pas lire en soi. Ce que le langage populaire dit quand il reproche à quelqu'un de voir la paille qui est dans l'œil de son voisin pour ne pas voir la poutre qui obture le sien.

préparé à sa fonction que ceux dont a bénéficié son propre père. C'est la position que prend la jeune épouse et mère au sein de son couple qui est déterminante, comme à l'accoutumée, mais sous le regard d'une belle-mère certainement moins souple que ne l'avait été la sienne. En raison de mon départ à la retraite, je n'ai pas suivi la situation assez longtemps pour m'en faire une idée. Ou bien la jeune femme aura été du type de la grand-mère du jeune père. On verra alors se mettre en place une alternance avec la logique du couple des grands-parents de l'enfant : tout comme son père l'avait fait, ce jeune homme se sera choisi une compagne dont le comportement mettra leur enfant à l'abri de ce qu'il a connu. Ou bien ce sera le contraire, et la jeune femme aura potentiellement le comportement de la mère du jeune père. On se retrouvera alors dans un tableau qui s'apparentera à nouveau à la logique de la guerre des sexes.

LA GUERRE DES SEXES

La guerre des sexes peut en effet engendrer, aussi paradoxal que cela puisse paraître, une parfaite alliance et une parfaite entente entre bru et belle-mère.

Nous en avons rencontré un exemple édifiant dans le propos tenu par la guide qui m'a permis d'éclairer l'histoire du pont d'Odessa. Elle se prévalait de sa bonne entente avec sa belle-mère : « Parce que sur tous les sujets nous sommes d'accord, elle et moi, contre son fils. » J'en ai également évoqué l'occurrence à propos de la notion de « gendre idéal », ce gendre ainsi sacré par les parents de son épouse parce qu'il leur permet de le rester indéfiniment au lieu de s'interposer comme il le devrait entre leur fille et eux, à son propre bénéfice, au bénéfice de sa compagne et pour l'avenir de son couple comme de sa descendance.

Les déterminants des situations de cet ordre prennent leurs racines très loin et passent bien entendu et comme toujours par les femmes qui en sont les pivots. On repère les plus immédiatement accessibles en remontant les générations autant que le permet la mémoire.

Les enquêtes généalogiques se révèlent en effet souvent très parlantes.

On peut ainsi découvrir, sur trois et parfois quatre générations, que l'ascendance féminine l'est exclusivement : toutes les mères n'ont mis au monde que des filles, lesquelles en procréaient elles-mêmes d'unions qu'elles contractaient avec des hommes dont on peut remarquer soit qu'ils ont été les seuls mâles dans leur fratrie plus ou moins grande, soit qu'ils n'ont eu pour pères que des hommes falots et totalement effacés. Comme si l'adhésion à la notion de limite avait complètement sombré pour avoir été récusée depuis longtemps. Et cela va certaines fois jusqu'à la découverte de l'existence de grossesses interrompues qui étaient toutes des grossesses de garçons. Ce qui peut incontestablement s'expliquer par la transmission d'anomalies génétiques. La récurrence de ces cas de figure au fil des générations successives n'est cependant pas sans intervenir sur la manière dont peut être vécue la différence des sexes.

Je me souviens du cas d'une mère dont je n'arrivais à comprendre ni les raisons de l'énorme angoisse qu'elle manifestait en toutes circonstances ni pourquoi mes propos les plus rassurants ne parvenaient jamais à la calmer. Elle venait à ma consultation deux et même trois fois par semaine. Souvent sinon toujours pour rien, quand ce n'était pas pour des bricoles. Je débutais ma carrière et j'aurais pu ne pas bouder le revenu facile qu'elle m'assurait. Je pense que j'ai dû probablement être contaminé par son angoisse, au point que la seule perspective de la recevoir m'insupportait. Je ne sais pas comment m'est venue l'idée de la faire parler de son histoire. J'ai alors découvert que son enfant – c'était un garçon, mais je n'avais pas prêté attention au détail – était le premier garçon dans son ascendance personnelle qu'elle avait pu remonter jusqu'à six générations. Elle se demandait s'il n'était pas une « erreur de la nature » et s'il n'allait pas lui arriver les pires catastrophes.

Il arrive parfois qu'on puisse saisir la manière dont la guerre des sexes se déploie comme la mise en œuvre par le genre féminin d'une vengeance contre la gent masculine. Vengeance perpétrée par une fille dans une fratrie de garçons ou par une fille contre un frère qu'elle a vécu, à tort ou à raison, comme malvenu ou surinvesti par leurs parents communs. La haine de l'un de ces frères, ou du seul frère, est reportée d'abord sur le compagnon, lui-même choisi pour sa soumission et son allégeance à sa propre mère, puis ensuite sur un fils éventuel qui est ouvertement disqualifié au bénéfice de sa sœur ou de ses sœurs. Il va sans dire que le fils ainsi formaté investit à son tour une femme dont l'histoire n'est pas sans ressembler à celle de sa mère. Ce qui aboutit à une alliance sereine entre belle-mère et bru qui mènent ainsi le même combat et visent le même objectif. Il suffit alors de quelque deux ou trois générations pour voir s'installer une suite de générations ne procréant que des filles.

Je dois signaler, pour être le plus complet possible, qu'il existe des configurations dans lesquelles les partenaires sont vécus par leurs beaux-parents respectifs comme un « gendre idéal » et une « bru idéale ». Aucun des deux, dans ce cas, ne s'interpose entre son partenaire et les parents de ce dernier. Ils restent l'un et l'autre, malgré leur union et quelle que soit sa configuration, d'abord et avant tous les enfants de leurs parents respectifs et en particulier de leurs mères. Cependant, les statuts ne résistent pas au temps et en particulier à la naissance des enfants. Dès le premier, la bru cesse d'être idéale, alors que le gendre, lui, peut le rester éternellement.

Dès lors, on ne peut comprendre la logique des situations que rencontre la clinique qu'en essayant de repérer la manière dont les pères des générations successives ont eu ou non accès à une place. Laquelle, même sur fond de soutien social, leur a été faite ou non par les mères de ces mêmes générations.

On constate en effet que l'attitude des mères ayant correctement investi les pères de leurs fils induit souvent chez ces derniers des choix qui leur font privilégier des femmes ayant été elles-mêmes pourvues d'un père. Là encore, comme je l'ai déjà dit, une harmonie s'installe rapidement entre belles-mères et brus. Comme si, en fond de décor, il y avait eu d'emblée une entente implicite autour de la notion non contestée de limite et du pouvoir qu'elle a institué.

Ententes et mésententes

L'entente implicite autour de la notion de limite et de la place à conférer au père qui en est le représentant n'est cependant pas une règle automatique. Car on observe, aussi bien dans une fratrie mixte que dans une fratrie composée uniquement de filles ou de garçons, que certains des enfants bénéficient d'un père, alors qu'il est interdit à d'autres. Comme la place du père – je le rappelle une fois de plus – est ce qu'en fait la mère, celui-ci ne peut en aucune façon en décider personnellement et, de surcroît, bien moins aujourd'hui qu'au temps où il était soutenu par l'environnement social. Nous nous retrouvons là devant ce problème de dévolution que laissait entendre Lacan quand il mettait en rapport la structure de l'enfant et l'imaginaire de sa mère.

Dévolutions et captures

J'ai eu ainsi à suivre les enfants et les couples de deux sœurs.

La plus jeune, mariée à un homme dont elle était très amoureuse et mère de deux garçons, s'entendait parfaitement avec sa belle-mère, qui l'adorait en retour. Son cas s'inscrit dans le cadre de ce que j'ai décrit plus haut.

L'aînée, mère de deux filles et d'un garçon, détestait en revanche sa belle-mère au point de refuser de la voir et d'interdire à son mari d'aller lui rendre visite plus d'une fois par mois alors qu'ils habitaient le même quartier. Quand elle venait à mes consultations, elle était toujours accompagnée par sa mère qui, alors qu'elle n'accompagnait jamais sa puînée, semblait l'avoir littéralement confisquée et en avoir fait, à leur double satisfaction apparente, sa propriété exclusive. C'est ainsi que j'ai été progressivement amené à apprendre qu'elles se téléphonaient plusieurs fois par jour, qu'elles ne faisaient pratiquement rien sans se consulter l'une l'autre, s'échangeant aussi bien des recettes de cuisine que des informations sur les livres à lire, les spectacles à voir, les amis à fréquenter ou à éviter, les produits à acheter ou à fuir. La mère se rangeant toujours aux avis de sa fille, adoptant ses choix, et jamais le contraire, optant pour un parfum similaire, pour la même huile de bains, les mêmes produits de beauté, les mêmes conserves alimentaires, la même eau de table, la même ligne de vêtements. Comme si s'offrait à elle une poursuite sans rupture de son existence dans celle de sa fille vécue comme son clone, si ce n'est elle-même en mieux.

« Je n'ai pas de meilleure amie que ma mère, m'a déclaré un jour cette jeune femme. Et quand mon mari me dit que je passe trop de temps avec elle, je lui rétorque qu'il préférerait peut-être que je tue le temps avec un amant. Ça lui cloue le bec. » Ce à quoi faisait écho le propos de sa mère, à qui il arrivait de me conduire seule les petits-enfants en consultation, me prenant à témoin de son bonheur : « Vous savez, Docteur, les hommes ne peuvent rien comprendre à

ça. Parce qu'ils n'ont aucun moyen de vivre une expérience comme celle-là. Ils ne peuvent pas même imaginer le bonheur d'une mère quand elle a une fille avec qui elle s'entend merveilleusement et avec laquelle elle peut tout partager. C'est la meilleure et, je crois, la seule définition qu'on puisse donner du bonheur. » Un sens trouvé à la vie. La parure narcissique suprême, en quelque sorte. La réussite parfaite de la mission du genre féminin dans l'histoire de l'espèce : s'inscrire comme chaînon de son clan en mettant au monde une fille à qui transmettre l'état d'esprit et la mission de ce clan, laquelle les transmettra à son tour... Quand je lui ai demandé comment son époux vivait la situation, elle m'a répondu qu'il partageait « presque » son bonheur. C'est-à-dire « comme un homme peut le faire ». Il adorait ses deux filles et ses gendres qui le lui rendaient d'ailleurs bien. C'était presque une résurrection pour lui. Il avait perdu ses parents alors qu'il était encore enfant et il avait été élevé par un oncle et une tante. Alors, cette famille qu'il avait réussi à fonder, il l'inondait de tout son amour. Je n'ai pas pu m'empêcher de penser qu'elle passait sur l'essentiel, c'est-à-dire qu'elle ne lui laissait pas le choix d'apprécier autrement son sort. Il entendait, sans qu'elle eût besoin de le lui dire comment sa fille l'avait fait avec son mari, qu'il n'avait pas le choix[16].

Une autre fois, alors qu'elle me rapportait un échange avec sa fille, je l'ai interrogée sur la manière dont son gendre vivait cette complicité. Elle m'a répondu : « Ma fille est vraiment bien tombée et je remercie le ciel qu'elle ait rencontré un garçon aussi amoureux, aussi intelligent et surtout aussi conscient de la chance qu'il a d'avoir épousé ma fille. Alors, il ne trouve rien à redire à ce qu'elle fait. Et, de vous à moi, je crois qu'il a aussi compris qu'il n'avait pas beau-

16. « Ce que femme veut, Dieu le veut. » Cette sentence de François Ier laisserait-elle entendre qu'un homme courrait les mêmes risques à ignorer le vouloir d'une femme qu'à se soustraire aux commandements de Dieu ?

coup le choix. » Et d'ajouter : « Dommage qu'il ait une mère aussi infernale, pauvre de lui, ça ne lui facilite pas l'existence. » Je lui ai alors fait remarquer qu'elle pouvait somme toute doubler pratiquement ce bonheur dont elle m'entretenait si souvent, puisqu'elle avait une deuxième fille. Elle m'a répliqué : « Ce n'est pas la même chose. Mon aînée me ressemble, ma seconde ressemble à son père, pour ne pas dire, selon lui, à ma belle-mère que je n'ai pas connue ! » Le tableau classique du rapport d'une mère à ses filles, l'élue[17] *dans laquelle elle se projette et la non-élue (ou les non-élues quand il y a plusieurs filles) qui l'intrigue quelque peu quand elle ne l'effraie pas au point, dans un réflexe de protection, de s'en désintéresser. L'élue qui admet et ne juge pas leurs rapports respectifs à la non-limite, la non-élue, traîtresse à la cause, qui aurait eu le tort de s'être rangée du côté de la limite. À ceci près, mais jamais les mères ne peuvent l'admettre, que si cette dernière a fait un tel choix, c'est sur l'injonction inconsciente de sa mère refusant de l'inscrire même un tant soit peu dans sa propre histoire, refusant de l'y inclure ou de lui donner une place en son sein, la contraignant ainsi de s'inscrire, à regret sans doute et massivement en réaction, dans l'histoire de son père.*
Il n'est pas question ici de parler d'arbitraire. Car, même dans une telle configuration, ce serait faire référence à un arbitraire dont on ne veut plus entendre parler et que les femmes ont toujours dénoncé avec force : celui qui a présidé à l'instauration du patriarcat ! Les femmes, et en particulier les mères, ne tombent pas, ne tombent jamais, dans une telle pratique ! Voyons ! Elles, elles ne manient pas l'arbitraire ; il est réservé aux détenteurs de pouvoir ! Elles, elles n'ont pas de pouvoir. Elles, elles sont sans pouvoir même si, à tort,

---

17. J'ai écrit sur le sujet un ouvrage qui m'a valu un courrier considérable : *Les Filles et leurs mères* (Paris, Odile Jacob, 1998). Dans les salons où il m'arrive de me rendre, il est acheté à lui tout seul autant que l'ensemble de mes autres ouvrages réunis. C'est dire l'importance du problème.

elles sont réputées puissantes parce que leurs enfants les adorent. Elles, elles n'ont tout simplement pas le moyen de faire autrement. Et qu'on ne vienne pas les accuser d'être dans le caprice ! C'est déjà triste d'être victime, pourquoi redoubler la tristesse par l'accablement ? C'est cruel et ça ne conduit à rien puisqu'elles ne peuvent pas – et il faut l'entendre ! – elles ne peuvent pas faire autrement !

Dans cette histoire, c'est l'aînée qui a été l'élue. Mais ce n'est pas toujours le cas.

Au cours d'un voyage en train, mon voisin de siège m'ayant reconnu s'est adressé à moi. Au bout de quelques minutes d'échanges de banalités polies, il m'a demandé s'il pouvait m'entretenir d'un problème qu'il avait essayé de comprendre, mais qui continuait de l'intriguer. Comme je ne me suis pas soustrait à sa demande, il a entrepris de m'expliquer qu'il était père de cinq enfants, trois filles puis deux garçons, tous adultes et bien installés dans la vie. Ce qu'il n'avait toujours pas compris, c'est ce qui poussait son épouse à faire des différences entre ses enfants, alors que lui n'en faisait aucune. Il voulait savoir si cela faisait partie des différences qui s'observent parfois entre pères et mères ou bien si cela concernait seulement sa famille et son couple. Comme je l'ai encouragé à préciser sa question et à me donner quelques détails, il m'a dit : « Nos enfants sont dispersés géographiquement. Deux d'entre eux habitent en province et un autre à l'étranger. Ils nous appellent de temps à autre, quand l'envie les prend, c'est-à-dire de façon très irrégulière, une fois toutes les quatre à six semaines, si ce n'est moins. Ça n'émeut guère ma femme. En revanche, si notre troisième fille, qui habite pourtant près de chez nous, ne l'a pas appelée pour la troisième fois de la journée, elle n'arrête pas de tourner en rond en se rongeant les ongles. Et elle n'accepte de s'endormir que si elle a enfin eu ce troisième appel. C'est infernal. J'ai tout essayé pour la raisonner, mais je ne suis arrivé à rien. C'est d'ailleurs comme ça en tout. Par exemple, quand il nous arrive de recevoir plusieurs de nos enfants ou même, en de rares occasions, tous nos enfants ensemble, ma femme n'en a que pour notre troisième. Elle commence par guetter sa venue par la fenêtre. Et vous savez pourquoi ? Pour aller se mettre une perruque de la couleur que notre fille se sera fait faire chez son coiffeur ! Elle s'en est acheté toute une série. Après quoi, il n'y en a que pour elle, et seulement pour elle, c'est-à-dire bien plus que pour les deux adorables petits garçons qu'elle a ou bien sûr que son mari qu'elle salue à peine. Elle la sert sans rien lui demander. Elle sait le cocktail qu'elle aime et elle le lui apporte alors qu'elle invite les autres à se servir. À table, elle tient à la servir elle-même, en lui choisissant bien sûr les meilleurs morceaux, les meilleurs fruits. Je crois que si elle le pouvait, elle nous chasserait tous pour rester en tête à tête avec elle. »

J'ai profité de ce qu'il s'arrêtait, légèrement ému, pour lui demander le prénom de cette fille, afin de lui permettre d'en parler autrement qu'en la référant à son rang dans la fratrie. Sa réaction m'a stupéfié. « Vous, alors, m'a-t-il dit, en se redressant d'un bloc, en me souriant et en me lançant un regard admiratif. Vous, alors ! Là, je peux témoigner que vous n'avez pas volé votre réputation ! » Je ne comprenais rien à son attitude et à ses propos au point que je me suis mis à me demander si je n'avais pas affaire à un hurluberlu et si je n'avais pas été imprudent de me prêter à l'échange. Il a poursuivi : « Vous avez vraiment fait fort ! Elle s'appelle Astrid. Astrid, oui, comme la reine de Belgique. J'aurais dû vous dire, mais je l'ai oublié, que ma femme est belge. Et, voyez-vous, le fait que vous m'ayez demandé le prénom de notre troisième fille m'a tout fait comprendre d'un seul coup ! C'est marrant, ça, non ? Vous faites toujours comme ça ? Vous écoutez sans rien dire, et hop ! une banale question et vous résolvez le problème. C'est pas croyable ! Je n'en reviens pas. Je vous explique. Lorsque nous avons eu notre première fille, ma belle-mère a insisté, parce que c'était une tradition familiale, pour qu'on la prénomme comme elle, c'est-à-dire Hélène. Ma femme n'a pas osé lui refuser. Quand nous avons eu notre deuxième fille, ma mère a réclamé du coup la même faveur que ma belle-mère. Et là encore, après avoir marqué une certaine réticence, ma femme a accepté. Notre deuxième, nous l'avons donc appelée Virginie. C'est pourquoi, avec votre question tout innocente en apparence, j'ai soudain tout compris. Astrid, c'était celle de nos filles dont ma femme a pu choisir seule le prénom. Celle-là, elle a dû la ressentir comme pleinement sienne. Comme vraiment sa fille, alors que les deux premières ne l'étaient que par procuration en quelque sorte. Astrid, c'était la sienne, celle qui collait intimement à son identité, celle qui pouvait et qui devait porter jusqu'à sa belgitude. »

Les choses vont parfois au-delà de l'imaginable.

Au téléphone, elle m'avait prié de passer à son domicile. Sa fille qui vivait en province était là depuis quelques jours et l'épidémie qui sévissait avait frappé. Il y avait trois enfants malades à voir. J'y suis allé. La dame qui m'a accueilli était une grand-mère relativement jeune. Elle m'a conduit auprès de sa fille qui avait dans les bras deux enfants dont j'ai appris que l'aîné, un garçon, avait 3 ans et demi et sa sœur 22 mois. Je les ai examinés l'un et l'autre. J'ai dit ce qu'il en était et j'ai rédigé mes ordonnances. J'ai demandé où était le troisième enfant. La grand-mère m'a alors désigné sa fille. Et comme, de crainte qu'elle n'eût pas su que j'étais pédiatre et non généraliste, je le lui ai dit. Elle a protesté en me déclarant que je pouvais peut-être faire un effort dans la mesure où pour elle sa fille était une enfant. On imagine à partir de là le ton de la discussion et les arguments qui ont pu s'échanger. La consultation avait pris une autre dimension, qui ne me paraissait pas sans intérêt au demeurant, car le visage et l'attitude de la jeune mère me semblaient appeler au secours. J'eus donc droit au récit que me fit la mère du mariage de sa fille puis de son départ en province pour suivre son mari qui y avait été envoyé par son entreprise. « À ce moment-là, j'ai tout fait pour les faire divorcer [sic]. Ma fille était prête. C'est mon gendre qui n'a rien voulu entendre. Comme j'en ai parlé au téléphone à ma mère qui habite sur la Côte, elle m'a dit qu'elle allait profiter de la période estivale pour les inviter à passer une semaine chez elle et voir ce qu'elle pouvait faire. Elle m'a appelée après les avoir reçus et elle m'a dit que c'était un couple solide et que je devais les laisser tranquilles. Ce que je me suis résignée [sic] à faire. L'avis de ma mère a toujours beaucoup compté pour moi. Vous voyez, quand je lui ai présenté celui qui allait devenir mon mari, elle m'a dit que c'était un garçon bien, mais que je ne serai jamais heureuse avec lui. Elle a eu raison. Je n'ai jamais été heureuse avec mon mari. C'est pour ça que je fais une si grande confiance à ma mère. Elle voit toujours juste. Je continue de l'appeler trois fois par semaine. Et, vous voulez que je vous dise, en trente-cinq ans, je n'ai jamais eu mon père au téléphone. C'est toujours elle qui décroche. Quand je lui demande de me le passer pour lui demander comment il va, elle me répond qu'il va bien et qu'il m'embrasse. »

Je l'ai écoutée en ayant devant les yeux l'image de la distraction préférée de mes enfants, alors petits, qui me la réclamaient tout le temps. J'enfilais d'abord un ballon de baudruche dans un autre, puis les deux dans un troisième. Après quoi, je gonflais assez peu celui que j'avais enfilé le premier. Je l'attachais et l'enfonçais le plus possible dans son contenant que je gonflais bien plus. J'attachais aussi celui-là et je l'enfonçais dans le plus superficiel que je gonflais très fort avant de l'attacher à son tour. Les enfants disposaient ainsi de trois ballons de tailles et parfois de couleurs différentes. Les deux plus petits flottaient et pouvaient se mouvoir, mais dans le seul périmètre qui leur était permis par la taille de leur contenant.

C'était la parfaite métaphore de la situation qui venait de m'être exposée.

La passion marquée par ces mères pour leur fille est dévorante. Une passion dont ma carrière, face à ce que je pouvais relever des relations mères/enfants depuis le premier âge, m'a fait un témoin régulier et attentif. Un témoin qui, tout averti qu'il se croit être, est souvent plus surpris qu'il ne l'imaginait.

Le coût d'un amour

Sa démarche m'a d'abord paru obscure. L'exposé de sa souffrance et de celle de sa fille me semblait peu convaincant. La raison qu'elle alléguait pour essayer de comprendre la fin quasi programmée de son couple ne tenait pas la route. J'ai donc essayé de le lui démontrer. Elle n'en a pas moins tenu à son récit. Son mari, non seulement ne la désirait plus depuis des mois sinon des années, mais il s'était mis à l'agresser de la façon la plus ignoble, lui parlant de ses seins tombants et de ses fesses flasques, quand il ne critiquait pas sa corpulence et le mal qu'elle se donnait pour masquer ses rides. Il n'avait pourtant pas lieu de se plaindre. Outre le fait qu'elle était plutôt séduisante pour sa cinquantaine, c'est elle qui assurait depuis toujours le plus gros des revenus du ménage – une cause aujourd'hui paradoxale, mais très fréquente de déséquilibre pour les couples. Sans s'attarder à relever mes ponctuations ou à répondre à mes demandes de précisions, elle affirmait n'avoir pas d'autre solution que le divorce pour mettre un terme à toutes les souffrances. Elle avait d'ailleurs contacté un avocat à cet effet. Moi, j'étais censé être là pour la conseiller dans ce type de démarche et lui éviter de faire trop de dégâts.

Ils étaient mariés depuis dix-sept ans et ils n'avaient pas eu d'enfants. Leur stérilité avait été explorée, révélant qu'elle en était responsable, sans que l'on puisse lui en dire plus sur la cause précise. Le genre de cas que la médecine, pour masquer son ignorance, qualifie de « stérilité essentielle ». Les tentatives de traitement avaient toutes échoué. Si bien qu'ils s'étaient tournés vers l'adoption et avaient eu une fille de 16 mois. C'est à partir de ce moment-là, finit-elle par reconnaître, que les difficultés étaient apparues et s'étaient radicalisées. À l'écouter, j'ai imaginé qu'il s'agissait peut-être d'un de ces si fréquents accidents de la paternité. L'accès du père à sa condition de père pouvait l'avoir confronté en effet, entre autres bouleversements, à une mutation des liens qu'il supporte parfois mal : sa femme se retrouvant soudain revêtue du signifiant « mère », il l'aurait perçue comme interdite.

Poussant mon enquête du côté de la génération précédente, j'ai appris que cette mère était fille unique, qu'elle avait perdu ses parents, jeune, dans un accident de voiture et qu'elle avait été prise en charge par ses grands-parents aujourd'hui disparus. Son époux, en revanche, était le troisième d'une fratrie et il était né dix ans après la dernière de ses deux sœurs. Il avait été conçu, accidentellement, au moment où son père avait décidé de quitter sa mère – figure classique de l'enfant qu'une femme se fait faire pour tenter de retenir son partenaire ou, à défaut d'y parvenir, en garder un « souvenir » ultime qu'elle est assurée de n'avoir pas à partager. La présence assidue de cette femme auprès de son fils avait d'abord rassuré sa bru, désireuse de recouvrer auprès d'elle quelque chose de ce dont la disparition de sa propre mère l'avait privée. Cependant, elle avait vite pu constater le caractère étouffant de cette relation fusionnelle : « En dix-sept ans de vie commune, nous n'avons jamais eu un seul jour de vacances sans elle. Il n'était pas plus question de couper au repas dominical qu'au coup de fil que son fils devait lui passer tous les soirs. Quand nous lui avons fait part de notre projet d'adoption, elle a fait la gueule en nous disant que nous n'y gagnerions que des embêtements. »

La « stérilité essentielle » était-elle pour la bru le moyen qu'elle avait trouvé pour maintenir son couple en ne devenant pas mère et en ne s'exposant pas comme telle au déplacement de l'agressivité que son mari devait inconsciemment nourrir à l'endroit de sa mère ? Ou bien était-ce la manifestation d'une révolte muette par laquelle elle signifiait à ce même mari qu'elle refusait de lui faire un enfant à faire grandir tant qu'il n'avait pas grandi lui-même ? Les deux hypothèses m'ont paru aussi valables l'une que l'autre. Le temps passant aurait ainsi conduit à la solution d'adoption dont l'un et l'autre auraient été en droit d'espérer, comme souvent, qu'elle les sortirait de leur impasse. Le signifiant « mère » comme la trace laissée par le désaveu de la grand-mère auraient cependant fait leur chemin. Ce en quoi la maternité adoptante ne diffère en rien de la maternité naturelle. Preuve aussi que, même officialisée par un mariage, une union ne sort pas toujours un sujet de sa condition d'enfant de sa propre histoire.

J'aurais pu arrêter là le commentaire de ce cas clinique. Il aurait constitué une illustration parfaite de ce processus de forces opposées qui se trouve toujours au cœur des échanges dont il assure l'équilibre. La stérilité insurmontable du couple lui aurait assuré une entente relative pendant de nombreuses années. Cependant, cette entente se serait brisée dès lors que la stérilité a été, non pas levée mais contournée du côté de la mère sans que rien ne soit survenu dans la relation que le père avait à sa propre mère. Ce qui ne serait pas sans évoquer une disparité d'organisation des phénomènes d'auto-organisation dont j'ai déjà parlé.

C'est aussi en ce point que se vérifie la recommandation de « ne pas adhérer » que Serge Leclaire[18] *donne aux psychanalystes. Peu de temps après cette première rencontre, la fillette, malade, m'a été conduite par le père. L'impression que m'a faite cet homme a été si différente de celle à laquelle je m'attendais que je lui ai demandé s'il acceptait de venir, à condition qu'elle l'accepte, au rendez-vous que son épouse avait pris pour elle. Je les ai donc rencontrés tous les deux. Le récit du père était diamétralement opposé à celui de la mère. Ce n'était pas lui qui la boudait, mais elle qui avait déserté le lit conjugal pour dormir avec*

18. Serge Leclaire, *Psychanalyser,* Paris, Le Seuil, 1968.

sa fillette, dès qu'elle avait été là. Les détails accumulés m'ont permis de comprendre que la passion soudaine que cette femme avait développée à l'endroit de sa fille lui avait fait construire le récit qu'elle m'avait livré. Elle parlait de séparation et de divorce en proposant même à son époux de lui verser une pension alimentaire en contrepartie de sa garde de leur enfant.
Ce fut une thérapie de couple longue et difficile. Pirandello en aurait probablement tiré un chef-d'œuvre.

On imagine en général, on se plaît même à le croire, que, toute branchée qu'elle soit sur les formations de l'inconscient, la passion des mères pour leurs enfants et en particulier pour leurs filles n'est pas appelée à perdurer, qu'elle finit tôt ou tard par prendre acte de la réalité de l'évolution des corps et des destins, qu'elle s'amende enfin un tant soit peu, quand elle ne se délite pas, sous l'effet d'un deuil inévitable et nécessaire. Or, comme la clinique le démontre, elle demeure pratiquement identique à elle-même, tout au long de la vie des mères, gardant la même force et se faisant sourde à tout ce qui pourrait tenter de la détourner, y compris un gendre, quel que soit son comportement.

Une vie entière

J'étais derrière mon stand à ce salon du livre. Elle est passée. Elle s'est arrêtée. Elle a feuilleté un livre, puis un autre. Elle avait une allure étrange, très étrange. Elle était vieille, très vieille même en apparence, grande, grosse, massive, laide, avec une chevelure en désordre malgré le foulard qui y avait été planté. Elle était habillée de bric et de broc. Une clocharde ? me suis-je demandé. Puis elle a pris en mains Les Filles et leurs mères *avant de s'adresser à moi : « Ça, c'est une question très grave », a-t-elle dit, sans même me regarder et avant de poursuivre : « Il a dit des choses terribles sur les mères et leurs filles, Naouri, tout à l'heure. [Je venais de parler à une table ronde autour des mères méditerranéennes.] Des choses terribles que j'aurais tant aimé entendre il y a longtemps ! Vous le connaissez Naouri ? » J'étais tellement stupéfait que j'ai bafouillé : « Je... je suis Aldo Naouri. » Son attitude a brutalement changé. Elle s'est redressée, son visage s'est ouvert, son regard a croisé le mien et elle a repris la parole avec une assurance que je ne lui aurais pas imaginée : « Excusez-moi, j'étais tout au fond de la salle. Il y avait tellement de monde. De là où j'étais, je ne pouvais pas vous voir. Mais je vous ai entendu. Et je n'ai pas perdu un mot de ce que vous disiez. Vous m'avez fait un si grand bien ! Enfin, me suis-je dit, quelqu'un qui ose ne pas tout pardonner aux mères ! Vous voyez, moi, j'ai 82 ans. Je n'ai rien fait de ma vie. J'ai seulement été la fille de ma mère qui me disait qu'elle n'avait que moi, que j'étais tout pour elle. Et c'est ce que j'ai été. Elle ne m'a jamais laissée la quitter. Je ne l'ai jamais quittée. Elle est morte le mois dernier, dans mes bras. Elle avait 102 ans. Et, depuis, je ne suis pas seulement seule. Je me demande si même j'existe. C'était comme ça, du moins jusqu'à vous avoir entendu tout à l'heure. » Elle a continué à se raconter, à raconter sa vie en sursis, sans aucun but, sans aucun sens, n'ayant jamais travaillé, assignée à n'être qu'au service de sa mère qui en avait fait son prolongement... Je l'ai écoutée, sans dire un mot, tout le temps qu'elle est restée là à évoquer son existence vide. Il n'y avait aucun autre chaland. Le récit qu'elle me livrait était un cas extrême, pathétique, comme je n'en avais jamais rencontré. Elle était fine, intelligente et si différente que ne l'aurait laissé supposer son allure. Et elle est partie, en me remerciant une fois encore. Je suis resté un moment à me demander si je pouvais croire à ce que je venais d'entendre.*

Et pourtant, j'en ai vu des mères rendues folles par la passion qu'elles portaient à leurs filles ! Je me suis trouvé, au début de ma carrière, face à un cas caricatural qui m'a beaucoup appris. Je n'ai jamais pu l'oublier. Car j'ai éprouvé une grande difficulté et une gêne encore plus grande à le vivre.

Jusque sur la table de la cuisine

C'était ma première année d'installation. J'avais à peine 28 ans. J'étais, autrement dit, un tout jeune adulte, pour ne pas dire un adolescent à peine dégrossi. Je connaissais depuis une dizaine de mois ce bébé pour lequel j'avais été appelé en visite parce qu'il avait une forte fièvre. Je le voyais habituellement à mon cabinet avec sa maman et je n'avais jamais rien relevé qui puisse retenir mon attention. Je savais que sa mère travaillait et qu'il était gardé par sa grand-mère maternelle chez laquelle je devais d'ailleurs me rendre. Tout s'est passé de la manière la plus ordinaire et je n'imaginais d'ailleurs pas qu'il puisse en être autrement. J'avais délivré mon diagnostic, établi mon ordonnance et reçu mes honoraires.

Je m'apprêtais à partir quand, sur le pas de la porte, la grand-mère m'a dit en se tortillant les mains : « Docteur, je voudrais vous parler. C'est délicat. Je ne sais pas comment m'y prendre. » Elle s'est tue pendant quelques secondes avant de poursuivre d'une traite : « Rien que pour vous dire ça, j'ai dû prendre mon courage à deux mains. Vous ne me croirez pas, mais j'ai répété la scène plusieurs fois devant le miroir. C'est vous dire... Vous voulez bien vous asseoir et m'accorder un petit moment ? Je me suis dit et répété que vous êtes docteur, et qu'à un docteur, après tout, on peut tout dire, on doit tout dire, n'est-ce pas ? Même si c'est délicat. Et ce que j'ai à vous dire c'est délicat, c'est très délicat, tellement délicat ! Je ne sais même pas comment je vais pouvoir faire. » Comme je n'ai rien dit mais que je suis revenu vers la pièce où j'avais été reçu et que je me suis assis en face d'elle, elle a poursuivi : « Merci, Docteur. Je voulais, je veux que vous sachiez... je dois vous signaler... je ne peux pas faire autrement... je dois... c'est à propos de ma fille... je ne sais pas comment le dire... ou si je dois le dire... elle est malheureuse, Docteur, ma fille est très malheureuse. Voilà, je l'ai dit ! Elle ne vous l'a peut-être pas dit, elle, mais vous pouvez me croire. Elle me parle à moi, elle se confie à moi, elle me dit tout, tout, comme elle l'a toujours fait depuis qu'elle était toute petite. Voilà... Et je me dis, puisque j'ai l'occasion de vous rencontrer, que, vous, vous pourriez peut-être l'aider, nous aider, aider le petit qui doit certainement souffrir de la situation. Pauvre chou ! Pauvre petit ! Il n'y a que vous pour pouvoir faire quelque chose. »

Elle se tortillait de plus en plus les mains et son regard s'était embué. Et comme j'ai dû avoir une mimique plus intriguée qu'attentive, mais que j'ai certainement dû laisser échapper un vague bruit, elle s'est lancée dans un monologue que j'avoue avoir eu beaucoup de mal à interrompre et encore plus à entendre : « Merci de m'écouter, Docteur. Vous êtes un docteur mais vous êtes aussi un homme. Vous êtes un homme et un docteur. Je veux dire que je ne pourrais pas dire ce que j'ai à vous dire à une doctoresse. Elle comprendrait pas. Vous, parce que vous êtes un homme, vous pourrez comprendre, vous pourrez juger la situation et peut-être, peut-être même, que vous trouverez le moyen de parler à mon gendre. Docteur, mon gendre n'est pas normal. Il faudrait que vous lui parliez. Mon gendre, il est malade, mon gendre c'est un grand malade. Et je dis ça pour ne pas dire que c'est un monstre. Oui, c'est un monstre, un vrai monstre derrière les airs polis que vous avez dû lui voir. » De fait, je n'avais jamais rencontré cet homme et j'imaginais que j'allais entendre cette grand-mère, au visage aussi sévère que sa tenue, me dire qu'il battait sa femme, qu'il collectionnait les maîtresses, que c'était un ivrogne, un dépensier, un fainéant incapable de garder un travail, un drogué ou un addict au jeu.

« Figurez vous, poursuivit-elle d'une traite et avec un débit rapide, qu'il est exigeant, terriblement exigeant, côté sexe ! » Elle a observé un silence d'une fraction de seconde, comme pour tester ma réaction, avant de poursuivre sur un mode encore plus haché : « C'est pas croyable, mais c'est un

tyran, un obsédé, un grand malade ! Je vous dis que c'est un grand malade. Je sais pas comment vous dire. C'est si gênant. Mais vous êtes un docteur. Alors, tant pis ! Ma fille me dit, figurez-vous, qu'il… qu'il lui fait l'amour des cinq à sept fois par jour ! Et tous les jours ! Tous les jours ! Vous vous rendez compte ? Vous vous rendez compte ? C'est pas croyable, hein ? Mais à vous dire les choses comme ça, vous ne pouvez pas imaginer la situation, la torture qu'elle vit. Il lui arrive parfois de venir la chercher à son travail, sous prétexte de l'emmener déjeuner. La belle affaire ! Mais pensez donc ! C'est surtout pour pouvoir encore la prendre, là, sur son bureau, avant de sortir. Et, dès qu'il rentre le soir, il se précipite sur elle et elle doit passer à la casserole. Vous vous rendez compte ? Il paraît que, des fois, il est tellement pressé qu'il lui fait ça sur la table de la cuisine ! En plus, vous ne pouvez pas imaginer tout ce qu'elle me raconte ! J'ai honte rien que de devoir vous le dire. Mais vous êtes un docteur, n'est-ce pas, et à un docteur, on peut tout dire, il faut même tout dire. Figurez-vous, et c'est elle qui me l'a raconté, figurez-vous, oh, j'ai honte de vous le dire, figurez-vous qu'il lui arrive de lui sucer le sexe et de l'obliger, elle, à prendre le sien dans la bouche. Oui, oui ! C'est ce qu'elle m'a dit en ajoutant même qu'il l'a très gros ! »

À cette dernière évocation, son visage s'est révulsé et elle a eu une mimique de profond dégoût. « Voilà, je vous ai tout dit. Je ne sais pas comment j'ai pu. Mais c'est fait. Vous savez tout. Merci. Merci. Je compte sur vous pour faire ce que vous pouvez. Moi, j'ai conseillé à ma fille de voir un avocat et de demander le divorce. Son père ne sait bien sûr rien de tout ça, vous imaginez ! Mais je lui ai dit que lui et moi nous étions prêts à l'aider. Qu'elle n'avait pas à se faire de souci pour son fils. Que nous nous en occuperions. Mais elle ne veut rien entendre. C'est incompréhensible ! Je ne la comprends pas. On dirait qu'elle se complaît dans son malheur. Je ne comprends pas. Je ne sais pas comment il la tient ni de quoi il la menace. Je suis certaine qu'il lui fait peur. Que c'est un bourreau derrière ses airs d'amoureux et de bon garçon. Des fois, je me dis qu'elle ne m'a certainement pas tout dit, même si elle me jure qu'elle me dit tout. Mais j'arriverai à savoir. Est-ce qu'une fille a quelque chose à cacher à sa mère ? »

Elle a encore continué un moment à décliner sa haine de son gendre, son dégoût, sa révolte, son incompréhension de la situation, et le désespoir dans lequel elle la mettait.

J'étais abasourdi. Je me sentais écrasé. La belle affaire que d'être docteur, me disais-je ! La belle affaire que d'être celui à qui on peut tout dire ! Je n'avais jamais rien entendu de cet ordre. J'en étais retourné. Et je retrouve presque intacte, à rapporter ce récit, l'émotion qui m'a étreint il y a des dizaines d'années. Je n'étais pas capable, aussi peu formé que je l'avais été en la matière, de décrypter le discours qui venait de m'être tenu. Il faut dire qu'à cette époque, l'accès des individus à la sexualité était bien plus problématique qu'il ne l'est aujourd'hui. Qu'il était vécu comme le signe le plus probant de l'autonomie acquise de haute lutte. On ne la mettait pas à toutes les sauces. On n'en parlait pas. C'était tabou. Même au cours des consultations gynécologiques qu'il m'arrivait de donner pendant mes nombreux remplacements, on n'usait jamais d'un langage aussi direct et aussi cru que celui dont chacun use aujourd'hui. On était à une distance vertigineuse de ces si fréquentes consultations d'urgence des lundis matin de la dernière décennie de ma carrière. Il m'arrivait, ces jours-là, de voir défiler des mères divorcées me conduisant leurs fillettes, revenues du week-end chez leur père, en m'intimant pratiquement l'ordre de les interroger, de les examiner et de rédiger un certificat attestant, comme elles en étaient sûres, qu'elles avaient été victimes d'attouchements sexuels. C'est comme si la mainmise des mères sur le sexe de leurs filles avait évolué pour survenir de plus en plus tôt. Quant à imaginer le cas que je viens de rapporter comme étant survenu de nos jours, c'est tout simplement impossible. En un demi-siècle, les choses ont changé du tout au tout. La belle-mère de gendre ne sent plus, comme on peut l'observer aujourd'hui, sa place et ses prérogatives menacées par celui qu'elle considère comme le sex toy servant que sa fille s'est déniché et qu'elle a pour mission de dominer quand elle ne doit pas l'écraser de sa banale insatisfaction ! Elle peut savourer sa victoire et se rengorger face à son entourage, récompensée qu'elle se sent d'avoir participé à la revanche du féminin. Il n'empêche que je ne savais pas plus que je ne cherchais à savoir ce que pouvait signifier le discours que j'avais été contraint d'entendre ce jour-là. Je suis parti sans avoir dit un mot, en espérant seulement n'avoir pas trop rougi. Et qu'aurais-je d'ailleurs pu dire, du haut de mon inexpérience, sur un sujet d'une telle délicatesse, à cette femme qui avait l'âge de ma propre mère... et de ma belle-mère ? C'est parce qu'il m'arrivera par la suite d'entrer en collision avec des propos aussi stupéfiants que je déciderai de parfaire ma formation en m'insérant un jour dans un groupe Balint[19]*, lequel a constitué un marchepied pour la psychanalyse que j'ai entreprise par la suite.*

Dans cette histoire, la jeune femme ne se plaignait de rien. Et de quoi d'ailleurs aurait-elle pu se plaindre ? Elle avait un travail et un mari manifestement attaché sexuellement à elle, si on en croit du moins les propos de sa mère. Elle avait, de cet homme, un enfant que je voyais et qui allait on ne peut mieux. J'ai eu, et je continue d'avoir, les plus grandes difficultés à imaginer qu'elle ait pu confier à sa mère les détails que cette dernière m'a rapportés. Du récit que j'ai recueilli, je suis acculé à ne devoir rien faire d'autre qu'un tissu de propos délirants de cette grand-mère qui souffrait assurément de la distance que l'union de sa fille avait mise entre elles deux.

19. Les groupes Balint, du nom du psychanalyste hongrois vivant en Angleterre qui les a mis au point, sont des groupes dans lesquels des praticiens (médecins, avocats, ingénieurs, etc.) se réunissent pour évoquer leurs problèmes relationnels en présence d'un psychanalyste.

Ayant sans doute remué le problème dans tous les sens, elle a dû en arriver à la conclusion que, seule la relation sexuelle de son gendre à sa fille pouvait expliquer un tel éloignement. Et pour que cette relation ait eu un tel effet, elle devait s'inscrire dans les attentes de sa fille et dans la satisfaction de ses potentialités féminines. Insensé qu'un homme puisse s'essayer à satisfaire la non-limite physiologique ! Lui, soumis en principe à la limite de son sexe ! Comment pouvait-il prétendre briser un lien de mère à fille fondé sur la consolation mutuelle développée autour de l'insatisfaction commune ? Le reste a découlé de ça, y compris les détails scabreux sur les pratiques sexuelles, sur la multiplication des actes et sur les organes.

Du côté des brus et des gendres

Le paysage qu'ont dressé les cas cliniques que je viens de rapporter permet de reprendre, en la poussant plus loin encore, l'analyse de fond du problème général.

Et de revenir une fois encore au pont d'Odessa et à la manière qu'ont les brus et les gendres, en dehors d'un consensus autour du primat du patriarcat, de se comporter comme ils le font avec leurs belles-mères respectives. Il est vrai que ces comportements s'inscrivent dans une logique d'interaction. C'est-à-dire que les brus et les gendres ont un comportement qui se situe en réaction à celui des belles-mères, lesquelles se comportent comme elles le font en réaction à ce qui se passe du côté de leurs enfants respectifs. Qui a enclenché le processus ? C'est pour le savoir que j'examinerai isolément ce qui se passe du côté de chacun des acteurs.

CÔTÉ BRU

La bru, quand elle est l'élue de sa mère, laquelle a jeté son dévolu sur elle et l'a tractée du côté de sa seule histoire en lui interdisant pratiquement l'accès à celle de son père, tire incontestablement un bénéfice patent de son sort. Tout au long de sa vie, elle n'a cessé d'être objet d'attention et d'en recevoir. La double culpabilité qu'elle a ressentie pendant sa phase œdipienne, au moment où elle a choisi de se tourner vers son père en lui demandant de s'interposer entre sa mère et elle, se trouve accrue par la sollicitude dont l'entoure cette mère. Laquelle semble non seulement n'avoir pas tenu compte de sa défection d'antan, à moins qu'elle ne la lui ait pardonnée, mais l'aimer plus encore qu'elle ne l'espérait en ne lui demandant strictement rien en échange. La stature qu'elle est contrainte de lui concéder en devient tellement immense qu'elle la vit comme effrayante. Si bien qu'elle se sent dans une position de débitrice à jamais insolvable et qui, du coup, est littéralement aliénée.

De ce débat intérieur, c'est plus qu'un ressentiment qui sourd et qui redouble sa peur, c'est une haine féroce aussi difficile à concevoir qu'à vivre et plus encore à assumer[20]. Cette haine, impossible à gérer et encore moins à amender, elle l'enfouit tout au fond d'elle-même. Jusqu'à entrevoir une lueur d'espoir au sein du brouillard dans lequel elle se sent prise. Il lui faut simplement suppléer l'action protectrice, qu'elle espérait en vain trouver du

20. Aux patientes venues lui réclamer une énième intervention, une de mes amies chirurgien plasticien prenait soin de signaler qu'elles risquaient d'en obtenir un résultat contraire à leur attente. Elle a fini par ne plus s'étonner de s'entendre répondre : « Peu importe, l'essentiel étant que je ne ressemble pas à ma mère » (docteur Isabelle Sarfati, communication personnelle).

côté de son père, par le recours à une autre protection : celle d'un homme qui n'a aucun lien avec sa mère, auquel elle pourrait donc s'unir légitimement et qui s'interposerait enfin efficacement entre cette mère et elle – le Prince Charmant de tous les contes. Elle rejoindrait ainsi, seule et à tâtons, la politique que les pères du temps du patriarcat avaient trouvée, eux aussi à tâtons, pour empêcher les mères de leurs filles de tracter ces dernières du côté de la non-limite : ils « donnaient la main de leurs filles » à un gendre chargé de prendre leur relais.

Elle va se mettre en quête, trouver et même choisir. Sans prévoir ce qui va lui arriver, qui la surprend et la sidère même quelque peu. Sa mère, d'une part, ne se laisse pas impressionner par celui en qui elle voit le prétentieux auteur potentiel d'un rapt inadmissible. Elle entreprend de le circonvenir. Tout d'abord en l'amadouant (qu'on se souvienne de *Tetcha*, la belle-mère de la soupe). Puis, si elle n'y parvient pas, en le faisant désinvestir ou en l'annulant par les critiques minimes mais incessantes qu'elle ne manque pas de formuler à son endroit ou à celui de son entourage, en les enrobant d'un ton aussi mielleux que fielleux et en se prévalant de l'expérience et des moyens qu'elle donne pour apprécier les situations. Et voilà que, de plus, cette fille audacieuse et entreprenante découvre dans le dépit que son aventure ne se présente pas exactement comme elle l'avait imaginée. Dans sa petite enfance, elle a déjà investi un homme, son père à qui elle a demandé de s'interposer entre sa mère et elle. Elle a toutefois dû s'effacer et nourrir même une culpabilité puisque son père était d'abord l'homme de sa mère et lui était interdit. Et voilà que cet homme sur lequel elle a fondé tous ses espoirs, cet homme qui n'a aucun lien avec sa mère, cet homme qu'elle pensait donc totalement libre et qu'elle espérait faire totalement sien, voilà que cet homme a, lui aussi, une mère ! Pis encore : une mère qui l'investit autant qu'elle l'a été, elle-même, par sa propre mère. Que va-t-il rester de lui pour elle ? Surtout s'il a été aussi envahi qu'elle l'a été ? Sa propension à l'insatisfaction refait surface sur un mode si violent qu'elle ne peut la maîtriser.

Elle ne peut décemment pas laisser la situation évoluer dans n'importe quel sens sans intervenir pour mettre les choses au point. Elle découvre alors en elle-même une arme dont elle n'a jamais imaginé qu'elle en était une et dont elle n'a pas plus cru qu'elle pourrait un jour lui servir : la haine muette accumulée contre sa mère. Cette haine, elle lui trouve enfin un déversoir. Désormais, elle peut s'en vider, s'en alléger, s'en débarrasser. Ce qui, bénéfice non négligeable, lui permet par surcroît de recouvrer une relation apaisée avec sa propre mère. Elle ne se prive alors pas de laisser jaillir cette haine contre sa belle-mère, à qui elle rend coup pour coup quand elle n'entreprend pas de l'assommer d'emblée et une fois pour toutes. On va voir si ladite dame développe à l'endroit de son chéri un amour aussi désintéressé qu'elle le prétend. On va voir ! L'ultimatum est lancé : il doit choisir clairement et au plus vite entre les deux. Si sa mère est vraiment aimante, elle s'écrasera et le champ sera libre. Si elle se permet de revenir à la charge, de répondre à la menace, d'insister ou même de vouloir négocier, il lui faudra savoir, ce chéri, que c'en est définitivement fait de leur couple tel qu'il comptait le vivre.

Pussy or not pussy ?

C'est exactement de ce genre de problème qu'est venue se plaindre chez moi, la grand-mère paternelle de trois de mes petits patients. Elle a senti très vite que sa bru ne les supportait pas plus elle que son époux, un Anglais impassible. Elle s'adressait à eux en leur donnant du « Madame » et « Monsieur », alors qu'ils l'avaient invitée à les appeler par leurs prénoms. Comme ça se passe toujours dans les milieux intellectuels – celui-là était uniformément composé d'universitaires –, elle a cru pouvoir compter sur la communication et la mise à plat des conflits par la discussion. En vain.

Elle a accepté la distance et le silence en les pensant transitoires. Mais elle a eu beau se faire la plus discrète et la plus agréable possible, elle n'en était pas plus acceptée ou même considérée. Elle s'est alors lancée dans une véritable entreprise de séduction en multipliant les cadeaux et en veillant à ce qu'ils fussent précieux et personnalisés. Ça ne lui a rien valu de plus que des remerciements proférés du bout des lèvres et assortis, dès la première fois, d'un sibyllin : « Ne vous mettez pas en peine. » Elle n'a d'ailleurs jamais vu sa bru porter les écharpes ou les bijoux qu'elle lui avait offerts. Pas plus qu'elle n'a vu plus tard ses petits-enfants porter les vêtements qu'elle leur envoyait. « Envoyait », oui, parce qu'après la naissance du premier enfant – mais est-ce un hasard ? –, son fils a obtenu un poste à l'étranger où il est resté trois ans. Quand son époux ou elle entretenaient ledit fils de la situation, il se contentait de leur répéter : « Elle est comme ça. Une grande timide. Une sauvage. Mais soyez rassurés, elle vous estime et elle vous aime. »

Ce qui la faisait venir, cette fois, c'est que son fils les avait invités au téléphone à venir passer chez lui quelques jours de vacances. Elle en avait été si étonnée qu'elle lui avait tout de suite demandé si sa femme n'y voyait pas d'inconvénient. Il l'avait rassurée en lui affirmant que c'était elle qui en avait soulevé l'idée. Ils avaient donc retenu un hôtel et pris leurs billets d'avion. Alors qu'ils s'attendaient à passer un séjour augurant une situation nouvelle, ils avaient été accueillis d'une manière glaciale que n'avaient pas réchauffée la distribution des cadeaux et leur déballage par les enfants. L'atmosphère du repas avait été insupportable. Leur fils avait le nez dans son assiette, les enfants étaient priés de se taire dès qu'ils ouvraient la bouche et leur bru qui ne leur avait pas adressé un mot évitait leur regard. Quand elle l'avait rejointe dans la cuisine, les bras chargés de vaisselle, elle lui avait dit, toujours sans la regarder : « Je me suis trompée. De fait, je n'ai aucun plaisir à vous voir. Vous le savez. Je veux donc que vous partiez et que vous ne reveniez plus. » Ils étaient partis. Le jour même.

Elle n'avait pas répondu aux enfants qui lui demandaient pourquoi elle pleurait. Leur fils avait évité lui aussi leur regard. Cela avait été horrible. Et plus encore parce qu'incompréhensible et injuste. Dans l'avion, son époux s'était tourné vers elle et lui avait dit : « You know what ? Your son is addicted to her pussy. (Tu sais quoi ? Ton fils est drogué à sa foufoune.) »
Que faire de ça ? Comment réagir ? De quelle manière procéder ? Quel devait être l'état du ménage de ce fils ? Était-il, pouvait-il être heureux en supportant tout ça ? Pouvait-il se résigner à être ainsi coupé de son ascendance ? Pouvaient-ils, eux, se résigner à être coupés de leur descendance ? C'était une partie des questions qu'elle venait me poser.

Que de situations similaires n'ai-je pas rencontrées ! De véritables impasses qui ne sont pas neutres comme on peut l'imaginer dans le destin de la descendance. Si le père des enfants ne réagit pas, ces derniers seront amenés à constituer plus tard des couples au sein desquels on verra se répéter la domination féminine et la prévalence de l'histoire maternelle. S'il lui arrive de réagir, la menace de la mère est mise à exécution : soit elle fait tout pour que la situation se résolve par un divorce, soit elle investit seulement ses enfants, voués du coup au même destin que dans le cas de figure précédent. La vie du couple devient une cohabitation, émaillée de conflits, entre deux individus supposés devoir mener des vies parallèles. Et aucun procédé thérapeutique n'a d'effet dans ces configurations.

C'est dans une atmosphère à peine moins tendue qu'évoluaient déjà bon nombre des couples qui se formaient jusqu'à il y a un demi-siècle. Ils ne se séparaient pas pour autant – le divorce était mal vu et difficile à obtenir. Ils vivaient dans une ambiance de guerre larvée au sein de laquelle les femmes avaient entrepris, non sans raison, de secouer l'ordre patriarcal. Cela ne les empêchait pas de donner naissance à des enfants. Lesquels, non sans prendre des coups au passage, finissaient par se ranger dans le camp de leur mère. Quant à celle-ci, toute victime qu'elle paraissait être des dispositions sociales, elle refusait de se résigner, adoptant le plus souvent une attitude héroïque de résistante lucide et n'hésitant pas, parfois, à rendre coup pour coup. Quand on conjoint une telle attitude au vœu inconscient de disparition du père qui traverse et marque la psyché de tout enfant dans son premier âge, on comprend comment peut se former une alliance objective solide entre les enfants et leur mère. Le père, quelles que soient sa conduite ou ses dispositions, est en effet vécu comme l'ennemi commun, y compris par ses filles qui croient pouvoir, à un moment de leur parcours, s'en faire un protecteur. La suite des événements prend appui sur ces faits. Et il suffit de deux, trois ou quatre générations, pour que le soutien social accordé au père devienne une mesure non pas à aménager, mais à dénoncer et à abroger – ce qui s'est produit ces dernières décennies.

Il est facile de comprendre, à partir de là, que les relations des brus avec leurs beaux-pères n'aient guère d'importance, surtout quand ces derniers, comme c'est de plus en plus souvent le cas, ont été désinvestis par leurs compagnes et se trouvent écrasés. C'est ce que nous montrait déjà l'histoire des Bidochon dont j'ai fait état plus haut[21]. C'est elle qui nous permet de mieux comprendre que, même si elle paraît inconsistante, cette relation peut parfois armer encore plus la haine que la bru voue à sa belle-mère. Elle l'amène à user de cette haine pour tenter de rehausser paradoxalement la stature de son beau-père, à défaut de pouvoir rehausser la position du sien. C'est cette perspective que perçoit le vieux Bidochon mourant quand il hurle à sa Raymonde de bru son fameux : « Venge-moi ! »

21. Christian Binet, *Roman d'amour, op. cit.*

Voilà qui éclaire ce qu'enseigne la psychanalyse quand elle professe, dans la formule lapidaire déjà citée, qu'on établit avec ses beaux-parents, les relations qu'on ne s'est pas autorisé à avoir avec ses parents.

CÔTÉ GENDRE

Si on essaie d'analyser, de la manière qu'on vient de le faire pour les brus, les relations qu'établissent les gendres avec leurs beaux-parents, on découvre des différences significatives.

Les relations qu'ils nouent avec leurs beaux-pères sont généralement empreintes de sympathie, de cordialité, de complicité, voire d'amitié et même d'affection. Ils peuvent se laisser aller à ces sentiments qui ne leur étaient pas permis dans la relation toujours tendue avec leurs pères, ce qui permet à leurs beaux-pères, qu'ils aient eu ou non des fils, de les investir avec enthousiasme en retour. Il est frappant de constater qu'alors qu'elles sont strictement symétriques de celles des brus et des belles-mères, ces relations en diffèrent du tout au tout. Il s'agit pourtant de deux hommes qui aiment la même femme et qui n'entrent pas pour autant en conflit ou en concurrence, alors que, lorsque deux femmes, la bru et la belle-mère, aiment le même homme, c'est le plus souvent la guerre sans merci.

L'explication du fait vient de ce que le beau-père est un homme. En tant que tel, il se fait vecteur, en y étant soumis, de la Loi de l'espèce mise en place par les hommes qu'étaient ses très lointains ancêtres. Il fonctionne, comme les hommes l'ont fait depuis toujours, en accord instinctif avec la notion de limite qui a instauré cette Loi. La belle-mère, elle, est une femme et demeure donc rétive à cette Loi, comme l'ont été depuis toujours ses plus lointains ancêtres femmes. Tout en elle, depuis la naissance de son enfant, fille ou garçon, témoigne de son refus de se soumettre à la limite et de son désir obstiné de promouvoir la non-limite héritée de sa physiologie sexuelle. Est-ce un hasard si elle a naturellement et depuis toujours visé à ce que son enfant « ne manque de rien » ? Or, de qui « ne manque de rien », le latin dit qu'il est *incestus*. Mot construit avec le *in* privatif et *cestus*, le supin du verbe *careo*, « je manque »[22]. On pourrait d'ailleurs mettre au compte de cette propension précoce le fait que l'inceste à composante génitale est infiniment plus rare entre mère et fils qu'entre père et fille. Entre mère et fils, il est métaphorisé dans le petit âge, alors que sa mise en acte entre père et fille s'explique le plus souvent par la confusion que fait ce père entre les dispositions, excessives, que sa mère a eues à son endroit et celles qu'il suppose à sa fille confondue avec cette dernière.

C'est sur cette caractéristique que bute la relation des gendres avec leurs belles-mères. C'est parce qu'ils ont compris que ce n'était pas d'une mince affaire qu'il s'agissait que les gendres ukrainiens du pont d'Odessa en sont arrivés à rêver de hauts murs de prison et de dobermans sanguinaires. Ils savaient que la férocité de l'attachement que marque une mère à sa fille, surtout quand cette dernière est son élue, est incommensurable, qu'elle est impossible à maîtriser, qu'elle peut se déployer sans répit, en faisant feu de tout bois, aussi bien avec une subtilité machiavélique qu'aveuglément, quitte à commettre les pires dégâts. Ils savaient que la lutte est inégale et les moyens disproportionnés. Ils savaient qu'il leur était impossible de compter sur leurs beaux-pères, réduits depuis longtemps à l'état de potiche, et encore moins sur leurs propres femmes qui, même si elles se sont débattues depuis toujours pour s'en libérer, demeurent prisonnières du filet dans lequel les a enfermées leur condition de fille et la part d'amour homo-

22. Sur ces notions, on peut se reporter à ma longue contribution : « Un inceste sans passage à l'acte : la relation mère-enfant », dans Françoise Héritier, Boris Cyrulnik et Aldo Naouri, *De l'inceste*, Paris, Odile Jacob, 2001.

sexuel qu'elles ont dû concéder à leurs mères. Ils savaient que la situation, qui nécessitait déjà une vigilance de tous les instants – qu'on se souvienne de cet homme pris dans sa quête du Graal qui voulait en toute innocence chasser sa belle-mère de la tête de sa femme – s'aggraverait assurément dès la naissance d'un enfant. Ils savaient que leur avenir et celui de leur descendance était en jeu. Que leur restait-il au bout du compte ? Le soutien social ? Utile bien sûr, mais si formel et si peu doué de pouvoir dans la réalité ! Nora n'illustrait-elle pas admirablement ce fait en passant outre les ordres du juge aux affaires familiales qui œuvre aujourd'hui que ce soutien a disparu ? Alors, vers qui se tourner ? Il fallait à chacun de ces hommes trouver, se trouver, un(e) allié(e) qui fasse le poids, qui soit à la mesure de cette terrifiante belle-mère, impossible à enfermer ou à livrer aux dobermans. Cet(te) allié(e) devrait pouvoir déployer la même énergie, la même puissance, la même infatigable obstination. Elle devrait, autrement dit, être la même, en miroir, que l'adversaire. Elle pourrait éventuellement s'appuyer sur le soutien sociétal et en tirer parti. Mais elle pourrait s'en passer aussi. Tout simplement parce que, elle, femme, est seule à pouvoir se faire entendre d'une femme et, éventuellement, lui tenir tête, la faire taire et même lui faire peur !

Maaaamaaaaaaaaan ! Maaaamaaaaaaaaan !

BELLE-MÈRE DE BRU

Était-il nécessaire d'appeler ou de crier ?

C'est mal la connaître, maman !

Elle était là, déjà là. Et depuis longtemps !

Pas à cause du cri qu'elle avait entendu avant même qu'il ait été émis. Pas non plus à cause de la situation nouvelle à laquelle elle avait essayé toute sa vie de se préparer. Elle était déjà là comme elle l'a toujours été et comme elle n'a jamais cessé de l'être !

Comment s'imaginer qu'il eût pu en être autrement ? Comment s'imaginer que son fils eût pu cesser d'être son fils ? Comment s'imaginer qu'il pourrait cesser de l'être un jour ? C'était avant-hier à peine qu'elle lui passait l'index sur les joues pendant qu'il tétait. C'était avant-hier qu'elle le conduisait à sa première journée d'école. C'était avant-hier encore qu'elle pansait ses genoux écorchés. C'était à peine hier qu'elle le regardait patiner, se risquer sur les pistes de ski ou taper dans un ballon. C'était hier encore qu'elle le voyait partir en boîte avec ses copains et qu'elle ne dormait pas avant son retour. C'était ce matin qu'elle lui chuchotait à l'oreille des mots doux pour le consoler de sa première déception amoureuse. C'était ce matin qu'elle l'assurait sur celle qui le mériterait en ajoutant qu'elle veillerait elle-même personnellement à ce que l'élue mesure l'étendue de sa chance et lui apporterait en retour tout ce dont il pourrait rêver et à quoi il avait absolument droit. C'était tout à l'heure qu'il lui confiait son projet d'union et qu'il déployait devant elle les perspectives heureuses de son avenir. C'était tout à l'heure encore qu'elle avait fait taire le pincement au cœur qu'elle avait ressenti et qu'elle s'était empêchée de lui dire qu'il se berçait d'illusions. C'était une seconde plus tard qu'elle a maudit toutes les femmes du monde, y compris elle-même, avant de passer en revue toutes les situations qu'elle connaissait pour prendre la mesure de la tâche immense qui lui incombait. C'était, depuis toujours et à chaque instant de sa vie, de leur vie, qu'elle l'a su plus précieux pour elle que ses parents, ses frères, ses sœurs, toute sa famille réunie, et même son partenaire qu'il fût compagnon ou mari. Alors ? Alors, comment ne pas être là ? Et comment imaginer, elle, femme, pouvoir être solidaire de cette jeune femme totalement inconsciente et totalement enfermée dans les dispositions féminines et le discours de sa propre mère au point de ne pouvoir être que nocive pour son fils ?

Elle est donc là. Elle se tient là. Et elle ne peut pas, d'un coup de baguette magique, chasser la nostalgie de l'amour parfait qu'elle a reçu de ce fils, et encore moins celui qu'il lui a fait connaître. Elle s'est résignée, la mort dans l'âme, à l'idée qu'il grandirait, qu'il deviendrait autonome, qu'il volerait de ses propres ailes, qu'il la quitterait un jour et qu'il se choisirait une femme. Le poids des interdits qui sont intervenus pendant des centaines de milliers d'années lui a désigné, aussi floues qu'elles aient paru, les limites qu'elle ne pouvait absolument pas franchir. Elle était substituable par définition et elle devait en prendre acte. Elle a accepté son sort. Elle s'y est pliée. Elle n'a pas agi comme ces mères qui n'ont pas réussi à voir ces limites et qui les ont franchies, décidées à construire un bonheur encore plus grand pour leur fils chéri, sans savoir qu'elles lui interdisaient en même temps de s'inscrire dans les potentialités de son genre et qu'elles le plongeraient du coup dans un malheur qu'il devra assumer non sans panache. Elle n'a pas été l'une de ces mères qui ont rendu fou leur fils ou qui sont parvenues à lui interdire tout accès aux femmes parce que, comparée à elles, aucune femme ne pouvait être possible. Elle n'a pas été la mère d'un Artaud[23] sombrant dans la folie ou d'un Pasolini qui, dans un magnifique poème dédié à la sienne, lui disait : « *Sei insostituibile. Per questo è dannata / Alla solitudine la vita che mi hai data* (Tu es insubstituable. Et c'est pourquoi est condamnée / À la solitude la vie que tu m'as donnée[24]). »

Burqa

« Quand je pense à toutes les jolies filles que je l'ai vu avoir ! Pas une qui lui résistait. Et il ne se privait pas de les collectionner. J'en ai vu passer pendant toutes ces années. Des merveilles, chouettes et intelligentes avec ça. Il

---

23. Antonin Artaud, *Les Nouvelles Révélations de l'être* (1937), *in Œuvres*, Paris, Gallimard, 2000, p. 787-797.

24. Pier Paolo Pasolini, *Supplica a mia madre, Poesia in forma di rosa* (1961-1964), *in Le Poesie*, Milan, Aldo Garzanti, 1975.

y en a eu qui avaient de beaux métiers et même des qui étaient riches. Et allez donc savoir pourquoi il s'est collé avec celle-là, qu'ils se sont mariés à l'étranger sans nous inviter et qu'ils parlent maintenant de faire un enfant ! Comme s'il fallait l'occuper, Madame, parce qu'elle est au chômage ! En plus, elle n'est même pas belle. Pas le moindre charme. Un visage quelconque. Et un cul ! Je ne vous dis pas. Un cul, que si j'avais le même, j'adopterais la burqa rien que pour ne pas le montrer. Alors que, elle, elle ne met même pas des robes. Elle met des jeans moulants. Vous vous rendez compte ? Remarquez, des fois, je me dis qu'elle doit en avoir des qualités. Parce que se trouver des jeans pour un cul pareil, il faut de la ressource ! C'est peut-être pour ça qu'on ne le voit plus comme on le voyait avant. Mais, ils ont quoi dans la tête, les hommes ? »

Elle les a identifiées, elle, ces limites. Elle les a reconnues. Elle a compris ce que, dans son jeune âge, elles lui auraient imposé de renoncement. Elle regrette de s'être soustraite à leur loi et de les avoir délibérément ignorées. Elle a tout de même fini par les respecter en se faisant violence. Toute cette aventure, toutes ces interrogations, toutes ces tortures, pour seulement ce résultat ? Ah non ! Ça ne se passera pas comme ça. Non, mais... Pour qui elle se prend celle-là ? Elle va s'imposer, imposer impunément son humeur, sa perpétuelle insatisfaction à son malheureux partenaire qui croira en être la cause et qui ne saura pas comment faire pour rendre tout simplement l'atmosphère plus respirable ? Elle va pouvoir se pavaner en exigeant toujours plus[25] ? Mais elle est là, elle ! Elle

25. François de Closets a fait de cette expression le titre d'un de ses livres (*Toujours plus !*, Paris, Le Seuil, 1982). L'ouvrage qui eut un grand succès recense l'ensemble des avantages méconnus acquis par toutes les catégories de Français et auxquels ces derniers refusaient véhémentement de renoncer. Il constitue pour moi le témoin parfait de l'époque charnière au cours de laquelle nos sociétés ont tourné le dos à la notion de limite et ont opté pour les valeurs féminines et la non-limite.

qui sait, pour avoir eu cet âge et s'être trouvée dans une situation identique, comment les choses se passent et comment les femmes en arrivent sans le moindre effort à dominer les hommes. Que n'ont-ils pas fait, ces nigauds ! À quelles contorsions ne se sont-ils pas livrés. Comme ils ont été ridicules de se lancer dans les beaux discours amoureux, d'inventer la courtoisie et de fomenter d'infinies stratégies séductrices pour lutter contre l'insatisfaction chronique qu'ils rencontraient et dont ils craignaient qu'elle ne les empêche de parvenir à leurs fins. Et tout ça, pourquoi ? Pour vider tout simplement leurs génitoires ! Sans jamais se rendre compte que, ce faisant, ils se révélaient dans leur seule et véritable essence : des êtres d'une faiblesse pitoyable, des êtres qui ne demandent qu'à être menés par la queue. Cette queue à laquelle ils ont accroché leur prétendu pouvoir au motif qu'elle peut se dresser et exiger, menaçante, la satisfaction du désir qu'elle manifeste. Cette queue qui, paraît-il mais ça semble une légende, pourrait ne pas se dresser. Cette queue qui torture son porteur, mais qui flanche pourtant dès la satisfaction obtenue. *Post coïtum, omne animal triste*, après le coït, tout animal est triste, dit l'adage. Mais quel animal ? Le seul qui le soit parce qu'il est le seul à avoir des raisons de l'être, triste : le mâle, accablé par son imparable flaccidité, alors qu'elle, elle pourrait remettre le couvert sur-le-champ, prenant, à défaut, le temps de déguster ce qu'elle a reçu et qu'elle absorbe ! Oh oui. Tout cela, elle le sait. Et elle en sait aussi la cruauté autant que le plaisir aigu qui, curieusement, en découle. C'est le goût délicieux de la lutte inégale qu'on remporte à partir même de sa faiblesse. Le goût de la victoire contre toute attente. La subtilité infinie de ce véritable asservissement par le service. Défier les capacités de cet homme prétendu détenteur de pouvoir et l'inciter à toujours donner plus sans jamais lui délivrer le moindre quitus de ses actes. Se faire gouffre narcissique insondable ! Voilà qui procure, plus qu'une

ivresse, plus qu'une formidable jouissance, la conscience suraiguë de la puissance qu'on détient.
Oh oui, elle sait tout cela ! La véritable drogue que constitue ce rapport ensorcelant qu'on instaure à la non-limite sexuelle qu'on porte en soi. Ce n'est pas parce qu'on a été contrainte d'observer des limites qu'elle a disparu. On l'a agrégée à l'insatisfaction inhérente au statut de dominée. À cette insatisfaction chronique qu'on a conçue, dont personne ne s'étonne et dont on peut user à sa guise pour rabattre le caquet du partenaire, voire plus, en lui signifiant, à petits coups et à cause de la composante sexuelle de cette insatisfaction, que côté sexe, il ne fait pas le poids, le pauvre ! Ah, quel indicible plaisir procure cette activité castratrice modulable ! Elle aussi, elle s'en est amplement servie en son temps face au père de son fils. Elle aussi, elle a vécu les foudres de sa belle-mère qu'elle a haïe dès qu'elle l'a vue. Elle n'avait d'ailleurs pas compris comment cette dernière avait pu à ce point la deviner. Quand elle en avait parlé à sa propre mère, elle n'avait pas été plus avancée. Elle s'était entendu répondre que les mères de fils ne voulaient jamais laisser le leur à une autre femme et qu'il ne lui fallait pas se laisser faire. Oui, oh oui, combien sa mère l'a soutenue ! Il est probable que la mère de sa bru agit de même. C'est tout de même drôle, et même étrange, cette guerre menée par les jeunes qui ne savent même pas qu'ils se la font, mais qui n'en ressentent pas moins le besoin de prendre appui sur leurs mères respectives ! D'un côté, l'alliance de deux femmes, une fille et sa mère ; de l'autre, celle d'un homme et d'une femme, un fils et sa mère. Cela voudrait-il dire que, elle, femme jadis alliée à sa propre mère, combat aujourd'hui une femme, sa bru, alliée à une autre femme, sa mère ? Cela voudrait-il dire qu'elle n'aurait plus pour sa part le goût de s'allier à une femme, ou à des femmes ? Serait-elle devenue traître à la cause des femmes ? À cette cause dont elle vient de faire le tour ?

C'est apparemment ce qui se passe : elle a trahi, elle trahit. Et elle sait maintenant qu'elle continuera de trahir la cause des femmes. Qu'elle est passée brutalement dans le camp des hommes. Sans le moindre regret, avec fierté même, tant la cause qu'elle défend lui paraît la plus profondément inscrite en elle et, de ce fait, la plus noble qui soit. Elle entreprend alors de dénoncer la non-limite et de promouvoir sans réserve la limite. De façon préventive même. Elle bascule de son assise « naturelle » qu'elle déserte, pour s'essayer à une assise autre à laquelle elle s'était jusque-là véhémentement soustraite. Elle cesse de se sentir liée à la nature. Elle rejoint sans réserve les lois de la culture à laquelle elle se convertit. Elle, qui avait plus ou moins contesté l'ordre patriarcal vers lequel voulait la tracter le père de ses enfants, va défendre bec et ongles le même ordre au bénéfice de son fils. Elle va utiliser la puissance qu'elle sait détenir, non pas en la dressant comme elle l'avait fait jusque-là contre le pouvoir institutionnalisé de l'ordre patriarcal, mais en la mettant tout entière au service de ce pouvoir. C'est elle qui s'adressera s'il le faut à sa bru. Elle saura comment se faire écouter. Elle sait, pour l'être, que les femmes, même si elles ont peur des femmes, n'entendent et n'écoutent que ce que disent les femmes.

Son fils peut être tranquille. Elle est là. Elle veille. Elle va se rattraper de tous les moments où elle l'a infantilisé, amoindri, traité comme les femmes traitent instinctivement les hommes, en attentant à leur dignité à laquelle ils accrochent, imprudents, tout ce qui signifie leur organe.

Comme quoi, même quand elles connaissent un autre statut et d'autres conditions de vie, les belles-mères de brus de nos sociétés sont exactement les mêmes que les belles-mères des aires arabo-musulmanes !

Retour précoce

Un grand-père, divorcé et père de deux filles qui ont mis au monde des garçons, me dit son étonnement d'avoir vu, depuis qu'il est grand-père, ses filles prendre régulièrement sa défense contre leur mère, alors qu'auparavant, elles en étaient inconditionnellement solidaires. Il n'en revenait pas qu'étant devenues mères de garçons, ses filles soient devenues moins braquées contre lui. Je l'ai écouté en pensant au sort des futures brus de ces jeunes femmes. Et je me suis demandé ce qui, dans un tel processus, pouvait être mis au compte des cellules souches.

Et encore plus précoce !

Pendant de longues années, je me suis rendu une matinée par semaine dans une maternité où j'avais à examiner les nouveau-nés et à leur délivrer un certificat permettant à leurs parents de percevoir une partie des allocations de maternité. J'officiais à la nurserie. La puéricultrice déshabillait un bébé, puis un deuxième pendant que j'examinais le premier qu'elle rhabillait au moment où je passais au suivant, et ainsi de suite. Les bébés entraient, accompagnés de leur mère, à qui je faisais part de mes constats, en général rassurants. Je venais d'examiner un petit Romuald, âgé de 4 jours, et je suis passé à une petite Séverine dont j'ai remarqué qu'elle était née le même jour et exactement à la même heure que celui-ci. L'empaumant pour l'examiner, je me suis amusé à lui dire : « Tu sais, Séverine, ce serait merveilleux que tu rencontres plus tard le fiancé que je t'ai trouvé : Romuald ; il est juste à côté et il est né exactement à la même heure que toi. » Je n'aurais jamais imaginé ce que je déclenchais.

Immédiatement, la maman de Séverine a enchaîné : « Mais elle ne prendra pas n'importe qui, ma fille, né ou pas à la même heure qu'elle ! » Ce à quoi la mère de Romuald a aussitôt répondu : « Quoi ? Mon fils, n'importe qui ? Vous la prenez pour quoi, votre fille, pour une princesse ? Gardez-la, elle n'est pas digne de mon fils ! » Je n'en croyais

pas mes oreilles ! Et avant que j'aie réagi à cette situation stupéfiante, j'ai entendu le ton monter, les phrases assassines fuser, et j'ai à peine eu le temps de voir les deux mères face à face s'affronter du regard avant de les voir, aussi incroyable que ça puisse paraître, en venir aux mains ! Nous avons eu un mal de chien, la puéricultrice et moi-même à les séparer et à les calmer.
Des belles-mères de bébés de 4 jours !

Voilà qui nous ramène au déroulement de l'histoire de Roxane qui a introduit cet ouvrage. Souvenons-nous que sa belle-mère était restée seule à élever ses enfants après que son mari l'avait quittée. Autant elle se disait sereine à la place qu'elle occupait comme belle-mère de gendre étroitement alliée à sa fille, autant elle sentait son fils menacé par une bru, nécessairement dotée de mère, dont elle a décidé *a priori* – le côté préventif de l'action ! – qu'elle ne pouvait être que rétive à l'ordre patriarcal, quelle que soit sa conduite. D'où ses interventions, au demeurant injustes. C'est le calme et la détermination de sa bru, la chassant de son cabinet, sans cependant lui interdire l'accès à ses petits-enfants, qui l'ont fait changer d'attitude et qui l'ont conduite à ce déjeuner, envisagé pour lever les malentendus et définir un objectif commun. N'était-elle pas gagnante sur tous les tableaux ? Comme si elle avait compris, en tant elle-même que belle-mère de gendre, qu'il lui fallait absolument, par bru interposée, préserver son fils d'une belle-mère. Il est néanmoins probable que si on lui avait suggéré que son gendre méritait les mêmes égards que ceux qu'elle réclamait pour son fils et qu'elle devait s'effacer de la vie de sa fille, elle aurait refusé d'entendre raison. C'est souvent le cas dans ce type de configurations. Nos civilisations, comme si elles avaient estimé n'en avoir plus besoin, ont cru devoir s'affranchir des règles, repères et rituels qui invitaient fermement chacun à s'y plier pour le bonheur de tous. Les résultats de cette évolution ne sont pas très encourageants et démontrent on ne peut mieux que les progrès que nous croyons avoir accomplis par rapport à nos très lointains ancêtres sont tellement minimes qu'il est ridicule de même en faire mention.

Une brève incursion du côté des grands-parents

Les histoires que j'ai rapportées ne sont qu'un maigre échantillon de celles que j'ai recueillies au cours de ma carrière. Je le précise parce qu'on pourrait s'étonner que j'en aie autant à raconter et surtout de cette nature. Après tout, je n'ai pas cessé de me réclamer de mon statut de pédiatre. Je ne suis cependant pas, loin s'en faut, le seul pédiatre à avoir été témoin de situations du genre de celles que je décris. S'ils en prenaient la peine, mes collègues pourraient faire état d'un matériel certainement aussi riche que le mien. J'en veux pour preuve un événement que j'ai vécu au milieu des années 1990. Je faisais partie d'un groupe de six spécialistes sollicités pour une session de formation continue de cent cinquante pédiatres. Il était prévu que nous prenions en charge par équipe de deux et par demi-journée un groupe de cinquante praticiens qui circuleraient entre nous. Nous avons cependant décidé pour la dernière demi-journée de changer cette organisation et de nous installer tous les six en face de l'ensemble du groupe et de demander à chacun de nous soumettre ses questions par écrit. Moyennant quoi nous nous engagions à répondre en fonction de nos compétences respectives. Nous avons été stupéfaits en relevant, rédigée exactement de la même manière, la même question sur 137 des 150 bulletins ! Cette question était : « Faut-il tuer les grands-mères ? » On imagine sans peine le brouhaha qui a suivi la révélation de notre découverte. Il nous a cependant été très vite confirmé que celles qui étaient visées par l'agressivité de nos confrères étaient exclusivement les grands-mères maternelles !

Les praticiens se disputaient presque la possibilité de raconter les cas qui les avaient frappés, chacun estimant qu'il en avait rencontré un dont la monstruosité dépassait l'imaginable. De fait, les narrations, véhémentes et révoltées, avaient à peu près la même tonalité et obéissaient pratiquement au même mécanisme. Il était toujours question de ces femmes qui, s'évertuant sans la moindre gêne à infantiliser leurs filles, leur confisquaient littéralement leurs enfants et n'avaient pas de mots assez durs pour disqualifier leurs gendres.

Qu'en était-il des grands-pères dans ces tableaux ? Il n'en était pas même fait mention. Le patriarcat ayant vécu, ils étaient implicitement jugés hors circuit.

On pourrait dire, sur le plan anthropologique, qu'on se trouvait devant l'expression la plus schématique d'une revendication de matrilocalité : les grands-mères maternelles, remplies d'enthousiasme par la certitude d'avoir réussi à prolonger l'existence de leur clan, se croyaient fondées à s'arroger tous les droits sur leur descendance.

Le paysage qui se dessinait de la sorte dans le discours de mes confrères, s'il a beaucoup surpris mes collègues formateurs qui étaient psychiatres et psychanalystes, m'était personnellement des plus familiers.

C'est ainsi qu'il m'est arrivé un jour de tenter de tempérer l'activisme d'une grand-mère maternelle mexicaine qui s'était déplacée pour la naissance de son petit-fils. Ayant appris d'elle, que sa fille était sa dernière et qu'elle avait par ailleurs deux fils, eux-mêmes pères de famille, je me suis amusé à lui demander si elle était dans les mêmes dispositions à l'endroit de ses précédents petits-enfants. Je me suis entendu répondre par un cinglant aphorisme espagnol : « L'enfant de ma fille, c'est mon enfant ; celui de ma bru, qui peut le prouver ? » Ce que m'a dit en d'autres termes une autre grand-mère : « Les enfants de mon fils sont les enfants de ma belle-fille. Pour moi, ce sont des étrangers. » Des considérations qui se retrouvent dans l'affirmation, énigmatique seulement en apparence, de la belle-mère de la Roxane de mon introduction quand sa bru lui a fait remarquer qu'elle avait d'autres petits-enfants : « Ce sont les enfants de ma fille ; en elle, j'ai confiance. César est le fils de mon fils, et mon fils, il est comme tous les hommes, il n'y connaît rien. » C'est la manière que choisit cette grand-mère de dire à sa bru qu'entre femmes elles ne vont pas perdre de temps à se raconter des salades. Par l'expérience commune de la maternité, chacune d'elles deux sait intimement comment elle souhaite que se passent les choses et c'est ainsi, d'ailleurs, qu'elles se passent en général. Chacune d'elles deux sait intimement qu'une mère n'estime pas seulement avoir tous les droits sur ses enfants, mais qu'elle considère n'avoir absolument pas à les partager, fût-ce avec leur père. Lequel – chacune d'elles deux le sait intimement ! – est l'individu le plus facile à berner. Ne suffit-il pas le plus souvent d'un regard, d'une inflexion de voix ou d'un soupir pour le faire taire et le gagner à sa cause ?

On le voit, la dénonciation de la propension maternelle naturelle par la grand-mère paternelle s'oppose point par point aux applaudissements que la grand-mère maternelle dispense à sa fille, qu'elle encouragerait implicitement à éjecter le père de ses enfants. Ce n'est guère étonnant, puisque la grand-mère maternelle se déploie en toute simplicité dans la guerre des sexes et y occupe sa place en y déployant une énergie encore plus grande quand elle est grand-mère d'une petite-fille.

C'est l'attitude de la grand-mère paternelle qui, elle, pose problème à son entourage. Sa conversion étonne d'autant qu'en son jeune temps, elle adhérait elle-même au discours de sa propre mère et était prête à éjecter le père de son fils quand elle ne l'a pas fait. On le saisit à la lumière du démontage méticuleux des rouages auquel j'ai procédé. Pour autant, ce n'est pas facile à comprendre au premier abord. Ce qui n'empêche pas les grands-parents de se sentir et de se vivre comme tels, sans très bien savoir aujourd'hui, en raison de la désaffection des liens de solidarité intergénérationnelle, comment se comporter.

L'allongement de leur durée de vie en a fait des individus qui, quoique retraités, sont souvent en excellente forme physique et souffrent de leur inactivité et du peu d'intérêt qu'ils trouvent à leur existence. Dès qu'ils le peuvent, ils se rabattent sur la possibilité de materner à nouveau en bénissant les occupations de leur descendance qui leur permettent de donner un semblant de goût à leur quotidien. Ils se débrouillent pour se rendre indispensables et ils finissent, au motif de dévouement, par se croire autorisés à intervenir dans le moindre détail de la vie des couples de leurs enfants[26]. À quelques nuances près, cependant. Les hommes tout d'abord : grands-pères ou gendres, ils comptent pratiquement toujours pour du beurre, parce qu'ils ne parviennent pas à s'intéresser sérieusement aux situations pour lesquelles leurs compagnes développent une véritable passion ou bien parce qu'ils savent par avance qu'ils ne seront pas entendus, et encore moins suivis. Les femmes ensuite, qui seules s'entendent les unes les autres : la grand-mère maternelle a toute facilité de circonvenir son gendre et de procéder à une véritable mainmise sur sa fille, qu'elle n'hésite jamais à infantiliser. En revanche, la grand-mère paternelle rencontre, elle, du côté de sa bru une résistance qui est strictement proportionnée à la soumission dans laquelle cette dernière a été placée par sa propre mère. Voilà qui n'a pu manquer de se perpétuer depuis toujours comme tel.

26. Pour qualifier ses échanges avec ses petits-enfants, mon amie Suzie Morgenstern n'hésite pas à dire et à écrire : « J'ai grand-merdé. » Je rends autant hommage à sa modestie et à son humilité qu'à ses jeux expressifs sur la langue.

À cet égard, la psychanalyse affirme, comme on l'a vu, qu'on a toujours avec ses beaux-parents les relations qu'on ne s'est pas autorisé à avoir avec ses propres parents.

Une femme qui n'a pas trouvé assez d'énergie en elle pour se révolter contre la mainmise de sa mère sur elle, déplace son agressivité refoulée sur sa belle-mère. Une autre qui n'a pas trouvé chez sa mère l'aide, la sollicitude ou l'attention qu'elle en attendait, la recherche et la retrouve souvent chez sa belle-mère. La combinatoire obéit évidemment toujours aux mêmes lois avec les beaux-pères, même si les liens qui se nouent à eux sont beaucoup plus discrets.

Si on ajoute à la logique de fonctionnement de ces liens les ruptures de ménages et les recompositions familiales, on s'aperçoit que les grands-mères maternelles viennent de loin au premier plan. Plusieurs belles-mères successives pour une bru, même si l'une d'entre elles est une indéniable grand-mère paternelle, revient à pas de belle-mère du tout. Ce qui entraîne une rupture de l'équilibre entre belles-mères de brus et belles-mères de gendres, entre grands-mères paternelles et grands-mères maternelles. Un déséquilibre qui souligne et accroît celui qui est consécutif à la rupture du couple parental. Faut-il alors s'étonner que ces déséquilibres, contrevenant aux lois de l'homéostasie, finissent par des symptômes chez les enfants ? Probablement pas. Va-t-on se laisser impressionner par l'état des enfants qu'on peut assimiler à un effet collatéral du but poursuivi par nos sociétés et les orientations qu'elles ont prises ? Il suffit de trouver la parade : des circuits de soins proposés aux enfants et aux familles. Pourquoi en effet la bonne vieille recette du tonneau des Danaïdes cesserait-elle d'avoir cours ?

DIGRESSION POUR CONCLURE

Je m'étais lancé dans ce travail pour répondre à une série de questions que pose la difficulté qu'on observe, depuis toujours et partout dans le monde, dans les rapports entre belles-mères et brus comme entre belles-mères et gendres. Je ne savais pas exactement où j'allais ni ce que j'allais découvrir. J'ai souvent eu le sentiment d'essayer d'agencer entre elles les pièces disparates d'un puzzle étrange, sans disposer de la moindre indication qui aurait pu me servir de guide. J'ai marqué le pas, je suis revenu parfois en arrière, j'ai hésité, mais sans jamais trouver d'autre voie pour répondre aux questions que je m'étais posées. C'était tellement oppressant que j'ai eu besoin de l'exprimer au fil de ma rédaction et même de le redire ici.

En procédant lentement et en remontant à l'histoire de l'espèce, je me suis arrêté à l'origine de la guerre des sexes qui se poursuit de bien plus de manières qu'on ne l'imagine. Cette guerre date du moment où les hommes, prenant une disposition qui a fait passer l'espèce de l'état de nature à celui de culture, ont imposé leur décision à des femmes qui l'ont subie sans jamais y adhérer. L'importance de la Loi de l'espèce qui a été ainsi imposée a été considérable. Elle a été la première initiative prise au sein du chaos. Et elle a constitué de ce fait le mur de soutènement de l'ensemble des autres lois que s'est données l'humanité.

Or, quand on revient à son essence, on s'aperçoit qu'elle n'est rien moins que l'application à l'univers environnant de la limite physiologique de la sexualité masculine. On imagine la manière dont elle a dû être reçue par les femmes dont la sexualité physiologique, prévue comme telle par la nature pour assurer la reproduction de l'espèce, se déploie dans la non-limite. Desservies par leur moins grande force musculaire, les femmes n'ont pas eu d'autre choix que de se soumettre au pouvoir qui, jusqu'à une période très récente, n'a cessé de les contraindre. Étant demeurées obstinément rétives aux mesures qui leur étaient imposées, elles ont conçu une insatisfaction chronique aggravée par le bridage exercé sur la non-limite de leur sexualité. Elles en ont fait le socle sur lequel s'est déployée la puissance dont elles ont fait usage dès le moment où se sont mises en place les institutions familiale et sociale.

Cette insatisfaction au potentiel formidablement castrateur et susceptible de produire les pires dégâts n'a pas été et n'est cependant pas toujours nocive. Correctement gérée et le plus souvent perçue et reçue par les hommes comme un défi à relever, elle est parvenue à les amener à se dépasser et à se lancer résolument sur la voie du progrès. Ce qui revient à dire que le monde dans lequel nous vivons, jusque dans les progrès techniques qui y ont été accomplis, a été l'œuvre conjointe des hommes et des femmes. Et ce, sans qu'on ait à introduire la moindre hiérarchie dans la répartition des tâches ou dans la distribution des mérites.

C'est ainsi que, depuis l'instauration de la Loi de l'interdit de l'inceste, c'est-à-dire depuis des centaines de millénaires, l'humanité s'est trouvée pourvue de deux forces opposées aussi actives et têtues l'une que l'autre, même si elles ont toujours été présentées l'une comme dominante, l'autre comme dominée. Ce qui se révèle d'ailleurs tout à fait faux quand on prend en compte l'importance que revêtent respectivement le père et la mère dans la psyché de tout individu. Si le premier, en obtenant le soutien de ses pairs, s'est trouvé revêtu du pouvoir institué qui le soumet, qu'il a vocation à exercer et à transmettre, la seconde a toujours eu, par nature et à elle seule, la possibilité de se constituer en puissant contre-pouvoir. Le dosage de ces forces n'a pas cessé de varier. Pour autant, leur opposition est toujours parvenue à assurer un équilibre dans lequel peut se reconnaître l'homéostasie qui a présidé aux progrès de la reproduction sexuée en inventant la mort, et qu'on retrouve inscrite dans la psyché sous forme de deux pulsions opposées, la pulsion de vie et la pulsion de mort. L'humain est un être vivant sexué et donc mortel.

C'est ainsi que, chemin faisant et grâce à tout ce que j'ai pu glaner pendant ce voyage dans l'espace et dans le temps, je suis parvenu à montrer la force du lien qui attache les mères à leurs enfants, autant sinon plus encore que ces derniers à elles. C'est à partir de ce constat que j'ai analysé le comportement des belles-mères. Celui qu'elles ont face à leurs gendres use de la force prodigieuse du lien qu'elles entretiennent à leurs filles pour mener une lutte destinée à soustraire ces dernières et, à travers elles le genre féminin, à la domination de la limite, en caressant l'espoir de parvenir un jour à restaurer la non-limite. En procédant de la même manière, j'ai montré que les relations houleuses des belles-mères et de leurs brus l'étaient en raison du soutien paradoxal que les premières ont soudain décidé d'apporter à la limite, focalisée dans celle de leurs fils, contre la non-limite dont elles avaient pourtant elles-mêmes cultivé jusque-là le culte et la nostalgie. Leur disposition s'avère d'autant plus déterminée qu'elles connaissent par expérience la force qu'apporte à cette lutte le lien que leurs brus entretiennent à leurs propres mères. Sans le savoir, les belles-mères de brus auraient en quelque sorte été, de tout temps et dans pratiquement toutes les civilisations, traîtresses à la cause des femmes. Mettant leur propre puissance au service du pouvoir institutionnalisé des hommes, elles s'en sont faites les alliées. En conséquence et à leur insu, elles ont été de véritables promotrices de la culture. Sinon même les meilleures, dans la mesure où les femmes entendent infiniment mieux le langage des femmes quand elles n'entendent pas que celui-là.

Comme je l'ai souligné dès l'ouverture de ce livre, tout cela semble en passe d'être dépassé dans la mesure où les belles-mères de brus, si tant est qu'elles existent encore, n'auront bientôt pas plus droit de cité que n'en ont les pères d'aujourd'hui réduits au simple rang de géniteurs. Nos sociétés paraissent avoir atteint un point de non-retour, de sorte que le discours que je tiens sera inaudible au plus grand nombre.

Ce processus d'éviction est objectivement consécutif à la mise en accusation du patriarcat et au procès qui lui a été fait. Pour justifié qu'il ait été, il n'en a pas moins entraîné une sanction largement disproportionnée aux méfaits instruits. Un peu comme si les générations en place étaient coupables des fautes commises par leurs ancêtres, aussi lointains soient-ils et qu'il leur fallait payer l'addition, avec intérêt, jusqu'au dernier denier. Cette manière de penser et d'agir, à tout le moins étrange, n'a pas manqué de s'imposer aux esprits, invitant aux conduites de repentance qui se sont multipliées, sans distinction et en toutes sortes de circonstances, ces dernières décennies.

La lutte contre le patriarcat a été menée tambour battant par tellement de groupes de pression dans toutes les sociétés industrialisées qu'on peut se demander si certains d'entre eux n'avaient pas quelque inavouable intérêt aux perspectives qu'elle ouvrait. Elle a été présentée et souvent vécue, en raison de l'ampleur apparente qu'elle a prise au fil de son déroulement, comme l'aboutissement et le triomphe de l'idéal démocratique. Nul n'a pensé devoir se pencher sur cette ampleur et en interroger la raison profonde. Nul, et pas même les psychanalystes[1] – qui auraient pu s'exprimer – n'a pris la peine de dénoncer l'énorme, énorme, erreur qui a été commise quand on a prétendu pouvoir accélérer la lutte légitime contre les inégalités de droit en effaçant deux des différences qui sont indispensables au bon fonctionnement du psychisme : la différence générationnelle et la différence sexuelle.

Juchés sur leur victime et enivrés par leur succès, les exécuteurs se sont faits sourds aux cris de détresse de la masse s'interrogeant sur son devenir en multipliant les symptômes. Pour être en phase avec la célérité du progrès technique, on a procédé à de vastes campagnes de communication, cette discipline nouvelle qui se présente comme un procédé informatif pour mieux masquer son entreprise d'orientation de l'opinion. Les faits sont là, comme autant de symptômes réactionnels. Je ne m'y étendrai pas. Je n'ai pas inventé l'aggravation des inégalités sociales. Je n'ai pas inventé le déficit de prospectives. Je n'ai pas inventé la pensée unique. Je n'ai pas inventé l'effet entropique auquel nous soumet le bombardement continuel d'images que nous ingurgitons passivement et qui charrient des messages infraliminaires subtilement orientés. Je n'ai pas inventé les difficultés nouvelles des relations hommes-femmes. Je n'ai pas inventé les mesures qui ont abouti à la disparition de la fonction du père. Je n'ai pas inventé la déliquescence de l'institution familiale. Je n'ai pas inventé le mal-être des enfants privés d'éducation. Je n'ai pas inventé les interrogations douloureuses de leurs parents. Je n'ai pas inventé les problèmes posés à l'école. Je n'ai pas inventé le malaise sur lequel n'ont pas cessé de se focaliser, depuis des lustres et sans le moindre résultat, quantité de travaux.

1. Il faut dire que ceux qui auraient pu s'exprimer sur ce point, outre qu'ils auraient dû outrepasser une règle éthique, n'ont en général pas les faveurs de la presse.

Ce que je relève, en revanche, c'est que la disparition déjà en cours et programmée des belles-mères de brus semble avoir définitivement signé le triomphe des belles-mères de gendres. Le fait en lui-même n'aurait pas grande importance s'il n'entraînait pas une rupture de l'équilibre qui existait jusque-là entre la limite et la non-limite, ainsi que la consécration de cette dernière. L'homéostasie qui est la condition même de la vie sexuée depuis son apparition se trouve du coup singulièrement malmenée.

Bousculés jusque dans leur identité, les hommes, ces fils de mère et ces soupirants des femmes, ont cru en effet devoir et pouvoir adopter la non-limite. Ils s'y sont convertis avec un enthousiasme émouvant, encouragés qu'ils étaient par exemple à devenir des mères-bis auprès des enfants qu'ils avaient faits à leurs femmes. Je les ai vus, des décennies durant, se chercher vainement une place et, ne la trouvant pas, aller voir souvent, la libéralisation des mœurs aidant, si par hasard une autre femme ne pouvait pas la leur donner...

Qu'a-t-il pu se passer pour que tout soit allé si vite ?

C'est en ce point et sur ce point que j'ai cru devoir m'interroger.

On me répondra qu'il me suffirait de prendre acte des performances des nouveaux modes de communication. Ignorerais-je que la Perestroïka, et la chute du mur de Berlin qui s'en est suivie, a été imposée par la multiplication des réseaux informatiques ? Que ces réseaux ne cessent de déployer leur puissance et cherchent à supplanter les médias dans leur vocation de contre-pouvoir ? Que notre univers est bardé de satellites de communication et de surveillance ? Que nous sommes entrés dans l'ère du virtuel ? Que nous vivons une nouvelle temporalité qui prend en compte jusqu'à la nanoseconde ? Que c'est l'instant seul – dimension majeure du vécu féminin du temps – qui doit se vivre parce que plus rien ne permet d'investir le terme et encore moins le long terme ? Que nous évoluons désormais dans un village planétaire au sein duquel le moindre battement d'aile d'un papillon est susceptible de produire des effets inattendus ? Que, et que, et encore que..., etc.

Et alors, dirais-je, et alors ? Est-ce avec un tel argumentaire qu'on explique la timidité que montrent, malgré les derniers événements qui s'y sont déroulés, les cultures arabo-musulmanes, africaines ou asiatiques à emboîter le pas aux sociétés occidentales ? Est-ce avec un tel argumentaire qu'on m'expliquera pourquoi l'enfant unique chinois, qui dispose de six adultes à son service, n'est pas devenu – comme j'ai pu m'en apercevoir au cours de mon voyage en Chine – l'enfant tyran de nos sociétés ? Est-ce avec un tel argumentaire qu'on pourra tracer un trait sur les phénomènes que connaît la société japonaise, crucifiée entre la vision du monde occidentale et la tradition ? Est-ce enfin avec un tel argumentaire qu'on légitimera l'extension de la pauvreté et l'érection concomitante de fortunes individuelles comme il n'en a jamais été connu ?

J'avoue, humblement, très humblement, ne pas avoir mené mon exploration sans en concevoir un profond malaise. Tant pis pour moi. J'accepte l'inconvénient en le mettant au compte de ma culture limitée et du fait que je suis un piètre théoricien – encore que je n'aie jamais prétendu l'être.

Après ce premier aveu, j'en produirai un autre.

Récusant les arguments explicatifs habituels qui peuvent être apportés à l'évolution de nos sociétés ou du moins ne m'en contentant pas, j'ai en effet accueilli non sans sympathie les mécanismes paranoïaques qui permettent à chacun de faire baisser d'un cran son angoisse – ce n'est pas de ma faute, c'est de la faute d'un autre, c'est « la faute à pas de chance », etc. Je me suis donc trouvé à échafauder une hypothèse, qui m'a moi-même étonné, en m'appuyant sur les dualités que j'ai identifiées entre limite et non-limite, et entre pouvoir et puissance.

Je me suis demandé, puisque j'en étais à essayer de savoir comment cette accélération brutale a pu se produire, à qui « profite le crime » qui l'aurait mise en œuvre.

À aucun moment, il n'a été question pour moi de mettre les femmes, ni le féminisme qui les a fédérées, en accusation. Leurs démarches et leurs revendications, au nom même des idéaux affichés par nos sociétés, devaient absolument être entendues et prises en considération. J'y souscris sans la moindre réserve. Qu'ont-elles demandé ? L'égalité des droits, c'est-à-dire le respect élémentaire de leur dignité. Quoi d'indécent dans cette demande ? Rien ! Rien que de légitime ! L'ont-elles obtenue ? Non ! Qu'a-t-on fait de leurs revendications ? On les a combattues. Comment ? En les discréditant par la dénonciation des excès de langage qui fusaient parfois. Pourquoi donc a-t-on refusé de prendre en considération leurs revendications ? Par crainte ? Par souci de conserver aux hommes le haut du pavé ? Pas le moins du monde : la lutte vivace et constructive entre limite et non-limite s'est toujours jouée sur d'autres terrains ! Et les hommes auraient sans aucun doute pu gérer la situation sans rien entamer de cette dialectique. Ils ont préféré donner des gages grossiers plutôt que de s'attaquer au fond du problème. Pour quelle raison ? Pour la seule qui soit à relever parce que c'est la seule qui est prise en considération : l'économie. L'économie, qui mène aujourd'hui le jeu dans toutes nos sociétés industrialisées, l'économie qui a envahi tous les champs de réflexion, l'économie qui se fait l'arbitre de la moindre décision, l'économie qui a écarté l'éthique, n'est pas prête à faire la moindre concession.

C'est en ce point que je reviens à ma notion de puissance.

Elle n'est pas sans évoquer pour moi la puissance que le petit enfant tente de déployer entre 1 et 3 ans contre la toute-puissance qu'il attribue à sa mère. On sait que, fondée sur une appréciation erronée des rapports, elle est susceptible d'entraîner les plus graves malentendus et les pires dégâts. L'enfant en use à partir de la conviction à laquelle il est parvenu en vivant sa condition immature : sa mère, qui est indispensable à sa survie, a le pouvoir de le tuer. On sait aussi que le destin de l'enfant dépend étroitement de la manière dont la mère réagit à ses comportements. Si elle se résigne à satisfaire tous ses caprices, elle renforce sa foi dans le scénario erroné qu'il s'est fabriqué. Elle le laisse être la proie de l'angoisse engendrée par ce scénario et elle demeurera à jamais pour lui l'être puissant par définition. C'est seulement si elle censure les comportements capricieux au nom des règles et des lois que l'enfant perçoit comme émanant non pas d'elle – qui a vocation à dire « oui » à tout –, mais de son père, à l'origine de tous les « non », qu'elle l'oblige à corriger son scénario erroné et le libère de son angoisse. Elle met alors en place un modèle de relation placé sous le signe de l'homéostasie qui pourra remplir son office au service de la dynamique de vie.

J'appliquerais volontiers le modèle de la triade père-mère-enfant à une autre triade qui réunirait hommes-femmes-société. La société, en position de l'enfant dans la première triade, déploie ses exigences multiformes et demande aux femmes, en position de mères, de la satisfaire. Ces dernières, tout comme certaines mères, ivres du potentiel que leur révèlent les demandes de leur enfant, répondent à l'appel qui leur est adressé, ce qui entraîne des conséquences identiques à celles qu'engendre l'absence d'éducation.

Dans la triade père-mère-enfant, la mère qui réagit aux caprices de l'enfant, en le soumettant aux lois et aux règles, le fait « au nom du père ». Lequel n'a pas vocation à intervenir directement quand il bénéficie et du soutien social et surtout de l'investissement de sa personne par la mère. Dans la triade hommes-femmes-société, il en va autrement dans la mesure où le conflit hommes-femmes n'a jamais cessé d'exister. Il a néanmoins été tempéré jusqu'alors par l'existence de l'opposition qui s'est maintenue entre le pouvoir institué des hommes (issu du patriarcat culturel) et la puissance (naturelle) des femmes. Or ce que les soubresauts récents de nos sociétés sont parvenus à faire, en dressant le procès du patriarcat et en l'abattant définitivement, c'est à convaincre les hommes de renoncer à leur pouvoir institutionnalisé, au bénéfice illusoire, même pour eux, de l'exercice de la seule puissance féminine.

Voilà qui cadre avec les vues de ce qu'on pourrait désigner, sans grand écart de langage, comme les... puissants ! Je désigne évidemment par ce terme ceux que préoccupe seulement leur enrichissement personnel. Il n'en manque pas. Un magazine les classe même selon leur rang mondial et leur rang par pays. Ce n'est d'ailleurs pas de leur personne proprement dite que je veux parler quand je mentionne leur existence ; c'est du mécanisme qui les propulse à ces places et qui semble désormais intouchable, celui des multinationales, de la globalisation et de la mondialisation qu'ils ont promues, des paradis fiscaux qu'ils ont inventés, bref de... la non-limite qu'ils ont ainsi élue et du véritable pouvoir qu'ils en ont eu. Au point que ce que chacun croit être le vrai pouvoir, celui des États censés être capables de les contrôler, les traite avec infiniment d'égards. La logique même de la société de consommation dépend de l'attelage qu'il a ainsi formé avec eux. Le spectre de la récession, tapi dans l'ombre, n'est-il pas là pour sans cesse le rappeler ?

Je ne suis pas en train de mettre en accusation ces puissants pour avoir imaginé la moindre stratégie susceptible de favoriser leur entreprise. Intelligents et rompus à l'exercice, ils n'ont rien fait d'autre que saisir au vol ce qu'on appelle, y compris et surtout dans la logique que traduit leur langage, des « opportunités[2] ».

Et la première d'entre elles a été de profiter des mouvements subversifs qui sont survenus un peu partout ces dernières décennies pour ramener nos semblables à la tyrannie de leurs pulsions. Ils n'ont pas manqué de se réjouir et d'applaudir les mouvements qui militaient pour la fin du patriarcat. Affaiblir le fondement même de tous les pouvoirs institués, se débarrasser de la moindre notion de limite, promouvoir à tous crins la non-limite, c'est s'inscrire sans risque d'en être jugé responsable dans la dynamique d'un mouvement revendicatif aux nobles accents progressistes. N'a-t-on pas hurlé à pleins poumons qu'il était « interdit d'interdire », que l'autorité était d'essence réactionnaire ? Pouvait-on laisser passer sans la saisir une « opportunité » capable aussi bien de ruiner la symbolique des lois que d'autoriser des compromissions qui auraient été censurées en un autre temps ? Je ne reviendrai pas sur tout ce que j'ai dit, sur les effets imprévus de la libération sexuelle et sur la façon dont elle est parvenue à faire croire aux hommes qu'ils pouvaient s'affranchir de la limite physiologique de leur sexualité pour bénéficier de la non-limite qui est l'apanage de celle des femmes. J'ai montré comment l'anatomie et la physiologie qui ont rappelé ces hommes à l'ordre, leur ont fait déplacer la non-limite vers le champ de la symbolique des lois.

Mais en orientant mon propos vers des considérations qui relèvent de la sociologie politico-économique, je sens que je m'avance en terrain mouvant. Est-ce une raison pour s'interdire toute réflexion ? Certainement pas,

2. Ce terme, à lui tout seul, peut être lu comme symptôme. Il s'est imposé en lieu et place d'« occasion » et de « possibilité » que continuent pourtant de recommander les puristes de la langue. Son usage dans l'univers de la finance, qui s'exprime en anglais, a débordé ce seul secteur et a envahi tous les autres.

puisque ce n'est pas en spécialiste que je m'exprime, mais plutôt en citoyen, en citoyen qui a connu d'autres époques. Une précision dont je prends le risque, en sachant qu'elle me vaudra le reproche facile, sinon la critique banale, qui consiste à stigmatiser, en termes de réactionnaire, tout propos que je tiendrais sur un présent que je juge décevant à certains égards par rapport à un passé que je jugerais un peu trop facilement avoir été meilleur Et plus encore quand j'évoque l'extension de la non-limite au détriment de la limite.

C'est ainsi, en tout état de cause, que j'ai été interpellé, comme tout un chacun, par la récente crise financière mondiale, dont nous ne sommes apparemment pas toujours sortis. Et ce qui m'a le plus frappé dans la suite des événements que nous avons vécus, ce sont les discours qui se sont tenus : tous sans exception mettaient l'accent sur la nécessité de « réguler », de « contrôler » et même de « moraliser » les marchés (étrange qu'en la matière, le mot « moraliser » n'ait plus semblé tabou !). J'ai découvert, naïf que j'étais donc, que lesdits marchés n'étaient ni régulés, ni contrôlés, ni moralisés ! Qu'ils étaient tout simplement placés, au vu et au su des gens avertis, au-dessus des lois qu'on ne cesse cependant pas de rappeler à chacun !

Tout cela m'est revenu au fil de l'écriture de ce livre et des questions que j'en venais à aborder : les mutations sociales, la mise à l'écart du patriarcat, la conversion encouragée sinon orchestrée à la non-limite, l'affaiblissement sinon la disparition de la symbolique des lois, etc., etc. Et si cette crise financière était elle-même un symptôme du processus que j'examinais en m'intéressant pour ma part à la seule problématique des belles-mères ? Médecin jusqu'au bout des ongles, j'ai donc cherché à « asseoir mon diagnostic » et, pour cela, à vérifier ou infirmer mon hypothèse. Je me suis risqué sur un terrain qui m'était totalement inconnu, au point que, suivant les conseils des uns ou des autres, je me suis lancé dans la lecture d'ouvrages auxquels je ne me serais jamais intéressé en d'autres circonstances.

Submergé par la masse d'informations que je recueillais et que je ne savais pas comment intégrer, j'ai interrogé un vieil ami, que je connais depuis le lycée et qui est devenu un brillant économiste[3]. Je lui ai expliqué l'essentiel de mon travail, je lui ai fait part de ce que j'avais découvert et je lui ai soumis mon hypothèse. Il est bien sûr tombé des nues, et ce d'autant que, malgré l'exposé que je venais de lui faire, il était à mille lieues de l'analyse que je m'évertuais à produire depuis des mois ! Pour montrer sa bonne volonté, il m'a proposé de me fournir la liste des nombreuses crises économiques qui ont émaillé le XXe comme le XIXe siècle. Sa proposition m'a plutôt troublé : il m'apprenait que le monde avait connu d'autres crises économiques que la seule que je connaissais pour ma part, celle de 1929. Voilà qui mettait ma démarche à rude épreuve, mais à quoi je ne pouvais cependant pas me soustraire dans la mesure où il n'était pas question de transiger sur la rigueur méthodologique.

J'en étais là quand je me suis soudain avisé que, de fait, il ne m'avait répondu qu'en tant qu'économiste, rompu certes à l'examen des faits, mais au travers du seul prisme de sa discipline. Je lui ai alors demandé si les économistes s'étaient préoccupés d'examiner les facteurs politiques ou les conditions historiques et sociologiques des époques qui ont précédé les crises. Il n'avait pas connaissance d'une entreprise de ce type, m'a-t-il répondu, en ajoutant que je pouvais toujours essayer d'en trouver des éléments en parcourant un livre qu'il m'a conseillé de consulter. Il s'agit d'un volumineux rapport que la Société des Nations (instance qui a été

3. Roland Granier : professeur émérite et doyen honoraire de la faculté d'économie appliquée à l'université d'Aix-Marseille, que je remercie.

remplacée par l'ONU) avait commandé à un économiste en lui demandant d'analyser la récurrence de ces crises économiques afin de trouver le moyen de les prévenir[4].

J'ai réussi non sans peine à trouver l'ouvrage et j'en ai pris connaissance. Je n'y ai guère trouvé de réponse à ma question. J'en ai cependant retenu qu'aucune des différentes théories économiques développées à l'époque n'expliquait à elle seule la survenue de l'ensemble des crises, alors que chacune d'elles en expliquait néanmoins certaines. À la réserve près, ai-je noté, que toutes les fois qu'une de ces théories y parvient, c'est seulement en prenant en compte la logique et la nature des mécanismes économiques qui sont intervenus dans la survenue des crises, et seulement cela.

Quoique prêt à admettre que mon hypothèse ne reposait sur aucune base solide ou admissible, je n'ai cependant pas mis fin à ma quête. J'ai donc interrogé une autre amie, historienne elle, à qui j'ai fait part de ma réflexion en la reprenant par le menu. Et je lui ai naïvement demandé si, au cours des différentes crises économiques de ces deux siècles, les historiens avaient pu remarquer un délitement préalable du lien social, une atteinte portée à la déontologie ou une ignorance délibérée des lois, tout cela pouvant témoigner pour moi d'une rupture survenue dans l'équilibre qui s'était maintenu jusqu'alors. Elle m'a répondu qu'elle ne pouvait pas me le confirmer de façon précise pour ce qui s'était passé pendant ces deux siècles, mais qu'elle avait travaillé sur un sujet qui allait quelque peu dans le sens de mon hypothèse : l'initiative prise en 1816 de restaurer la *Foi publique* destinée à la construction de la confiance dans le crédit de l'État, parce que cette confiance avait effectivement été détruite, en particulier par la manière dont Napoléon avait personnellement dilapidé les fonds

4. Gottfried Haberler, *Prospérité et dépression. Étude théorique des cycles économiques*, Genève, Société des Nations, 1943.

de l'État[5]. On ne peut pas refaire l'histoire, mais, vu la manière dont cette restauration de la Foi publique a permis de relancer la machine économique, on peut penser que, sans elle, on serait allé à la catastrophe. De là à imaginer qu'on avait rétabli un équilibre qui avait été rompu...

Il ne m'en a en tout cas pas fallu plus pour revenir à mon hypothèse, en attendant qu'un travail historique dans le sens des ruptures d'équilibre soit un jour entrepris.

J'en étais là quand je me suis lancé dans la lecture du revigorant ouvrage de Jean-Pierre Chevènement[6]. Tout y était. Et tout était expliqué avec une clarté et une précision confondantes. Non pas que l'auteur analyse les événements en usant du prisme que je développe ici. Pas du tout. Cependant, la manière dont il démonte historiquement la naissance et l'expansion redoutable du néolibéralisme, comme les compromissions historiques et politiques sans nombre qui l'ont autorisée, m'a semblé recouper ma grille d'analyse sur pratiquement chacune des étapes qu'il décrit. Et ce qui m'a plus encore étonné, c'est d'avoir retrouvé quelques semaines plus tard, côté néolibéralisme, une analyse quasi similaire à celle que fait Chevènement, homme de gauche, dans l'ouvrage qu'a publié une femme de droite, Marie-France Garaud[7].

Il me faudrait aller plus loin que la simple communication de mon enthousiasme à ces lectures. Ce serait alors un autre livre qu'il me faudrait écrire et qui nous emmènerait bien au-delà de la question des belles-mères. À moins de décider, à la rigueur, de refondre celui-ci dans une autre perspective qui n'en interrogerait pas moins les

5. Alya Aglan, *1816 ou la genèse de la Foi publique*, Genève, Droz, 2006.

6. Jean-Pierre Chevènement, *La France est-elle finie ?*, Paris, Fayard, 2011.

7. Marie-France Garaud, *Impostures politiques*, Paris, Plon, 2011.

méfaits du déséquilibre survenu entre la limite et la non-limite.

Mais c'est beaucoup trop tard et j'avoue – un aveu de plus – que je n'en ai guère le courage.

La seule chose que je puisse encore faire, c'est d'imaginer une épitaphe aux belles-mères de brus : « Toutes vaillantes qu'elles aient été, elles sont tombées, comme les pères de leurs fils, sous les coups d'une économie gagnée à la démesure et indifférente au retour annoncé de notre espèce à la barbarie. »

ANNEXE

Les systèmes de parenté

Le système eskimo est celui qui nous est le plus familier. Son appellation à l'apparence exotique vient simplement du fait que l'anthropologue qui l'a étudié l'a fait auprès des populations eskimo. Il confère aux seuls parents les noms de *père* et *mère* et a pour particularité de désigner par le même terme de *oncle* et de *tante* les frères et les sœurs des deux parents ainsi que leurs conjoints respectifs. La plupart des pays européens, comme au demeurant le système des liens qui apparaissent dans le texte biblique, relèvent de ce type.

Le système hawaïen ne donne pas aux seuls parents les noms de *père* et *mère,* il l'étend à tous les collatéraux des deux parents. Il n'y a donc pas du tout d'*oncles* ou de *tantes*. Si bien que les cousins et cousines sont autant de *frères* et *sœurs*.

Le système iroquois est plus complexe. Il nomme *père* tous les frères du père et *mère* toutes les sœurs de la mère. Les sœurs du père sont nommées *tante,* et les frères de la mère *oncle*. Les enfants de tous les pères et mères sont autant de frères et sœurs alors que ceux des oncles et tantes sont des cousins et cousines.

Le système crow nomme, comme le précédent, *père* tous les frères de son père, *mère* toutes les sœurs de sa mère et *frères* et *sœurs* leurs enfants. Les sœurs du père et les frères de la mère sont désignés par des termes spéciaux avec pour conséquence que les *enfants des oncles maternels* sont nommés *fils* et *fille* alors que les *fils* des tantes paternelles sont nommés *père* et leurs sœurs, *sœur du père*.

Le système omaha est un miroir du précédent. Si tout s'y passe de la même façon du côté des parents, le *frère de la mère* transmet son appellation à toute sa descendance masculine et l'appellation de *mère* à toute sa descendance féminine. Quant aux enfants de la *sœur du père* ils sont désignés comme *neveux* et *nièces* mais leurs enfants seront nommés *fils* et *fille*.

Le système soudanais donne des noms différents aux collatéraux de la mère et du père et désigne les cousins et cousines d'une manière descriptive (fille de mon oncle maternel ou fils de ma tante paternelle).

Les règles de localité

Quand le mode de vie fait injonction au couple d'aller vivre dans la maison des parents de l'homme, on parle de *patrilocalité*. Quand c'est l'inverse, on parle de *matrilocalité*. Il a beaucoup été discuté sur l'antériorité de l'un de ces modes sur l'autre[1], mais l'usage et les habitudes qui en ont découlé sont présents jusqu'à nos jours et ne sont pas toujours sans conséquence sur la vie et le devenir des couples. En raison sans doute de la prégnance de la domination masculine, l'expérience démontre que la

1. Dominique Legros, « À propos des bandes patrilocales : illusions théoriques et réalités ethnographiques », *Journal de la Société des américanistes*, 1988, 74 (74), p. 125-161.

patrilocalité, aussi contraignante qu'elle soit ou peut être parce qu'elle l'est, pose moins de problèmes au sein des groupes que la matrilocalité. Chacun se soumet sans protester à l'autorité du ou des anciens. Dans un livre déjà ancien[2] le démographe Emmanuel Todd démontre l'étroite dépendance qui existe entre les structures familiales et les choix politiques, allant jusqu'à citer le cas de ces paysans italiens qui votent communiste tout en acceptant de n'avoir jamais un sou en poche tant que leur père est vivant. Les nuances introduites au sein de ces deux options – *virilocalité*, quand le couple s'installe dans une maison proche de celle des parents de l'homme, qui fait pendant à son contraire l'*uxorilocalité*, *bilocalité* quand le choix laissé au couple ou *néolocalité* quand le couple choisit de résider dans un lieu différent des deux lieux d'origine – ne sont pas toujours déterminantes.

La société malgache

Elle m'a été présentée par un informateur de qualité et m'a fourni l'exemple exotique que j'attendais. Elle semble appartenir au système hawaïen si on en juge au fait que les oncles, nommés différemment selon leur rang dans la fratrie, y sont tous des pères, que les tantes, elles aussi nommées différemment selon leur rang dans la fratrie, y sont toutes des mères et que les cousins et cousines sont tous des frères et sœurs. Les beaux-parents sont nommés *Rafozana* de façon univoque, chacune des deux belles-mères étant nommée *Rafozam bavy* (proche de *vavy* qui signifie femelle) et chacun des beaux-pères *Rafozan dahy* (proche de *lahy* qui signifie mâle). Les notions de

2. Emmanuel Todd, *La Troisième Planète. Structures familiales et systèmes idéologiques*, Paris, Le Seuil, 1983.

femelle et de mâle se retrouvant dans la désignation de la bru, *Vinato vavy*, et du gendre, *Vinato lahy*. Les glissements de *vavy* à *bavy* et de *lahy* à *dahy* se retrouvant dans le nom de la sœur, *Nanabavy*, dans celui du frère, *Anadahy*, comme dans celui de la belle-sœur, *Zaobavy*, et du beau-frère, *Zaodahy*. La culture malgache est complexe à plus d'un titre. La famille ne s'y réduit pas aux ascendants et descendants directs des parents orientés grands-parents/parents/enfants. La famille malgache se définit en fonction de deux critères fondamentaux : la référence au grand ancêtre ou *Razambe*, celui auquel il est possible de remonter en comptant cinq générations au moins – de ce critère découle le droit d'aînesse – et, d'autre part, pour les unions, le principe de non-consanguinité – qui n'est pas observé dans les castes nobles.

Tous les descendants issus du même *Razambe* font partie de la même famille, et lorsqu'on sait qu'un couple compte entre quatre et six enfants, la famille malgache devient bien un clan fort de quelques centaines de personnes parmi lesquelles il est impératif pour le Malgache de se repérer pour ne pas contrevenir au droit d'aînesse ou au principe de non-consanguinité.

Les parents d'une même génération sont considérés comme frères et sœurs fussent-ils cousins germains ou non. L'enfant appellera donc ses oncles *dadatoa*, père aîné, si celui-ci est plus âgé que ses parents géniteurs et *dadafara* pour les oncles moins âgés. Même chose pour les tantes : *nenitoa* et *nenifara*. L'enfant n'appartient néanmoins pas à ses seuls parents géniteurs mais à son clan. L'identité malgache est avant tout une identité sociale et non individuelle. En témoigne le mode de dévolution des patronymes : le prénom importé à Madagascar par les Européens n'existait pas à l'origine, et pour cause ! Le nom que porte la personne est un prénom car ce qui confère son identité au Malgache c'est bien sa référence à l'ancêtre commun du clan auquel il appartient. Lorsqu'un Malgache décline son identité il donne son nom, celui de ses parents et rajoute qu'ils sont tous descendants de ce qui se dit *tariky*...

La notion de non-consanguinité est essentielle pour comprendre le lexique de la parenté : on distingue en malgache le frère du frère *rahalahy*, du frère de la sœur *anadahy* ; même chose pour la sœur de la sœur *rahavavy* et la sœur du frère *anabavy*. Les termes *anadahy* et *anabavy* sont des mots composés construits avec le terme *ana (ka)* qui signifie descendant. Il s'agit ici de bien se référer à l'ascendant commun pour éviter toute confusion dangereuse au regard de ce tabou suprême qu'est l'inceste et qu'il s'agit d'éviter à tout prix, même en parole. Ainsi, dans la société *Tanala* du sud-est de Madagascar, la sœur marche derrière son frère et porte une liane en travers de sa poitrine pour que les passants qu'ils croisent ne les prennent pas pour un couple.

Pour les gendres la femme suit son mari dans son village ancestral et sera enterrée dans le tombeau ancestral de celui-ci selon le principe de virilocalité. Je me suis laissé dire que les histoires de beaux-parents, gendres et brus sont légion et rejoignent dans leur intensité et leur expressivité le motif universel. Il n'en demeure pas moins que la règle du *fihavanana*, autre vertu cardinale qui constitue l'une des caractéristiques essentielles de la communauté, représente la nécessaire solidarité que doivent pratiquer entre eux les membres d'un même clan et leurs alliés. Le *fihavanana* impose l'entraide selon des règles bien établies, concernant par exemple la maternité, les grands travaux, la préparation de grands événements et les rites funéraires[3]. C'est sans doute la raison pour laquelle on y trouve un aphorisme qui dit : « On aime sa femme et par le fait on chérit ses beaux-parents » et qui fait un singulier clin d'œil à un autre qui dit : « Labourer

---

3. Louis-Vincent Thomas, *Anthropologie de la mort*, Paris, Payot, 1975 ; Vincent Dussol, *La Domination féminine. Réflexions sur les rapports entre les sexes*, Paris, Jean-Claude Gawsewitch éditeur, 2011.

pour des beaux-parents aveugles, c'est de la peine perdue. » Toutes choses qui ne sont pas sans dénoter une forme de sourde révolte des gendres à l'endroit de leurs beaux-parents. Comme quoi, là encore, pas plus les femmes que leurs familles ne semblent adhérer, quand elles ne les récusent pas, aux règles imposées par le patriarcat.

POUR ALLER PLUS LOIN

Aglan Alya, *1816 ou la genèse de la Foi publique*, Genève, Droz, 2006.

Ariès Philippe et Duby Georges (sous la dir.), *Histoire de la vie privée*, Paris, Le Seuil, 1985 et Points-Seuil, 1999.

Aristote, *Éthique à Nicomaque*, Paris, Vrin, 2007.

Artaud Antonin, *Les Nouvelles Révélations de l'être* (1937), *in Œuvres*, Paris, Gallimard, 2000.

Atlan Henri, *Le Vivant post-génomique ou qu'est-ce que l'auto-organisation ?*, Paris, Odile Jacob, 2011.

Belot Pierre, *Petit Dictionnaire arabe-français*, Beyrouth, Imprimerie catholique, 1981.

Benveniste Émile, *Le Vocabulaire des institutions indo-européennes (1 et 2)*, Paris, Minuit, 1969.

Benveniste Émile, *Problèmes de linguistique générale*, Paris, Gallimard, t. 1, 1966 ; t. 2, 1974.

Bible, texte bilingue sous la direction du rabbin Élie Munk, Paris, Fondation Samuel et Odette Lévy, 1988.

Binet Christian, *Premier amour*, Paris, Fluide glacial, 1979.

Binet Christian, *Bidochon mère (môman)*, Paris, Fluide glacial, 1997.

Blaffer Hrdy Sarah, *Les Instincts maternels*, Paris, Payot, 2002.

Breton Roland, *Atlas des langues du monde*, Paris, Autrement, 2003.

Buisson Odile, *Qui a peur du point G ?*, Paris, Jean-Claude Gawsewitch éditeur, 2011.

Canetti Elias, *Masse et puissance*, Paris, Gallimard, 1967.

Cécile Abega Séverin, « La bru tueuse », *Journal des africanistes*, 1992, 62 (1), p. 95-106.

Cheng François, *L'Écriture poétique chinoise*, Paris, Le Seuil, 1977.

Chevènement Jean-Pierre, *La France est-elle finie ?*, Paris, Fayard, 2011.

Cleret de Langavant Laurent, *La Désignation et la notion de seconde personne. Étude chez l'adulte sain et cérébro-lésé*, thèse de doctorat en neurosciences, université de Paris-Est, École doctorale des sciences de la vie et de la santé, 2010.

Closets François de, *Toujours plus !*, Paris, Le Seuil, 1982.
Cohen Daniel, *La Prospérité du vice*, Paris, Albin Michel, 2010.
Cournut Jean, *Pourquoi les hommes ont peur des femmes ?*, Paris, PUF, 2001.
Cyrulnik Boris, *Les Nourritures affectives*, Paris, Odile Jacob, 2003.
Debord Guy, *La Société du spectacle*, Paris, Gallimard, 1992.
Devereux Georges, *Femme et mythe*, Paris, Flammarion, 1999.
Dictionnaire arabe-arabe *Al Mounjid Elwaçit*, Beyrouth, Dar Elmashraq, 2005.
Dictionnaire historique de la langue française Robert, Paris, 1993.
Dussol Vincent, *De la domination féminine*, Paris, Jean-Claude Gawsewitch éditeur, 2011.
Feraoun Mouloud, *Le Fils du pauvre*, Paris, Le Seuil, 1954.
Freud Sigmund, *Totem et Tabou*, Paris, Payot, 1928.
Gafiot Félix, *Dictionnaire illustré latin-fançais*, Paris, Hachette, 1934.
Garaud Marie-France, *Impostures politiques*, Paris, Plon, 2011.
Gibran Khalil, *Le Prophète*, Paris, Mille et Une Nuits, 1997.
Girard René, *Des choses cachées depuis la fondation du monde*, Paris, Grasset, 1978.
Haberler Gottfried, *Prospérité et dépression. Étude théorique des cycles économiques*, Genève, Société des Nations, 1943.
Haeckel Ernst, *Histoire de la création des êtres organisés d'après les lois naturelles*, Paris, Reinwald, 1868.
Harenski C. L., Kim S. H., Hamann S., « Neuroticism and psychopathy prediction, brain activation during moral and nonmoral emotion regulation », *Cognitive, Affective & Behavioral Neurosciences*, 2009, 9 (1), p. 1-15.
Herbinet Étienne et Busnel Marie-Claire, *L'Aube des sens*, Paris, Stock, « Les cahiers du nouveau-né » n° 5, 1995.
Héritier Françoise, *Les Deux Sœurs et leur mère*, Paris, Odile Jacob, 1994.
Héritier Françoise, *Masculin/Féminin I. La pensée de la différence*, Paris, Odile Jacob, 1996.
Héritier Françoise, *Masculin/Féminin II. Dissoudre la hiérarchie*, Paris, Odile Jacob, 2002.
Héritier Françoise, *Retour aux sources*, Paris, Galilée, 2010.
Korsia Haïm, *À corps et à toi*, Arles, Actes Sud, 2006.
Lebrun Jean-Pierre et Wenin André, *Des lois pour être humain*, Ramonville-Saint-Agne, Érès, 2008.
Leclaire Serge, *Psychanalyser*, Paris, Le Seuil, 1968.
Lévi-Strauss Claude, *Tristes Tropiques*, Paris, Plon, 1955.
Lévi-Strauss Claude, *Les Structures élémentaires de la parenté*, La Haye, Mouton, 1967.
Lévi-Strauss Claude, *Race et Histoire*, Paris, Gallimard, « Folio essais », 1990.
Lissauer D., Piper K. P., Moss P. A. H., Kilby M. D., « Persistance of fetal cells in the mother : friend or foe ? », *BJOG*, novembre 2007, 114 (11).

Lloyd Elizabeth, *The Case of Female Orgasm. Bias in the Science of Evolution*, Cambridge, Mass., Harvard University Press, 2005.
Mauss Marcel, *Sociologie et anthropologie*, Paris, PUF, « Quadrige », 2001.
McGrath J. et Solter D., « Completion of embryogenesis requires both the maternal and paternal genomes », *Cell*, 1984, 37, p. 179-183.
Mead Margaret, *Mœurs et sexualité en Océanie*, Paris, Plon, « Terre humaine », 1963.
Meillassoux Claude, « Parler parenté », *L'Homme*, janvier-mars 2000, 153.
Melman Charles, *L'Homme sans gravité*, Paris, Denoël, 2002.
Olender Maurice, *Les Langues du paradis*, Paris, Le Seuil, 1994.
Olender Maurice, *Race sans histoire*, Paris, Points-Seuil, 2009.
Onians Broxton Richard, *Les Origines de la pensée européenne*, Paris, Le Seuil, 1999.
Pasolini Pier Paolo, *Poesia in forma di rosa* (1961-1964), *in Le Poesie*, Milan, Aldo Garzanti, 1975.
Rizzolatti Giacomo et Sinigaglia Corrado, *Les Neurones miroirs*, Paris, Odile Jacob, 2007.
Romilly Jacqueline de, *Jacqueline de Romilly raconte l'*Orestie *d'Eschyle*, Paris, Bayard, 2006.
Saussure Ferdinand de, *Cours de linguistique générale*, Paris, Payot, 1983.
Smadja Éric, *Le Couple et son histoire*, Paris, PUF, 2011.
Stedman Jones Gareth, *La Fin de la pauvreté ? Un débat historique*, Paris, è®e, 2007.
Sykes Bryan, *Les Sept Filles d'Ève. Génétique et histoire de nos origines*, Paris, Albin Michel, 2001.
Szmerényi Oswald John Louis, *Studies in the Kinship Terminology of the Indo-European Languages with Special Reference to Indian, Iranian, Greek and Latin*, Leyden (Brill), Téhéran, Liège, 1977 (Bibliothèque Pahlavi).
Tacite, *Œuvres complètes*, Paris, Gallimard, « La Pléiade », 1990.
Thomas Louis-Vincent, *Anthropologie de la mort*, Paris, Payot, 1975.
Weber Max, *L'Éthique protestante et l'esprit du capitalisme*, Paris, Plon, 1964.

FILMS

Raja Amari, *Satin rouge*, 2002.
Nurith Aviv, *D'une langue à l'autre*, 2004 et *Langue sacrée, langue parlée*, 2008.
Ali Ozgenturk, *Hazal*, 1980.

REMERCIEMENTS

Je voudrais commencer par remercier ici les nombreuses personnes que j'ai sollicitées, parfois sans les avoir connues personnellement auparavant, pour tenter de mener à bien le travail que j'avais projeté et dont j'avais imaginé qu'il pouvait être abordé de façon féconde et édifiante sous l'angle linguistique. Elles ont parfois été étonnées de ma démarche, mais elles se sont toujours prêtées à mon questionnement avec une sympathie, une disponibilité et une générosité pour lesquelles je voudrais leur dire toute ma reconnaissance. J'ai dressé la liste de leurs noms, en mentionnant entre parenthèses la langue dont elles m'ont aidé à repérer les mots qui m'importaient comme à en saisir les nuances parfois subtiles. On s'apercevra que cette liste est alphabétique et n'introduit aucun autre ordre dans l'étendue de la dette que je garde à l'endroit de chacun d'eux. Il s'agit, classés par ordre alphabétique, de Mesdames et Messieurs Agop Balian (arménien), Mohand Chabane (arabe classique et kabyle), Dionysos Dervis-Bournias (grec moderne), Esther Desarthe (yiddish), Vincent et Aline Dussol (malgache), Vladimir Federovski (italien, anglais, allemand, espagnol, russe), Zakaria Jeridi (arabe classique), Haïm Korsia (hébreu biblique), Ryvon Krygier (hébreu biblique et hébreu moderne), Su Min Laine (chinois), Ali Magoudi (polonais), Elsa Martins (portugais), Jeanne Naouri (anglais), Agnès Orosco (latin, grec ancien), Marc-Alain Ouaknin (hébreu biblique et hébreu moderne), Erika Peschard (japonais), Gilda Piersanti (italien), Michèle Renaudin (espagnol), Ruth Sands (anglais), Joseph Haïm Sitruk (hébreu biblique), Joséphine Ung (chinois), Heinz Wismann (allemand, latin, grec ancien, indo-européen).

Je voudrais aussi dire ma reconnaissance à ceux de mes amis avec lesquels j'ai évoqué mon sujet et qui m'ont apporté leur soutien et leur aide. Merci donc à Arnold Munnich de n'avoir pas été découragé par les lacunes de mes connaissances en génétique et d'avoir accepté de les combler, à Ali Magoudi pour ses encouragements et à Heinz Wismann pour m'avoir permis de passer les grandes lignes du développement de mon sujet au crible de sa rigueur de pensée. Merci aussi à mon fils Laurent d'avoir bien voulu être, malgré sa charge de travail, mon premier lecteur. Merci surtout à mon indéfectible épouse, Jeanne, de m'avoir accompagné dans cette aventure.

Je voudrais enfin remercier Odile Jacob pour la confiance qu'elle m'a toujours accordée, son équipe éditoriale pour la disponibilité, la fiabilité et la compétence dont elle a fait preuve une fois de plus, ainsi que Jean-Luc Fidel qui m'a toujours fait l'amitié de ne jamais tomber dans la complaisance.

DANS LA COLLECTION « POCHES ODILE JACOB »

N° 1 : Aldo Naouri, *Les Filles et leurs mères*
N° 2 : Boris Cyrulnik, *Les Nourritures affectives*
N° 3 : Jean-Didier Vincent, *La Chair et le Diable*
N° 4 : Jean François Deniau, *Le Bureau des secrets perdus*
N° 5 : Stephen Hawking, *Trous noirs et Bébés univers*
N° 6 : Claude Hagège, *Le Souffle de la langue*
N° 7 : Claude Olievenstein, *Naissance de la vieillesse*
N° 8 : Édouard Zarifian, *Les Jardiniers de la folie*
N° 9 : Caroline Eliacheff, *À corps et à cris*
N° 10 : François Lelord, Christophe André, *Comment gérer les personnalités difficiles*
N° 11 : Jean-Pierre Changeux, Alain Connes, *Matière à pensée*
N° 12 : Yves Coppens, *Le Genou de Lucy*
N° 13 : Jacques Ruffié, *Le Sexe et la Mort*
N° 14 : François Roustang, *Comment faire rire un paranoïaque ?*
N° 15 : Jean-Claude Duplessy, Pierre Morel, *Gros Temps sur la planète*
N° 16 : François Jacob, *La Souris, la Mouche et l'Homme*
N° 17 : Marie-Frédérique Bacqué, *Le Deuil à vivre*
N° 18 : Gerald M. Edelman, *Biologie de la conscience*
N° 19 : Samuel P. Huntington, *Le Choc des civilisations*
N° 20 : Dan Kiley, *Le Syndrome de Peter Pan*
N° 21 : Willy Pasini, *À quoi sert le couple ?*
N° 22 : Françoise Héritier, Boris Cyrulnik, Aldo Naouri, *De l'inceste*
N° 23 : Tobie Nathan, *Psychanalyse païenne*
N° 24 : Raymond Aubrac, *Où la mémoire s'attarde*
N° 25 : Georges Charpak, Richard L. Garwin, *Feux follets et Champignons nucléaires*
N° 26 : Henry de Lumley, *L'Homme premier*
N° 27 : Alain Ehrenberg, *La Fatigue d'être soi*
N° 28 : Jean-Pierre Changeux, Paul Ricœur, *Ce qui nous fait penser*
N° 29 : André Brahic, *Enfants du Soleil*
N° 30 : David Ruelle, *Hasard et Chaos*
N° 31 : Claude Olievenstein, *Le Non-dit des émotions*
N° 32 : Édouard Zarifian, *Des paradis plein la tête*
N° 33 : Michel Jouvet, *Le Sommeil et le Rêve*
N° 34 : Jean-Baptiste de Foucauld, Denis Piveteau, *Une société en quête de sens*
N° 35 : Jean-Marie Bourre, *La Diététique du cerveau*
N° 36 : François Lelord, *Les Contes d'un psychiatre ordinaire*
N° 37 : Alain Braconnier, *Le Sexe des émotions*

N° 38 : Temple Grandin, *Ma vie d'autiste*
N° 39 : Philippe Taquet, *L'Empreinte des dinosaures*
N° 40 : Antonio R. Damasio, *L'Erreur de Descartes*
N° 41 : Édouard Zarifian, *La Force de guérir*
N° 42 : Yves Coppens, *Pré-ambules*
N° 43 : Claude Fischler, *L'Homnivore*
N° 44 : Brigitte Thévenot, Aldo Naouri, *Questions d'enfants*
N° 45 : Geneviève Delaisi de Parseval, Suzanne Lallemand, *L'Art d'accommoder les bébés*
N° 46 : François Mitterrand, Elie Wiesel, *Mémoire à deux voix*
N° 47 : François Mitterrand, *Mémoires interrompus*
N° 48 : François Mitterrand, *De l'Allemagne, de la France*
N° 49 : Caroline Eliacheff, *Vies privées*
N° 50 : Tobie Nathan, *L'influence qui guérit*
N° 51 : Éric Albert, Alain Braconnier, *Tout est dans la tête*
N° 52 : Judith Rapoport, *Le garçon qui n'arrêtait pas de se laver*
N° 53 : Michel Cassé, *Du vide et de la création*
N° 54 : Ilya Prigogine, *La Fin des certitudes*
N° 55 : Ginette Raimbault, Caroline Eliacheff, *Les Indomptables*
N° 56 : Marc Abélès, *Un ethnologue à l'Assemblée*
N° 57 : Alicia Lieberman, *La Vie émotionnelle du tout-petit*
N° 58 : Robert Dantzer, *L'Illusion psychosomatique*
N° 59 : Marie-Jo Bonnet, *Les Relations amoureuses entre les femmes*
N° 60 : Irène Théry, *Le Démariage*
N° 61 : Claude Lévi-Strauss, Didier Éribon, *De près et de loin*
N° 62 : François Roustang, *La Fin de la plainte*
N° 63 : Luc Ferry, Jean-Didier Vincent, *Qu'est-ce que l'homme ?*
N° 64 : Aldo Naouri, *Parier sur l'enfant*
N° 65 : Robert Rochefort, *La Société des consommateurs*
N° 66 : John Cleese, Robin Skynner, *Comment être un névrosé heureux*
N° 67 : Boris Cyrulnik, *L'Ensorcellement du monde*
N° 68 : Darian Leader, *À quoi penses-tu ?*
N° 69 : Georges Duby, *L'Histoire continue*
N° 70 : David Lepoutre, *Cœur de banlieue*
N° 71 : Université de tous les savoirs 1, *La Géographie et la Démographie*
N° 72 : Université de tous les savoirs 2, *L'Histoire, la Sociologie et l'Anthropologie*
N° 73 : Université de tous les savoirs 3, *L'Économie, le Travail, l'Entreprise*
N° 74 : Christophe André, François Lelord, *L'Estime de soi*

N° 75 : Université de tous les savoirs 4, *La Vie*
N° 76 : Université de tous les savoirs 5, *Le Cerveau, le Langage, le Sens*
N° 77 : Université de tous les savoirs 6, *La Nature et les Risques*
N° 78 : Boris Cyrulnik, *Un merveilleux malheur*
N° 79 : Université de tous les savoirs 7, *Les Technologies*
N° 80 : Université de tous les savoirs 8, *L'Individu dans la société d'aujourd'hui*
N° 81 : Université de tous les savoirs 9, *Le Pouvoir, L'État, la Politique*
N° 82 : Jean-Didier Vincent, *Biologie des passions*
N° 83 : Université de tous les savoirs 10, *Les Maladies et la Médecine*
N° 84 : Université de tous les savoirs 11, *La Philosophie et l'Éthique*
N° 85 : Université de tous les savoirs 12, *La Société et les Relations sociales*
N° 86 : Roger-Pol Droit, *La Compagnie des philosophes*
N° 87 : Université de tous les savoirs 13, *Les Mathématiques*
N° 88 : Université de tous les savoirs 14, *L'Univers*
N° 89 : Université de tous les savoirs 15, *Le Globe*
N° 90 : Jean-Pierre Changeux, *Raison et Plaisir*
N° 91 : Antonio R. Damasio, *Le Sentiment même de soi*
N° 92 : Université de tous les savoirs 16, *La Physique et les Éléments*
N° 93 : Université de tous les savoirs 17, *Les États de la matière*
N° 94 : Université de tous les savoirs 18, *La Chimie*
N° 95 : Claude Olievenstein, *L'Homme parano*
N° 96 : Université de tous les savoirs 19, *Géopolitique et Mondialisation*
N° 97 : Université de tous les savoirs 20, *L'Art et la Culture*
N° 98 : Claude Hagège, *Halte à la mort des langues*
N° 99 : Jean-Denis Bredin, Thierry Lévy, *Convaincre*
N° 100 : Willy Pasini, *La Force du désir*
N° 101 : Jacques Fricker, *Maigrir en grande forme*
N° 102 : Nicolas Offenstadt, *Les Fusillés de la Grande Guerre*
N° 103 : Catherine Reverzy, *Femmes d'aventure*
N° 104 : Willy Pasini, *Les Casse-pieds*
N° 105 : Roger-Pol Droit, *101 Expériences de philosophie quotidienne*
N° 106 : Jean-Marie Bourre, *La Diététique de la performance*
N° 107 : Jean Cottraux, *La Répétition des scénarios de vie*
N° 108 : Christophe André, Patrice Légeron, *La Peur des autres*
N° 109 : Amartya Sen, *Un nouveau modèle économique*
N° 110 : John D. Barrow, *Pourquoi le monde est-il mathématique ?*

N° 111 : Richard Dawkins, *Le Gène égoïste*
N° 112 : Pierre Fédida, *Des bienfaits de la dépression*
N° 113 : Patrick Légeron, *Le Stress au travail*
N° 114 : François Lelord, Christophe André, *La Force des émotions*
N° 115 : Marc Ferro, *Histoire de France*
N° 116 : Stanislas Dehaene, *La Bosse des maths*
N° 117 : Willy Pasini, Donato Francescato, *Le Courage de changer*
N° 118 : François Heisbourg, *Hyperterrorisme : la nouvelle guerre*
N° 119 : Marc Ferro, *Le Choc de l'Islam*
N° 120 : Régis Debray, *Dieu, un itinéraire*
N° 121 : Georges Charpak, Henri Broch, *Devenez sorciers, devenez savants*
N° 122 : René Frydman, *Dieu, la Médecine et l'Embryon*
N° 123 : Philippe Brenot, *Inventer le couple*
N° 124 : Jean Le Camus, *Le Vrai Rôle du père*
N° 125 : Elisabeth Badinter, *XY*
N° 126 : Elisabeth Badinter, *L'Un est l'Autre*
N° 127 : Laurent Cohen-Tanugi, *L'Europe et l'Amérique au seuil du XXIe siècle*
N° 128 : Aldo Naouri, *Réponses de pédiatre*
N° 129 : Jean-Pierre Changeux, *L'Homme de vérité*
N° 130 : Nicole Jeammet, *Les Violences morales*
N° 131 : Robert Neuburger, *Nouveaux Couples*
N° 132 : Boris Cyrulnik, *Les Vilains Petits Canards*
N° 133 : Christophe André, *Vivre heureux*
N° 134 : François Lelord, *Le Voyage d'Hector*
N° 135 : Alain Braconnier, *Petit ou grand anxieux ?*
N° 136 : Juan Luis Arsuaga, *Le Collier de Néandertal*
N° 137 : Daniel Sibony, *Don de soi ou partage de soi*
N° 138 : Claude Hagège, *L'Enfant aux deux langues*
N° 139 : Roger-Pol Droit, *Dernières nouvelles des choses*
N° 140 : Willy Pasini, *Être sûr de soi*
N° 141 : Massimo Piattelli Palmarini, *Le Goût des études ou comment l'acquérir*
N° 142 : Michel Godet, *Le Choc de 2006*
N° 143 : Gérard Chaliand, Sophie Mousset, *2 000 ans de chrétientés*
N° 145 : Christian de Duve, *À l'écoute du vivant*
N° 146 : Aldo Naouri, *Le Couple et l'Enfant*
N° 147 : Robert Rochefort, *Vive le papy-boom*
N° 148 : Dominique Desanti, Jean-Toussaint Desanti, *La liberté nous aime encore*
N° 149 : François Roustang, *Il suffit d'un geste*
N° 150 : Howard Buten, *Il y a quelqu'un là-dedans*

N° 151 : Catherine Clément, Tobie Nathan, *Le Divan et le Grigri*
N° 152 : Antonio R. Damasio, *Spinoza avait raison*
N° 153 : Bénédicte de Boysson-Bardies, *Comment la parole vient aux enfants*
N° 154 : Michel Schneider, *Big Mother*
N° 155 : Willy Pasini, *Le Temps d'aimer*
N° 156 : Jean-François Amadieu, *Le Poids des apparences*
N° 157 : Jean Cottraux, *Les Ennemis intérieurs*
N° 158 : Bill Clinton, *Ma vie*
N° 159 : Marc Jeannerod, *Le Cerveau intime*
N° 160 : David Khayat, *Les Chemins de l'espoir*
N° 161 : Jean Daniel, *La Prison juive*
N° 162 : Marie-Christine Hardy-Baylé, Patrick Hardy, *Maniaco-dépressif*
N° 163 : Boris Cyrulnik, *Le Murmure des fantômes*
N° 164 : Georges Charpak, Roland Omnès, *Soyez savants, devenez prophètes*
N° 165 : Aldo Naouri, *Les Pères et les Mères*
N° 166 : Christophe André, *Psychologie de la peur*
N° 167 : Alain Peyrefitte, *La Société de confiance*
N° 168 : François Ladame, *Les Éternels Adolescents*
N° 169 : Didier Pleux, *De l'enfant roi à l'enfant tyran*
N° 170 : Robert Axelrod, *Comment réussir dans un monde d'égoïstes*
N° 171 : François Millet-Bartoli, *La Crise du milieu de la vie*
N° 172 : Hubert Montagner, *L'Attachement*
N° 173 : Jean-Marie Bourre, *La Nouvelle Diététique du cerveau*
N° 174 : Willy Pasini, *La Jalousie*
N° 175 : Frédéric Fanget, *Oser*
N° 176 : Lucy Vincent, *Comment devient-on amoureux ?*
N° 177 : Jacques Melher, Emmanuel Dupoux, *Naître humain*
N° 178 : Gérard Apfeldorfer, *Les Relations durables*
N° 179 : Bernard Lechevalier, *Le Cerveau de Mozart*
N° 180 : Stella Baruk, *Quelles mathématiques pour l'école ?*
N° 181 : Patrick Lemoine, *Le Mystère du placebo*
N° 182 : Boris Cyrulnik, *Parler d'amour au bord du gouffre*
N° 183 : Alain Braconnier, *Mère et Fils*
N° 184 : Jean-Claude Carrière, *Einstein, s'il vous plaît*
N° 185 : Aldo Naouri, Sylvie Angel, Philippe Gutton, *Les Mères juives*
N° 186 : Jean-Marie Bourre, *La Vérité sur les oméga-3*
N° 187 : Édouard Zarifian, *Le Goût de vivre*
N° 188 : Lucy Vincent, *Petits arrangements avec l'amour*
N° 189 : Jean-Claude Carrière, *Fragilité*
N° 190 : Luc Ferry, *Vaincre les peurs*

N° 191 : Henri Broch, *Gourous, sorciers et savants*
N° 192 : Aldo Naouri, *Adultères*
N° 193 : Violaine Guéritault, *La Fatigue émotionnelle et physique des mères*
N° 194 : Sylvie Angel et Stéphane Clerget, *La Deuxième Chance en amour*
N° 195 : Barbara Donville, *Vaincre l'autisme*
N° 196 : François Roustang, *Savoir attendre*
N° 197 : Alain Braconnier, *Les Filles et les Pères*
N° 198 : Lucy Vincent, *Où est passé l'amour ?*
N° 199 : Claude Hagège, *Combat pour le français*
N° 200 : Boris Cyrulnik, *De chair et d'âme*
N° 201 : Jeanne Siaud-Facchin, *Aider son enfant en difficulté scolaire*
N° 202 : Laurent Cohen, *L'Homme-thermomètre*
N° 203 : François Lelord, *Hector et les secrets de l'amour*
N° 204 : Willy Pasini, *Des hommes à aimer*
N° 205 : Jean-François Gayraud, *Le Monde des mafias*
N° 206 : Claude Béata, *La Psychologie du chien*
N° 207 : Denis Bertholet, *Claude Lévi-Strauss*
N° 208 : Alain Bentolila, *Le Verbe contre la barbarie*
N° 209 : François Lelord, *Le Nouveau Voyage d'Hector*
N° 210 : Pascal Picq, *Lucy et l'obscurantisme*
N° 211 : Marc Ferro, *Le Ressentiment dans l'histoire*
N° 212 : Willy Pasini, *Le Couple amoureux*
N° 213 : Christophe André, François Lelord, *L'Estime de soi*
N° 214 : Lionel Naccache, *Le Nouvel Inconscient*
N° 215 : Christophe André, *Imparfaits, libres et heureux*
N° 216 : Michel Godet, *Le Courage du bon sens*
N° 217 : Daniel Stern, Nadia Bruschweiler, *Naissance d'une mère*
N° 218 : Gérard Apfeldorfer, *Mangez en paix !*
N° 219 : Libby Purves, *Comment ne pas être une mère parfaite*
N° 220 : Gisèle George, *La Confiance en soi de votre enfant*
N° 221 : Libby Purves, *Comment ne pas élever des enfants parfaits*
N° 222 : Claudine Biland, *Psychologie du menteur*
N° 223 : Dr Hervé Grosgogeat, *La Méthode acide-base*
N° 224 : François-Xavier Poudat, *La Dépendance amoureuse*
N° 225 : Barack Obama, *Le Changement*
N° 226 : Aldo Naouri, *Éduquer ses enfants*
N° 227 : Dominique Servant, *Soigner le stress et l'anxiété par soi-même*
N° 228 : Anthony Rowley, *Une histoire mondiale de la table*
N° 229 : Jean-Didier Vincent, *Voyage extraordinaire au centre du cerveau*
N° 230 : Frédéric Fanget, *Affirmez-vous !*

N° 231 : Gisèle George, *Mon enfant s'oppose*
N° 232 : Sylvie Royant-Parola, *Comment retrouver le sommeil par soi-même*
N° 233 : Christian Zaczyck, *Comment avoir de bonnes relations avec les autres*
N° 234 : Jeanne Siaud-Facchin, *L'Enfant surdoué*
N° 235 : Bruno Koeltz, *Comment ne pas tout remettre au lendemain*
N° 236 : Henri Lôo et David Gourion, *Guérir de la dépression*
N° 237 : Henri Lumley, *La Grande Histoire des premiers hommes européens*
N° 238 : Boris Cyrulnik, *Autobiographie d'un épouvantail*
N° 239 : Monique Bydbowski, *Je rêve un enfant*
N° 240 : Willy Pasini, *Les Nouveaux Comportements sexuels*
N° 241 : Dr Jean-Philippe Zermati, *Maigrir sans regrossir. Est-ce possible ?*
N° 242 : Patrick Pageat, *L'Homme et le Chien*
N° 243 : Philippe Brenot, *Le Sexe et l'Amour*
N° 244 : Georges Charpak, *Mémoires d'un déraciné*
N° 245 : Yves Coppens, *L'Histoire de l'Homme*
N° 246 : Boris Cyrulnik, *Je me souviens*
N° 247 : Stéphanie Hahusseau, *Petit guide de l'amour heureux à l'usage des gens (un peu) compliqués*
N° 248 : Jean-Marie Bourre, *Bien manger : vrais et faux dangers*
N° 249 : Jean-Philippe Zermati, *Maigrir sans régime*
N° 250 : François-Xavier Poudat, *Bien vivre sa sexualité*
N° 251 : Stéphanie Hahusseau, *Comment ne pas se gâcher la vie*
N° 252 : Christine Mirabel-Sarron, *La Dépression*
N° 253 : Jean-Pierre Changeux, *Du vrai, du beau, du bien*
N° 254 : Philippe Jeammet, *Pour nos ados, soyons adultes*
N° 255 : Antoine Alaméda, *Les 7 Péchés familiaux*
N° 256 : Alain Renaut, *Découvrir la philosophie 1, le Sujet*
N° 257 : Alain Renaut, *Découvrir la philosophie 2, la Culture*
N° 258 : Alain Renaut, *Découvrir la philosophie 3, la Raison et le Réel*
N° 259 : Alain Renaut, *Découvrir la philosophie 4, la Politique*
N° 260 : Alain Renaut, *Découvrir la philosophie 5, la Morale*
N° 261 : Frédéric Fanget, *Toujours mieux !*
N° 262 : Robert Ladouceur, Lynda Bélanger, Éliane Léger, *Arrêtez de vous faire du souci pour tout et pour rien*
N° 263 : Marie Lion-Julin, *Mères : libérez vos filles*
N° 264 : Willy Pasini, *Les Amours infidèles*
N° 265 : Jean Cottraux, *La Force avec soi*

N° 266 : Olivier de Ladoucette, *Restez jeune, c'est dans la tête*
N° 267 : Jacques Lecomte, *Guérir de son enfance*
N° 268 : Béatrice Millêtre, *Prendre la vie du bon côté*
N° 269 : Francesco et Luca Cavalli-Sforza, *La Science du bonheur*
N° 270 : Marc-Louis Bourgeois, *Manie et dépression*
N° 271 : Thierry Lévy, *Éloge de la barbarie judiciare*
N° 272 : Gilles Godefroy, *L'Aventure des nombres*
N° 273 : Giacomo Rizzolatti, Corrado Sinigaglia, *Les Neurones miroirs*
N° 274 : Laurent Cohen, *Pourquoi les chimpanzés ne parlent pas*
N° 275 : Stéphanie Hahusseau, *Tristesse, peur, colère*
N° 276 : Élie Hantouche et Vincent Trybou, *Vivre heureux avec des hauts et des bas*
N° 277 : Jacques Fricker, *Être mince et en bonne santé*
N° 278 : Jacques Fricker, *101 conseils pour bien maigrir*
N° 279 : Hervé Grosgogeat, *Ma promesse anti-âge*
N° 280 : Ginette Raimbault, *Lorsque l'enfant disparaît*
N° 281 : François Ansermet, Pierre Magistretti, *À chacun son cerveau*
N° 282 : Yves Coppens, *Le Présent du passé*
N° 283 : Christian De Duve, *Singularités*
N° 284 : Edgar Gunzig, *Que faisiez-vous avant le Big Bang ?*
N° 285 : David Ruelle, *L'Étrange Beauté des mathématiques*
N° 286 : Thierry Lodé, *La Guerre des sexes chez les animaux*
N° 287 : Michel Desjoyeaux, *Coureur des océans*
N° 288 : Anthony Rowley, Fabrice d'Almeida, *Et si on refaisait l'histoire*
N° 289 : Pierre-Jean Rémy, *Karajan*
N° 290 : Jacques Delors, Michel Dollé, *Investir dans le social*
N° 291 : Jean-Didier Vincent, *Casanova, la contagion du plaisir*
N° 292 : Claude Crépault, *Les Fantasmes, l'Érotisme et la Sexualité*
N° 293 : Philippe Brenot, *Les Violences ordinaires des hommes envers les femmes*
N° 294 : Jean-Pierre Luminet, Élisa Brune, *Bonnes Nouvelles des étoiles*
N° 295 : Christophe André, *Les États d'âme*
N° 296 : Roland Coutanceau, *Amour et Violence. Le défi de l'intimité*
N° 297 : Philippe Brenot, *Le Génie et la Folie*
N° 298 : Alexandre Moatti, *Indispensables physiques et mathématiques pour tous*
N° 299 : Jean-Michel Severino et Olivier Ray, *Le Temps de l'Afrique*
N° 300 : François Roustang, *Le Secret de Socrate pour changer la vie*
N° 301 : Maurice Sachot, *L'Invention du Christ*

N° 302 : Vincent Courtillot, *Nouveau Voyage au centre de la Terre*
N° 303 : Peter Reichel, *La Fascination du nazisme*
N° 304 : Alain Braconnier, *Protéger son soi*
N° 305 : Daniel Stern, *Le journal d'un bébé*
N° 306 : Alain Ehrenberg, *La société du malaise*
N° 307 : Pascal Picq, *Le sexe, l'Homme et l'Évolution*
N° 308 : Roger Pol Droit, *Vivre aujourd'hui avec Socrate, Sénèque et tous les autres*
N° 309 : Dr Jacques Fricker, Pr Luc Cynober, *La Vérité sur les compléments alimentaires*
N° 310 : Michel Godet, *Bonnes nouvelles des Conspirateurs du futur*
N° 311 : Dr Jean-Marie Bourre, *Le Lait : vrais et faux dangers*
N° 312 : Didier Pleux, *Manuel d'éducation à l'usage des parents*
N° 313 : Lucy Vincent, *L'Amour de A à XY*
N° 314 : Yves Coppens, *Le Présent du passé au carré*
N° 315 : Pr David Khayat, *Le Vrai Régime anticancer*
N° 316 : Dr Jacques Fricker, *Maigrir vite et bien*
N° 317 : Élisa Brune, *Le Secret des femmes. Voyage a cœur du plaisir et de la jouissance*
N° 318 : Willy Pasini, *Les Armes de la séduction*
N° 319 : Boris Cyrulnik, *Mourir de dire. La honte*
N° 320 : Antonio Damasio, *L'Autre moi-même. Les nouvelles cartes du cerveau, de la conscience et des témoins*
N° 321 : Didier Pleux, *Un enfant heureux*
N° 322 : Françoise Héritier, *Masculin/Féminin I. La pensée de la différence*
N° 323 : Françoise Héritier, *Masculin/Féminin II. Dissoudre la hiérarchie*
N° 324 : Françoise Héritier, *Les Deux Sœurs et leur mère. Anthropologie de l'inceste*
N° 325 : François Lelord, *Petit Hector apprend la vie*
N° 326 : Laurent Cohen, *Pourquoi les filles sont si bonnes en maths et 40 autres histoires sur le cerveau de l'homme*
N° 327 : Jean-Didier Vincent et Pierre-Marie Lledo, *Le Cerveau sur mesure*
N° 328 : Jean-Philippe Lachaux, *Le Cerveau attentif. Contrôle, maîtrise et lâcher-prise*
N° 329 : Roland Jouvent, *Le Cerveau magicien. De la réalité au plaisir psychique*
N° 330 : Pierre Lemarquis, *Sérénade pour un cerveau musicien*
N° 331 : Alain Berthoz, *Le Sens du mouvement*
N° 332 : Alain Berthoz, *La Décision*
N° 333 : Pascal Picq, *L'homme est-il un grand singe politique ?*

N° 334 : Jacques Lecomte, *Donner un sens à sa vie*
N° 335 : Jean-Louis Monestès, *Faire la paix avec son passé*
N° 336 : Yasmine Liénard, *Pour une sagesse moderne. Les psychothérapies de 3ᵉ génération*
N° 337 : Christophe André (dir.), *Secrets de psys. Ce qu'il faut savoir pour aller bien*
N° 338 : Tobie Nathan, *La Nouvelle Interprétation des rêves*
N° 339 : Frédéric Fanget, *Oser la vie à deux*
N° 340 : Gérard Macqueron, *Psychologie de la solitude*
N° 341 : Dr Marc Sznajder, *Les Aînés et les Cadets*
N° 342 : Alain Bauer et Christophe Soullez, *Une histoire criminelle de la France*
N° 343 : Nathalie Hutter-Lardeau, *Mince alors !*
N° 344 : Dr Jean-Marie Bourre, *Chronodiététique*
N° 345 : Laurent Schmitt, *Du temps pour soi. Conquérir son temps intime*
N° 346 : Michel Jouvet, *Le Château des songes*
N° 347 : Laurent Keller et Élisabeth Gordon, *La Vie des fourmis*
N° 348 : Steven Pinker, *L'Instinct du langage*
N° 349 : Jean-Marc Jancovici, *Transition énergétique pour tous*
N° 350 : Nathalie Zajde, *Enfants de survivants*
N° 351 : André Green, *Illusion et désillusion du travail psychanalytique*
N° 352 : Françoise Héritier, *Une pensée en mouvement*
N° 353 : Christophe André (dir.), *Conseils de psys*
N° 354 : Pascal Picq, *Au commencement était l'homme*
N° 355 : Michel Godet, *La France des bonnes nouvelles*
N° 356 : Alain Braconnier, *Être parent aujourd'hui*
N° 357 : Claude Hagège, *Contre la pensée unique*
N° 358 : Dr Anne de Kervasdoué, *Au bonheur des femmes*
N° 359 : Alexandre Moatti, *Les Indispensables astronomiques et astrophysiques pour tous*
N° 360 : Aldo Naouri, *Les Belles-Mères. Les beaux-pères, leurs brus et leurs gendres*

Cet ouvrage a été transcodé et mis en pages
chez Nord Compo (Villeneuve-d'Ascq)

Impression réalisée par

CPI
BRODARD & TAUPIN

La Flèche (Sarthe), le 20-09-2013
N° d'impression : 3002245
N° d'édition : 7381-3029-X
Dépôt légal : octobre 2013